东罗马

帝国的最后千年

（英）

狄奥尼修斯·史塔克普洛斯

著

陈友勋

译

化学工业出版社

·北京·

A Short History of the Byzantine Empire, 1st edition by Dionysios Stathakopoulos

ISBN 978-1-78076-194-7

Copyright©2014, 2015 Dionysios Stathakopoulos. All rights reserved.

Published by arrangement with I. B. Tauris & Co Ltd, London.

This edition published 2014 by I. B. Tauris & Co Ltd, London.

北京市版权局著作权合同登记号：01-2018-5734

图书在版编目(CIP)数据

东罗马：帝国的最后千年/（英）狄奥尼修斯·史塔克普洛斯（Dionysios Stathakopoulos）著；陈友勋译.—北京：化学工业出版社，2022.11

书名原文：A Short History of the Byzantine Empire

ISBN 978-7-122-42274-3

Ⅰ.①东… Ⅱ.①狄… ②陈… Ⅲ.①拜占庭帝国—历史 Ⅳ.①K134

中国版本图书馆CIP数据核字（2022）第182987号

责任编辑：王冬军　张丽丽　　　　装帧设计：水玉银文化

责任校对：宋　玮

出版发行：化学工业出版社（北京市东城区青年湖南街13号　邮政编码100011）

印　　装：盛大（天津）印刷有限公司

710mm×1000mm　1/16　印张17$\frac{1}{2}$　字数238千字

2023年4月北京第1版第1次印刷

购书咨询：010-64518888

售后服务：010-64518899

网　　址：http://www.cip.com.cn

凡购买本书，如有缺损质量问题，本社销售中心负责调换。

定　价：88.00元　　　　　　　　版权所有　违者必究

在21世纪早期，一座于6世纪由罗马皇帝在其帝国首都君士坦丁堡所修造的建筑引发了人们的争议，它就是查士丁尼捐献给"神圣智慧"的教堂（圣索菲亚大教堂），它是否应当像在现代土耳其创建者阿塔图尔克主政时一样，只是作为一座博物馆而继续存在下去，抑或恢复其他身份，成为一座清真寺——就像奥斯曼土耳其帝国苏丹穆罕默德二世在1453年攻陷君士坦丁堡之后下旨要求的那样。任何一位读者，如果对这一争议的起源感兴趣，并想知道为何这座建筑的地位即使在今天仍有讨论价值，就可以阅读这本精辟而简练的著作，书中对被穆罕默德所终止的东罗马帝国的历史做了深入浅出的研究和讲解。

东罗马帝国的千年历史，将坚定的信仰与帝国的文化变异和领土变迁相结合，内容丰富且精彩纷呈，但诸多记载却也存在自相矛盾。因此，要想简洁清晰地描述东罗马帝国的主要特征、发展动力和艺术成就并不是一件轻松的事情。但是狄奥尼修斯·史塔克普洛斯优雅地做到了这一点，他将浩瀚的史料和最新的研究成果进行整合提炼，对东罗马帝国历史进行了生动的分析和阐述。他精辟的讲解，既给初学者提供了基本的史学知识，也能激起专家学者们的探讨兴趣。东罗马帝国犹如一个变形几何，随着朝代变换而饱经沧桑，从古代一直延续到意大利文艺复兴时期，其历史既充满波折变化又具有较强的持续性，无论对过去的时代还是21世纪的地缘政治都具有一定参考意义。

——乔纳森·谢泼德
(Jonathan Shepard)
《剑桥拜占庭帝国史》编辑，曾任剑桥大学俄罗斯史讲师

狄奥尼修斯·史塔克普洛斯将东罗马帝国从公元330年直到公元1453年被奥斯曼土耳其人攻陷的整部历史，做了一次通俗易懂的讲解。

书中每章内容都是按时间顺序，探讨东罗马帝国在这漫长过程中发生过的最为重要的主题事件以及曾经遭遇的历史问题。最后一章对东罗马帝国灭亡所产生的影响以及人们研究其历史所产生的分歧观点进行了有益的探索。

史塔克普洛斯在伦敦大学国王学院从事教学及研究，在介绍东罗马帝国历史方面拥有不容置疑的可靠性和权威性。总之，这是一部由一位卓有建树的东罗马帝国历史研究专家精心打造的皇皇大作。

—— **埃夫丽尔·卡梅伦**

（Averil Cameron）

高级英帝国女勋爵士，不列颠学会会员，牛津大学晚期安提阿和拜占庭历史学教授，牛津大学基布尔学院前院长

这个世界如果缺席东罗马帝国就会变得苍白乏味；同样，人们如果不了解东罗马的风云，就不能体味厚重充实的历史。

通过自己多年的原创性研究，狄奥尼修斯·史塔克普洛斯显然只对16世纪那个被称为"东罗马"的文明推崇有加，这种认识对吉本所主导的东罗马历史观形成了挑战。

史塔克普洛斯知识渊博，他驾轻就熟地带领我们在历史的海洋中穿梭航行，重温东罗马帝国那段冲击感官的魅力之旅，让我们再度体验到东罗马帝国的遗风，它曾经横跨三个大洲，并且留下了浓墨重彩的文化印迹。

本书体现了最新的考古知识和学术成果，对东罗马帝国的物质和文化都做出了精辟阐述，是帮助读者了解这个重要帝国千年历史的一部理想著作。

—— **贝塔尼·休斯**

（Bettany Hughes）

历史学家，

《伊斯坦布尔：三城记》（*Istanbul：A Tale of Three Cites*）作者

献给君士坦丁

关于本书

本书旨在探讨东罗马帝国（即拜占庭帝国）存续的时空背景，并且正文就是从分析君士坦丁一世（Constantine Ⅰ）统治东罗马帝国所需的历史条件开始的。

构成全书主体的8章内容（第1章到第8章）都是遵循同样的写作思路。每章一半的笔墨用来阐述历史事件，基本上是政治史的内容，但在东罗马帝国中还包括一些与教会相关的因素；剩下的篇幅用于探讨帝国当时的基础结构（经济和社会历史中的重要方面）以及环境问题（即现代观念中的文化史部分，涉及每个历史时期的物质环境以及其中起主导作用的思想意识）。第9章则从1453年君士坦丁堡沦陷之后的历史开始讲述，一直到今天。附录部分可以帮助读者梳理那些在历史上与东罗马帝国结盟或对抗的主要民族。

最后要说明的是，我在本书中对希腊人名和地名的音译遵循了以下原则。翻译时采用标准的英语表达形式，如Theodore（西奥多）、John（约翰）、George（乔治）、Thessalonica（帖撒罗尼迦）以及Constantinople（君士坦丁堡）……所有其他名字则尽可能地用希腊语书写形式，以避免出现具有拉丁语特征的译名。因此，书中的人名采用的是Prokopios（普若科比奥斯）而不是Procopius（普罗柯比），或者采用Nikephoros（尼基弗鲁斯）而非Nicephorus（尼斯福鲁斯），等等。

何为东罗马

公元395年，罗马帝国皇帝狄奥多西一世（346~395）去世。临终前，他将帝国的东西两部分与两个儿子继承。公元476年，历经500年的西罗马帝国由于外患最终覆灭，而本书讨论的主体东罗马帝国，在西罗马帝国灭亡之后又延续了一千一百年之久，成为欧洲历史上最为悠久的君主制国家。

当时的东罗马帝国一般被简单地称为"罗马帝国"，其统治者、军人和公民都认为自己是罗马人，是罗马文明和帝国的直接继承者，也认为自己的帝国就是东部的罗马帝国。所谓"拜占庭"（Byzantine）以及"拜占庭帝国"，是现代历史学家发明出来、用以称呼这个千年帝国的术语，以此区别西罗马帝国（详见本书导言）。在自公元330年至1453年这一千多年间，"拜占庭帝国"从未成为这个国家的正式或非正式名称，其国民也从来不曾将自己称为"拜占庭人"，或将首都新罗马称为"拜占庭"。关于"拜占庭"这个词本身的来历，较为可信的说法是，它原本是古希腊时代位于博斯普鲁斯海峡与黑海交汇处的一个移民村落，公元324年，罗马皇帝君士坦丁一世将此地选为皇帝驻地，并在此建立一个新的首都。公元330年新首都建成，君士坦丁一世称之为"新罗马"（Nova

Roma），但一般人称之为"君士坦丁堡"（Constantinople，意为君士坦丁之城）。顺带一提，在我国的文献中，中古史籍对东罗马帝国的称谓是"拂菻"（也称"大秦"）。

公元1453年，随着奥斯曼土耳其帝国苏丹穆罕默德二世率军攻入君士坦丁堡（今为伊斯坦布尔），存续了千余年的东罗马帝国正式宣告灭亡。值得一提的是，虽然东罗马帝国灭亡了，但它所继承和创造的文化还在延续，远播世界。公元1472年，莫斯科大公伊凡三世迎娶了君士坦丁十一世的侄女、拜占庭末代公主索菲娅（她也是俄罗斯历史上第一位沙皇"恐怖者"伊凡四世的祖母。沙皇的继承者也认为他们继承了东罗马帝国王室的血脉，是罗马帝国和君士坦丁堡的合法继承人，他们的国家是第三个罗马，并以"第三罗马"自居），索菲娅带去了东正教与拜占庭帝国的国徽与传统，因此俄国便成为继拜占庭之后的东正教中心。

在本书中，"拜占庭"以及"拜占庭帝国"的叙述皆为指代所讨论的东罗马帝国。可以说，在西罗马帝国分崩离析之后，东罗马帝国，也就是拜占庭帝国，继承了罗马帝国最后的荣光，其千年历史既充满波折变化，又具有较强的延续性，在告别蒙昧的中世纪之后，再度走向世界的中心，因此，研究东罗马帝国的历史是研究欧洲历史甚至世界历史都无法绕开的一环。

不过，要想简洁清晰地描述东罗马帝国的主要特征、发展动力与艺术成就并非一件轻松的事情，本书则相对完美地做到了这一点。作者狄奥尼修斯·史塔克普洛斯将浩瀚的史料与最新的研究成果进行整合提炼，并进行了生动的分析与阐述，既给历史爱好者、初学者提供了基本的史学知识，也能激起专家学者们的探讨兴趣。可以说，本书是帮助读者了解东罗马帝国千年历史的一部理想著作。

大事年表

378～395	狄奥多西一世
395	狄奥多西一世去世——帝国一分为二
395～408	阿卡狄奥斯
393～423	*霍诺留斯*
408～450	狄奥多西二世
410	西哥特人攻陷罗马
425～455	*瓦伦丁尼安三世*
450～457	马尔西安
451	卡尔西登第四次普世大公会议
453	阿提拉去世（自434年以来的匈奴首领；自447年之后成为匈奴唯一领袖）
457～474	利奥一世
467～472	*安特米乌斯（472年，奥利布里乌斯；473～474年，格利凯里乌斯）*
474	利奥二世
474～475	*朱利乌斯·尼波斯*
475～476	*罗慕路·奥古斯都路斯*
474～491	芝诺
476	西罗马帝国灭亡
491～518	阿纳斯塔修斯
518～527	查士丁一世
527～565	查士丁尼一世
537	捐赠索菲亚大教堂
541	查士丁尼瘟疫首次暴发
565～578	查士丁二世
578～582	提比略一世

780～797	君士坦丁六世与伊琳娜
787	第七次尼西亚基督教普世大公会议，谴责圣像破坏运动
797～802	伊琳娜，独权统治
800	查理大帝，自768年起为法兰克国王，由罗马教皇利奥三世加冕为"罗马人的皇帝"
802～811	尼基弗鲁斯一世
811～813	米海尔一世
813～820	利奥五世
820～829	米海尔二世
829～842	狄奥菲洛二世
842～867	米海尔三世
843	"正统的胜利"，君士坦丁堡教会最终恢复圣像供奉，并对圣像破坏运动进行谴责
858～867	牧首佛提乌斯（第二次任职，877～886）
864	保加利亚首领鲍里斯皈依基督教
867～886	巴西尔一世，马其顿王朝的创始人，此王朝统治东罗马帝国直到1055年
912～913	亚历山大
913～959	君士坦丁七世（"紫室出生者"，实际统治始于945年）
920～944	罗曼努斯一世·利卡潘努斯
959～963	罗曼努斯二世
961	尼基弗鲁斯二世·福卡斯重新夺回克里特岛，而塞浦路斯也在次年被收复
962	德意志国王奥托一世在罗马加冕称帝
963～969	尼基弗鲁斯二世·福卡斯
969～976	约翰一世·齐米斯西斯

972	奥托二世与东罗马贵族塞奥法诺结婚
976～1025	巴西尔二世，被称为"保加利亚屠夫"
989	基辅罗斯的领袖弗拉基米尔与巴西尔二世的妹妹安娜结婚，并皈依基督教
992	巴西尔二世授予威尼斯商业特权
1025～1028	君士坦丁八世
1028～1034	罗曼努斯三世·阿吉鲁斯
1034～1041	米海尔四世
1041～1042	米海尔五世·卡拉法提斯
1042	佐伊与狄奥多拉
1042～1055	君士坦丁九世·莫诺马赫
1054	教皇使节与君士坦丁堡牧首米海尔·凯鲁拉里乌斯（1043～1059）相互开除对方教籍，致使罗马和君士坦丁堡之间教会大分裂
1055～1056	狄奥多拉
1056～1057	米海尔六世
1057～1059	伊萨克一世·科穆宁
1059～1067	君士坦丁十世·杜卡斯
1068～1071	罗曼努斯四世·戴奥真尼斯
1071	巴里，东罗马在意大利的最后一个据点，被诺曼人占领；同年晚些时候，东罗马军队在曼齐刻尔特遭到塞尔柱人的重创
1071～1078	米海尔七世·杜卡斯
1078～1081	尼基弗鲁斯三世·伯塔奈亚迪斯
1081～1118	阿莱克修斯一世·科穆宁，他创建的科穆宁王朝延续至1185年

1082	授予威尼斯重要的商业特权
1096~1099	第一次十字军东征
1118~1143	约翰二世·科穆宁
1143~1180	曼努埃尔一世·科穆宁
1145~1149	第二次十字军东征
1180~1183	阿莱克修斯二世
1183~1185	安德罗尼卡一世·科穆宁
1185~1195	伊萨克二世·安格洛斯
1187	萨拉丁在哈丁击败了十字军，耶路撒冷王国向其臣服
1189~1192	第三次十字军东征
1195~1203	阿莱克修斯三世·安杰洛斯
1203	阿莱克修斯四世与伊萨克二世·安格洛斯
1203~1222	提奥多雷一世·拉斯卡利斯（尼西亚帝国）
1204	阿莱克修斯五世·杜卡斯·慕特索夫洛
1204	第四次十字军东征的军队攻陷君士坦丁堡
1222~1254	约翰三世·杜卡斯·瓦塔特泽斯（尼西亚帝国）
1254~1258	提奥多雷二世·拉斯卡利斯（尼西亚帝国）
1258~1261	约翰四世·拉斯卡利斯（尼西亚帝国）
1258~1282	米海尔八世·帕里奥洛格斯
1261	米海尔八世的军队夺回君士坦丁堡
1274	在第二次里昂普世大公会议上，罗马教会与君士坦丁堡教会结成联盟
1282~1328	安德罗尼卡二世·帕里奥洛格斯
1321~1328	安德罗尼卡二世与安德罗尼卡三世之间的内战
1328~1341	安德罗尼卡三世·帕里奥洛格斯

1341~1347	约翰五世·帕里奥洛格斯在皇太后安娜、牧首卡勒卡斯与阿历克塞·阿波考寇斯摄政下继位；摄政集团与约翰六世·坎塔库泽努斯之间发生内战
1347~1354	约翰六世·坎塔库泽努斯
1347	君士坦丁堡暴发黑死病
1354~1391	约翰五世·帕里奥洛格斯
1372/1373	东罗马皇帝沦为奥斯曼土耳其帝国管辖的诸侯
1376~1379	安德罗尼卡四世·帕里奥洛格斯
1390	约翰七世·帕里奥洛格斯
1391~1425	曼努埃尔二世·帕里奥洛格斯
1396~1402	巴耶济德一世对君士坦丁堡的长期围困
1425~1448	约翰八世·帕里奥洛格斯
1438~1439	君士坦丁堡宗教团出席费拉拉主教会议（后转移至佛罗伦萨）。两个教会宣布达成教义统一
1448~1453	君士坦丁十一世·帕里奥洛格斯
1451~1481	奥斯曼帝国苏丹穆罕默德二世
1453	奥斯曼土耳其人征服君士坦丁堡
1460~1461	东罗马统治的最后几处独立领土被奥斯曼土耳其人征服

罗马、东罗马与拜占庭

　　"拜占庭"，英文写作Byzantium，大多数人对这个词并不熟悉。在英语中，"拜占庭"（byzantine）通常被用来形容异常复杂的事物；而在法语中，"这是拜占庭"（c'est Byzance）通常是指某种华丽而奢侈的事物。

　　如果语言可能会误导人，那么砖头和石头之类的实物呢？这个古老帝国留在地面的遗迹大致可分为两类：教堂和城墙。其中，教堂数量比城墙多得多，也更受人重视。它们的存在似乎证实了东罗马帝国（在本书中如无特殊说明，亦为拜占庭帝国）是一个以教会和信仰占据着中心位置的国家。这些教堂通常被用马赛克镶嵌画、壁画、圣像和彩色大理石装饰得富丽堂皇，深深地吸引了世界各地前来参观的游客，并让他们的思绪穿越时空，聚焦于那个卓越的古老帝国。

　　相比之下，城墙往往被人忽视。它们看起来几乎一模一样，好像没有什么观赏价值。但如果你仔细观察，就会发现它们其实独具研究价值。城墙是一个国家历史悠久的标志，在这个国家里，与周围的各种敌对力量不断进行战争就是一个显著特征。修建城墙的目的是保护重要的城市，而这些城市一旦发展壮大，就需要拆毁城墙腾出更多空间。与此同时，城墙也需要人们不断维护修缮，用铭文进行美化装饰，以此来纪念城墙的建造者。所以，城墙会让我们忆起一个国家和民族的辉煌历史，并知道人们不仅仅只会对着它祈祷。

本书的初衷就是还原关于这个帝国的一些基本史实。我们牢牢结合欧洲和中东地区在中世纪的历史背景，对东罗马帝国进行直接而客观的描述，希望以此能够突破长久以来人们对它的一些刻板印象。由于东罗马帝国在其存在的绝大多数时间里统治区域都横跨东西方，所以在兼收东西方地域特质的同时，又保持着自己独特的发展道路，因此人们很容易——甚至很"方便"地——会忽视它的存在。但是，我想提醒大家，东罗马是构成欧洲历史的一个不可或缺并且极为迷人的组成部分，它值得我们去认真对待并加以严肃研究。

我甚至在本书开篇的这则简短导言中，就遇到了一个写作难题。我们知道，历史名词极为重要，虽然我们有时因循守旧而对它们的存在习以为常。比如在这里，我们要讨论的是"拜占庭"这个名字。它原本是一座古老的城市（在希腊语中为"Byzantion"），是位于雅典附近的古希腊城邦迈加拉（Megara）的一个移民城市。拜占庭于公元前7世纪就在君士坦丁堡（也就是今天的伊斯坦布尔）这个位置建立起来。而"拜占庭"，即"Byzantine"这个专业术语是在16世纪才被正式提出的（参看第9章），在本书中，即来指代所讨论的这个古老帝国。但当时东罗马帝国的人民从未听说过拜占庭这个名字，更别提他们会对其认同了。这就像将法国叫作鲁特西亚政权（Lutetian），或将大英帝国叫作伦仃的国家（Londinian）一样①。虽然今天我们称这些人为拜占庭人，但当时他们却称自己为罗马人。

----

①在中古语中，Lutetian指"巴黎的"，Londinian指"伦敦的"，该句可理解为"这就像将法国称为巴黎王朝，或将大英帝国称为伦敦王国一样"。——译者注

在他们看来，自己的国家与奥古斯都帝国一脉相承，而这在很多方面也确实如此。这种自我认同显而易见，如在公元4世纪至15世纪之间，它的历任国家最高统治者一直称自己为罗马皇帝。当时，它的东部邻国和敌对势力也认可这种称号：塞尔柱人（Seljuqs）和奥斯曼土耳其人（Ottoman Turks）都称呼这个国家及其领土为"罗姆"①。至少在20世纪晚期以前，希腊语中一直保留着他们称呼自己的一种说法：romios（罗马人，但字面意思是希腊人）。但是，当时无论是在欧洲西部还是在巴尔干地区，还有相当多的其他国家，他们把拜占庭人称为"希腊人"。就西部国家而言，这样称呼是很好理解的。因为在800年，一旦某个罗马人在罗马加冕称帝（参看第4章），其他帝国就不能再把"罗马"加在自己的名称前面，因此就出现了自称为希腊或君士坦丁堡政权的情况。然而，将东罗马帝国或拜占庭帝国称为"君士坦丁堡的（政权）"是一种简单粗暴的做法，因为这就相当于将这个国家的统治权威和势力影响范围局限在它的首都地区，从而丧失了用"罗马的"做定语所蕴含的广泛含义。而采用"希腊的"这种说法更不妥当。虽然希腊语的确是当时帝国东部地区的主流语言，但这种说法本身已经带上贬义：它带有异教徒的意味。因此，一个基督教政权是绝不可能把自己和一个几乎带着这种意味的字眼扯上关系的。

　　虽然"拜占庭"这种叫法经过很长一段时间才被人们广为接受，但是如果直接用其真正含义"罗马"来指代一个时代，例如公元300年之后的那段时期，却容易产生某种误导作用。国名前的形容词使得政权的性质区分得更加清晰，例如东罗马帝国就是强调它位于东地中海世界和黎凡特地区，这样就排除了拜占庭在意大利的长期存在。最近一段时期以来，也有人（仿照"罗马天主教"的说法）将其说成"罗马正统教（的政权）"，其中强调的是它的宗教信仰。但这种说法由于混淆了时代顺序而更显荒谬。

----

　　①罗姆（Rum），出自阿拉伯语，指罗马帝国。——译者注

"正统教"是每个基督教派都会声称自己具有的基本属性。只是到了现代社会，人们才会用"正统教"指代东欧和中东部分地区的大多数基督教（即东正教），但将它用于中世纪则会产生误导作用。因此，在后文中，我们将采用传统的说法"拜占庭的"或"拜占庭"来避免歧义，但读者应当了解这是一种并不准确的表达。

虽然解决了东罗马帝国名称的表述问题，但另一个重要的问题又接踵而至，那就是年代顺序。如果我们从帝国的结局开始，讲述就会变得简单一些：1453年5月，君士坦丁堡被奥斯曼土耳其人攻陷，古老的帝国从此终结。但它的起源却始终非常模糊，并且至今尚无定论，人们对此也争议激烈。那些（像我一样）喜欢着眼于长远的人，以君士坦丁一世（324～337）的统治作为东罗马帝国的起点。也正是基于这种理由，我们才支持拜占庭人对罗马帝国的自我认同感。自从君士坦丁修建君士坦丁堡之后，这座城市迅速发展成为东罗马帝国的首都，并且直到在1453年被攻占以前，它一直处于这个地位。因此我找不出丝毫理由可以把东罗马历史的开端挪到这个时间节点之后。但这绝不意味着这个在4世纪就建立起来的古老帝国，在其千年历史中就一成不变——事实远非如此。然而，在我看来，东罗马帝国在历史长河中经历的这些波折变化的激烈程度，都不足以改变它的政权性质：例如，直到帝国的终结时期，它的法律体系总体上还是基于先前罗马帝国的法制框架。这个国家的首都、纪念碑、官职设置、机构设置和仪式，总是自觉地保留着那些与过去相连的核心元素。如果君士坦丁一世可以乘坐时间机器去拜访东罗马的末代皇帝（和他同名的君士坦丁十一世），他肯定会对这个帝国及其首都颓废残败的景象大吃一惊；不过在惊讶之余，他仍然能够从中发现很多熟悉的元素，特别是一些当初由他一手所创建的标志性建筑物。

所以，一个国家的存在不仅可以用时间来衡量，也可以用空间来判断。当然，东罗马帝国的疆域范围在漫长的历史岁月中经历了相当大的波折变化。我们可以将这种领土变化的大致情况比作一种波浪运动。罗马帝国曾经是一个幅员辽阔的国家，领土从不列颠到今天的阿尔及利亚、从葡萄牙到美索不达米亚，几乎覆盖了400万平方千米。395年，它被分成了东西两个行政区域，其中东部占地约140万平方千米，包括从贝尔格莱德到今天的利比亚一线以东的地区。由于政治方面的发展变化，两个区域之间的结构划分以后就一直固定了下来。但在6世纪，查士丁尼一世（Justinian Ⅰ）发动了重新征服之战，再度统一了意大利，也就是从西班牙南部到今天的突尼斯、阿尔及利亚以及利比亚等领土之间的一片地带，使地中海又一次成为东罗马的内陆湖，而东罗马帝国的东西两片区域也在短期之内得以统一。在这段时期，东罗马的人口和经济都得到了增长。565年，查士丁尼去世，随后东罗马帝国就失去了意大利的大片领地以及在西班牙的据点；从7世纪20年代开始，又相继失去了埃及、叙利亚和巴勒斯坦。这些地方先是被波斯人占领，后来在7世纪30年代，又被阿拉伯人占领。与此同时，南边的巴尔干人，尤其是希腊人，都基本脱离了君士坦丁堡的有效统治范围。到了7世纪末，北非也已被攻占了，东罗马帝国此时就只在意大利还剩下一些土地［撒丁岛、卡拉布里亚（Calabria）和西西里、那不勒斯和罗马及其腹地，以及从里米尼（Rimini）一直到达尔马提亚（Dalmatian）海岸的一片狭窄的弓状土地］，其他领土则明显集中在爱琴海两岸区域——整个帝国实际上丧失了几乎半壁江山。在接下来三个世纪的时间里，东罗马帝国首先遏制住阿拉伯人的进攻，并多少修复了一处边境地带，接着恢复了在巴尔干半岛的统治，最后在安纳托利亚（Anatolia）和叙利亚地区将领土向东部和南部推进。但它占领的领土面积不大，也不稳定。11世纪下半叶，出现了两个强大的敌人，他们分别是意大利的诺曼人和东方的塞尔柱人，他们在边境地带不断蚕食拜占庭帝国的领土，使得它的核心疆域再次收缩到了巴尔干半岛南部和安纳托利亚的部分地区。第一次十字军东征（1096～1099）改变了黎凡特地区的形势，东罗马帝国趁机在安纳托利亚和叙利亚扩张领土，但这种扩张势头在1204年明显受挫，因为当时第四次十字军东征的军队不但占领了君士坦丁堡，还把东罗马帝国分解成了几十个小邦。虽然发生于1261年的重新征服之战进展迅速，但东罗马帝国在其生命的最后两个世纪中领土面积不断萎缩：最先失去的是安纳托利亚，其中大部分土地是在14世纪上半叶被奥斯曼土耳其人夺走了；紧接着巴尔干各省步其后尘；到帝国生命的最后50年，东罗马只剩下几个点缀在大海之上靠海路相连的城邦了。

帝国风貌

很显然，有些地区（现代希腊和土耳其）属于国家的核心区域，而其他地区，要么长期作为帝国领土的组成部分（意大利南部），要么因为较早脱离东罗马的统治，从而在帝国悠久的生存史中只能处于边缘位置（埃及、巴勒斯坦、叙利亚和北非）。显然这些地区的形势变化在东罗马帝国的历史中产生了重要的作用，影响到它的国防、农业制度和生产、商品交换以及沟通网络。因此，我们很有必要对东罗马帝国的这些特征作一个简要的概述。

安纳托利亚的西部和南部地区土地最肥沃、人口最稠密，多条河流为农业提供了灌溉用水。它的南北两翼都是长长的山区地带，分别是庞廷山脉以及雁行排列的托罗斯山脉。安纳托利亚高原位居中部，面积最大，但大部分都是半干旱地区，然而其中一些地方［例如卡帕多西亚（Cappadocia）］却有人居住并从事农耕。高原的南北两面山脉环抱、防卫严密，但一条从高原西南部延伸到伊朗的通道却成了薄弱之处，入侵者往往就是沿着这条通道攻入安纳托利亚。与君士坦丁堡仅一水相隔的比提尼亚（Bithynia），以及首府在欧洲一侧的色雷斯，都由于首都的位置影响而与其发展成为一个巨大的大都会区。比提尼亚将君士坦丁堡和安纳托利亚高原连接起来，而色雷斯和罗马的交通要道则将它连接到巴尔干半岛以及意大利的内陆地区。两条罗马干道将君士坦丁堡同色雷斯与巴尔干地区连接起来：其中一条通过伊格纳提阿（Egnatia）横跨马其顿直达阿尔巴尼亚海岸，提供了连接意大利的便利水道；另一条则通过军事要道特拉亚纳（Traiana），将君士坦丁堡同阿德里安堡（Adrianople）[埃迪尔内（Edirne）旧称]、塞迪卡（Serdica）（索非亚旧称）以及辛吉杜努姆（Singidunum）（贝尔格莱德旧称）连接起来。君士坦丁堡作为战略要地，不但可以通过马尔马拉海与爱琴海相连，而且可以通过博斯普鲁斯海峡与黑海相连。此外，克里米亚半岛南部和东南部的土地特别富饶，黑海的西岸、北岸通过多瑙河、德涅斯特河、第聂伯河与顿河等水系和欧洲的中部、北部以及斯堪的纳维亚半岛连接起来。

爱琴海海岸环绕希腊和安纳托利亚西部，一直是东罗马帝国的内陆湖。众多的岛屿使得帝国可以与东西两边保持密切联系。希腊大陆位于爱琴海西部，大部分属于山区，但也有一些平原，从而让这片土地显得不那么零散。拜占庭往北有一条通向匈牙利平原的大通道，由于夹在山脉[西部是品都斯山区（Pindos）和第拿里阿尔卑斯山脉（Dinaric Alps），西北部是罗多彼山脉（Rhodope）和巴尔干山脉]之间，因此能够得到的保护相当薄弱。多瑙河是罗马领土和草原上各种游牧民族之间的天然屏障。从亚得里亚海的西海岸到意大利南部有一片很便捷的连接区域，这个地区主要包括卡拉布里亚和阿普利亚（Apulia）。直到11世纪的最后25年，它们都长期处于东罗马统治之下，且均可通过古道与罗马相连。卡拉布里亚靠近西西里岛，可以通往第勒尼安海（Tyrrhenian Sea），因此具有重要的战略意义。

叙利亚、巴勒斯坦和北非海岸在地理上具有某些相似性：一方面，由于它们的背后都是沙漠地带，所以定居点和农业生产都集中在沿海一带地方（例如叙利亚就集中在100~150千米的一片区域）。但是另一方面，从经济角度讲，埃及处于尼罗河及其三角洲所围绕的一片沙漠中，然而尼罗河富饶的冲积物使得埃及成为罗马最具生产力的省份：超过三分之一的财政收入，包括大量用于养活君士坦丁堡不断增长人口的粮食，都来自这片区域。尼罗河也把沿岸地方连接起来，从远在南方的今天的阿斯旺到地中海海岸。此外，尼罗河还通过支流连接到了红海，并通过红海连接到了印度。

尽管其他地区很少受到东罗马帝国的直接统治，但帝国往往通过外交手段以及扶持当地傀儡政权的方式对这些地区施加影响。最典型的先是对亚美尼亚和高加索地区进行控制，因为这里是帝国最初与波斯冲突的主要战场，随后帝国对阿拉伯的哈里发，最后对突厥人，都是通过这样的方式，从而实现对高加索以外的邻近区域［例如伊比利亚（Iberia）］实行跨境管辖和控制。

但谈到人口数量和人口密度时，首先我们承认只能在这方面进行一些推测，因为东罗马在历史上从未出现过准确的统计数字。人口统计显然是在领土变更之后才出现的，但也有其他因素会产生影响，例如暴发瘟疫（一次从541年持续到750年；另一次从1347年持续到1453年，甚至更久之后）以及战争——它们不但都能直接夺人性命，而且还导致社会混乱动荡，极大地影响人口繁衍并引发人口迁徙。我们大致可以从近古时期地中海东部地区出现的一次人口积极发展趋势说起：当时，城市中心和农村地区都处于蓬勃发展的状态。君士坦丁堡成为欧洲最大的城市，到瘟疫暴发时，它的人口规模已经超过了40万。当时，其他城市同样人口稠密，如安提阿（Antioch，15万～20万）和亚历山大（Alexandria，20万～30万）。与之相反的是，在5世纪，罗马遭遇了严重的人口萎缩，这给人口仅剩下约10万人的帝国罩上了一层阴影，不过它仍然是当时整个西方最大的城市。瘟疫和战争（先是与波斯人，后来是与阿拉伯人）这两大因素共同导致人口减少——到8世纪末，东罗马帝国的人口极可能已经减少了一半。但从6世纪末期开始，居住在多瑙河以南的斯拉夫人不断涌入，除保加利亚人外，这些人口逐渐被同化（他们开始皈依基督教，很多人都使用希腊语）。此外在同一时期，一些特定的人群（例如亚美尼亚人或斯拉夫人）出于政治或军事原因，或为了补充某些地区的人口数量而不断迁移。在9世纪左右出现的人口恢复尽管进程缓慢，但很稳定，这种积极趋势一直持续到14世纪早期。在这期间，东罗马帝国尽管领土减少，但人口和经济却繁荣起来，这种状况在12世纪表现得特别明显：当时涌现出了很多新兴城市——也许只有6世纪之前的情况可以与之相比。君士坦丁堡当然又成了一个大都市。虽然1204年第四次十字军东征所带来的创伤并没有阻止这种积极趋势的继续发展，但是在14世纪，瘟疫加上战争——无论是内战还是四处泛滥的敌军入侵——都导致了这个国家人口的崩溃。总之，那时的东罗马帝国已经迅速衰落了。在东罗马历史的最后几个世纪，许多外来民族不断涌入这个帝国，例如在1204年以后，相当数量的西方人（主要是法国人和意大利人）已经在希腊各地定居，但在总体数量上，他们与14世纪中叶以后迁移到希腊的阿尔巴尼亚人以及后来的土耳其人相比，就显得逊色多了。

这些人口结构的变化情况对东罗马帝国使用的语言也产生了明显影响。直到在7世纪失去了东部领土，东罗马显然是一个多民族、多语言的国家。希腊语是希腊化时代以来东罗马帝国的主流语言，但很多地区都有自己的语言，这些语言不仅被在当地社区中使用，还被用来创作各种各样的文学体裁，如叙利亚和巴勒斯坦使用古叙利亚语，埃及使用科普特语。拉丁语在帝国西部占主导地位，但直到7世纪，拉丁语在帝国东部的行政管理方面——特别是处理法律和军队事务方面——也是一个重要交流工具。拉丁语在意大利同样是一门主流语言，虽然在西西里岛和意大利南部也有一些使用希腊语的重要社区。当东罗马在7世纪之后朝着一个日益统一的帝国发展时，希腊语几乎占据了绝对的霸主地位。当然，语言本身也微妙地反映了一些社会变化情况：至少从11世纪起，许多外国人选择永久定居在拜占庭——他们特别青睐大城市，尤其是君士坦丁堡。尽管他们的人数从来不是很多，但也组成了一些社区（通常有自己的教堂或清真寺），从而使其居住的地方具有了国际大都会的特征。

与进入现代社会以前的许多国家的情况一样，大多数拜占庭人都依赖土地为生。农业生产和畜牧业为国家提供了粮食和财政收入。当时的农业生产主要是靠天吃饭，而不是依靠精耕细作——因此气候变化可能会给农业生产带来极其负面的影响，特别是在持续时间很长（超过一个收获周期），或者遭遇多种自然灾害的联合打击（例如大旱之后又阴雨连绵）的情况下。我们粗略估计，东罗马时期的气候情况与今天的气候情况相差不大。也就是说，沿海地区属于温带气候：夏季炎热干燥，冬季温和，没有积雪或霜冻；内陆地区往往由于山势障碍而与海相隔，冬季寒冷下雪，雨水较多。随着时间的推移，那些具有沿海气候的地区由于有利于农业生产而人口最多；边缘地区只有在人口增长的大前提下，由于人们需要开发更多土地而不得不去适应更严苛的环境条件时才会有人居住。

最后，我们应该认识到，东罗马世界的许多风貌都已经发生了很大的变化，所以我们在今天看到的情况和以前应当大不相同。自然侵蚀、森林砍伐、港口淤塞或现代大型水利工程（例如疏浚湖泊沼泽、修建大坝和人工湖等）都会产生重大影响。例如拉韦纳（Ravenna）的港口克拉斯（Classe），在8世纪就干涸了。在土耳其南部修建的大型水坝淹没了东罗马帝国的一些重要边境城市。此外，由于人们使用木材来造船、采矿、冶炼、供暖而大肆砍伐森林，从而改变了达尔马提亚、塞浦路斯和现代黎巴嫩等沿海地区的地形和风貌。

3世纪危机

君士坦丁一世（306~337年在位，早年在东部帝国为奥古斯都戴克里先服务，后于324年重新统一罗马帝国）的统治，是我们选来探索东罗马帝国及其长期发展的起点，但必须将其置于在它之前的历史背景之下进行考察。这又可分为两个主要阶段：3世纪（235~284）出现的所谓的"3世纪危机"，以及该危机的成功解决（284～337），这为罗马帝国带来了一些重大而深刻的变革。

"3世纪危机"习惯上是用来描绘从235年［罗马骑兵军官马克西米努斯（Maximinus）篡位］到284年戴克里先（Diocletian，另一名军官）登上皇位期间出现的一段混乱时期。在这段短暂的时期中，大约有51人宣布自己为罗马皇帝，但他们中的大多数人不是在战斗中阵亡，就是在时局扭转、形势发展对敌人有利时被自己的部下杀死，而后者则更为常见。这个时期的显著特征是频繁地爆发战争，而且往往是多条战线同时开战：罗马帝国要在东线对付波斯人、在南线对付来自北非的游牧入侵者，而在西线和北线则要在莱茵河与多瑙河流域对付日耳曼部落。同众多的敌人作战几乎把帝国拖到了崩溃的边缘，因为战争花费巨大，统治者们往往会加重赋税（可以预料，这会是一项不受欢迎并遭到强烈抵制的措施）。另一个结果是货币不断贬值，导致囤货现象和通货膨胀。此外，由于这些短命的皇帝大多数来自军队，所以他们面临着一个几乎不可能完成的任务：既要有效地抵御帝国边缘的敌人威胁，又要保持罗马和元老院继续成为帝国强大的权力中心。罗马城显然还是非常重要的，它在246年举行了千禧年纪念活动，并且历任皇帝通常都试图控制这座城市，希望在此受到人们的赞扬和认可。然而，持续不断的战争使他们有必要花费相当多的时间在其他离战区更近的城市上，例如，位于多瑙河前线的西米乌姆（Sirmium，一座边境城市）、位于莱茵河前线的特里尔（Trier，位于河谷地区），或者位于抗击波斯人前线的安提阿……

显然，这些皇帝中的大多数都希望能解决罗马帝国面临的问题，并将其恢复成一个强权君主统治之下的和平国家。于是他们采取了一系列旨在解决前期弊端的应对措施。其中包括分享权力（主要是与他们自己的儿子们）、研究更为灵活的军队指挥方案以及训练更多的职业军队，并且越来越重视皇帝的个人素质，通常还会将皇帝和某些神祇扯上关系，以此证明皇权的神圣性与合法性。这个时期的另一个特点是自3世纪50年代早期暴发了一场大瘟疫——可能是天花。这种传染病造成许多人死亡，其中甚至包括一些皇帝。此时由于整体军事局势令人担忧，加上国内瘟疫肆虐，这就让一些统治者［如德基乌斯（Decius）］倾向于对这种特殊形势作出超自然的解释，即认为当前的种种灾难是由于人们放弃了传统祭祀、激怒神灵而造成的可怕后果。这样一来，解决的办法只能是强迫人们信奉统一的宗教，然而这样做的副作用之一就是导致日益增多的基督教徒受到迫害。于是在3世纪50年代近10年的时间里，基督教徒在罗马帝国或多或少沦为被普遍迫害的对象：在某些情况下，这还只是意味着损毁书籍、圣物或礼拜场所；在另一些情况下，则意味着对教会成员或普通信徒施加酷刑或死刑。

284年，戴克里先上台后，情况发生了重大变化。起初戴克里先似乎只是在重复以往的执政模式：因为他是一名军官，是在部下的拥戴之下登上皇位的。但这一次出现了变化，因为过去几代人所形成的那种恶性循环被他用一套大胆的措施打破了，而这些措施包含了帝国运行的方方面面。其中一些是他自己新创的，但大部分措施都根植于过去。新旧手段的配合使用似乎恰逢其时，于是规范管理开始大行其道。戴克里先独自统治了很短的一段时间，然后他于285年选择了奥勒留·马克西米安（Aurelius Maximianus）作为他的恺撒，翌年将他提升为奥古斯都①。他们都给自己选了一个保护神：戴克里先选的是朱庇特，而马克西米安选的是赫拉克勒斯（Heracles）。在293年，执政团队扩大规模，吸收了两个级别更低的成员，即君士坦提乌斯·克洛卢斯（Constantius Chlorus）和伽列里乌斯（Galerius），从而为这个时期的罗马政权创造了一个新的政体：四帝共治制。他们把罗马帝国的领土分成四个部分，每人分别控制一片广阔区域，从而可以更迅

---

①源于"四帝共治制"（Tetrarchy），该政体于293年由戴克里先提出并实施，将帝国分为东西两部分，每部分由一位皇帝管辖，称为"奥古斯都"，每位奥古斯都再指定一位助手和继承人，即副皇帝，称为"恺撒"。——编者注

速地对敌人的入侵作出反应，并能够快速处理行政问题。其中戴克里先控制着从尼科米底亚［Nikomedeia，即土耳其的伊兹米特（Izmit）］开始的东部地区；伽列里乌斯驻扎在西米乌姆和帖撒罗尼迦，掌管多瑙河一带边境地区；马克西米安则留在米兰，负责的领土范围包括意大利和非洲；而君士坦提乌斯坐镇特里尔，管理莱茵河边境、高卢和不列颠群岛。

　　四帝共治制中的两位新成员分别娶了两位老皇帝的女儿为妻，并成为他们的养子，以此建立起相互之间的联系。于是在罗马历史上第一次出现了这样的情况，即不是与自己的血亲分享权力，而是与挑选出来具有领导素质的男性分享。戴克里先自然要继续推动四帝共治制的发展，当然他推行这套措施主要是希望从内外两个方面强化对帝国的保护作用，并且其中

图1　来自君士坦丁堡的四帝王拥抱斑岩雕像（4世纪），现在矗立在威尼斯的圣马可广场正面，圣马可教堂的西侧。

特别强调传统的罗马价值观。这个制度很快就证明了它的存在价值：在和波斯人的战役中帝国取得了胜利，同时在不列颠恢复了社会秩序和罗马人的统治，此外还保护了莱茵河和多瑙河的边界地区。军队是戴克里先努力改革的重点之一，其中特别加强了帝国的防御工事，他不但修建了城墙和堡垒，还扩大了行省的军队规模。到3世纪末，由于安全问题得到了缓和，四帝共治制的重点得以转移到国内事务上来，于是他们对帝国及其居民的控制加强了。此时罗马行省的数量增加了一倍，达到了100个左右。但是在这些行省和中央政府之间又建立了新的管理机构，即12个行政区（dioceses），并且其上面还有3或4个大行政区（praetorian prefectures，亦译为"禁卫长行台"）——所有这些都是为了改善行政管理以及便于征税，而后者对提供国家最重要的运营经费至关重要，因为政府要承担大约40万人的庞大军队的开销。戴克里先废除了意大利和埃及原先享有的财政特权，并在整个帝国境内实行统一的征税制度，规定大部分赋税要用现金支付。他还要求定期进行人口普查，先是每5年一次，然后是每15年进行一次，以此确保税务登记信息的准确无误。但是由于这种制度操作复杂，再加上地方一级经常缺乏配合的诚意，从而导致人口普查从来都没有能够如期进行，并且税务登记信息也通常不准确。戴克里先登记和精简税收，改革大幅贬值的货币（他只是把货币的面值提高了一倍），以及颁布法令规定各种商品和服务的最高价格，所有这些措施都旨在遏制通货膨胀。为了保证收入和生产尽可能稳定，加之当时的农奴因人数稀少而价格昂贵，自由劳动力被越来越紧密地与土地捆绑在一起（隶农制），其社会地位逐渐变得与奴隶几乎没有什么差别。

神意说（divine favour）在维持这种生产趋势的发展势头方面起了重要作用：也许正是在这种情况下，我们可以更容易理解东方那些被认为具有颠覆性的宗教组织所遭受的迫害：先是摩尼教徒的二元宗派，然后是303年的基督教徒，他们都曾被专门挑选出来，理由是他们对国家的福利构成了危害。今天人们所知的大迫害①当时并未在整个帝国统一实行（君士坦提乌斯对帝国西部的宗教态度似乎相当温和），但却意味着帝国社会齐心协力，要铲除并摧毁基督教团体、攻击教会的物质财产以及它的皈依信徒。当时有大批信徒殉教，这些人被基督教徒们誉为基督的践行者，是他们心目中的新英雄。

　　这个成功的四帝共治政权在305年迎来了一个重大考验，此时距确立奥古斯都的统治已有20年，距确立恺撒的地位也已有10年历史了。正如戴克里先设想的那样，奥古斯都主动辞职——这在罗马的历史上简直闻所未闻，恺撒继承位置，而恺撒的位置也不是由他们的儿子［君士坦提乌斯的儿子君士坦丁；马克西米安的儿子马克森提乌斯（Maxentius）］继承，而是传给了两位新人：马克西米努斯（伽列里乌斯的侄子）和塞维鲁斯（Severus）。如果说实施四帝共治制度后的前20年已经在打击帝国敌人方面取得了近乎奇迹般的辉煌成就，并且在解决先前遗留的混乱局面时，四位帝王能够齐心协力，那么随后的20年将改写四帝共治的历史。事实上，研究305～324年历史的另一种方法是把它看作将帝国的统治大权集中到自己手中的某个人的努力，而这个人正是君士坦丁一世。

君士坦丁一世

　　306年，在父亲君士坦提乌斯去世后，君士坦丁一世被父亲的军队在约克拥立为皇帝——此时，他到底是被称为奥古斯都还是恺撒倒是无关紧要。不管怎样，在307年塞维鲁斯被杀害后，君士坦丁一世娶了马克西米安的女儿福斯塔（Fausta），并被提升为奥古斯都。一年之后，四帝共治制的现任

----

　　①大迫害（the Great Persecution），是罗马帝国最后一次和最严重的一次对于基督徒的迫害。——编者注

帝王和前任成员在维也纳郊外的卡农图姆（Carnuntum）会面，商讨当前局势并筹划未来蓝图。李锡尼（Licinius）被增添进了统治集团，不久之后四位帝王都被称为奥古斯都。但是帝国管理机构经过第二轮重组之后，已经不像第一次那么稳定了。帝国元首之间的内斗死灰复燃：马克西米安卷土重来，挑战君士坦丁一世，但这只是昙花一现，因为他很快就被击败了。当时他的儿子马克森提乌斯不在身边，因此躲过一劫。马克森提乌斯决定步其父亲的后尘，以罗马城为据点向君士坦丁宣战，结果在312年也被击败。如此一来，君士坦丁一世赢得了罗马民众和罗马元老院的感激与支持。这场战事被镌刻在君士坦丁凯旋门上保存至今。311年，伽列里乌斯去世，在这之前他已经正式结束了对基督教徒的迫害，并允许他们享有宗教自由。但后世的人们错误地将其归功于李锡尼和君士坦丁一世所颁布的《米兰敕令》。马克西米努斯加紧攻占了伽列里乌斯在小亚细亚的领地，随后又恢复了对基督教徒的迫害行为。他在313年被李锡尼打败并杀害，后者在同年迎娶了君士坦丁一世的妹妹，从而加强了这两个在位皇帝之间的关系。然而他们之间的和平没有维持多久。316～324年间，君士坦丁一世对李锡尼发动进攻，两次入侵对方的领地，并且在两次战争中君士坦丁一世都通过打宗教牌而成功战胜了李锡尼（李锡尼曾经迫害基督教徒，于是君士坦丁一世把自己扮演成后者的拯救者）。324年，君士坦丁一世在位于博斯普鲁斯海峡亚洲一侧的克里索波利斯（Chrysopolis）获得了征战李锡尼的最终胜利，这标志着四帝共治制的终结，以及他独自统治罗马时代的开始。为纪念这一辉煌成就，君士坦丁一世将新首都最终选在了欧洲与亚洲交界处的古希腊人移民地拜占庭，并将其改名为君士坦丁堡，而它恰好与克里索波利斯隔海相望。君士坦丁一世开始雄心勃勃地改造这座城市，以使它适应作为新首都的角色，具备举行庆典和政治管理方面的功能。

　　君士坦丁一世开始了一系列行政改革，以完成和推进这项在戴克里先统治时期就被发起的议程。就财政而言，他对货币的改革最为重要，影响也最

图2　君士坦丁一世的大型头像雕塑，可能来自更早的皇家纪念碑，最初位于罗马的君士坦丁大会堂。

为持久。在309年或310年的时候，一种纯度很高的新金币——苏勒德斯①被创造出来，它重约4.5克，并且与银币（它的重要性迅速下降）和在日常交易中大量使用的铜币保持固定的兑换比率。铸造这种金币的原料来自退位皇帝们先前统治的一些地区，有时来自抄没被贬黜的官员、地区统治者以及异教寺院（见下一章）而得到的大量财产。苏勒德斯从一开始就是一种非常稳定的货币，并且它的这种坚挺状态一直保持到了11世纪。由于税收和政府官员的工资都是用苏勒德斯来支付，所以它的流转方式应当是这样的：先是政府要求

----

　　①苏勒德斯（solidus），是罗马后期的一种金币，经常被用于金的量重单位。通常不允许交易或交换，它可能曾被用来进行大型交易，例如购买土地或整船的货物。金币确保了所有银币，尤其是青铜铸币的流通价值。——编者注

人们用黄金缴纳赋税，然后这些税收又用于支付政府官员的薪酬。由于这种货币使用成功、价值稳定，所以对君士坦丁一世统一东罗马帝国的计划起到了积极的促进作用，同时也促进了贸易的发展。这个时期，在商业交易中引入了一种新的税收——金银税①，这表明当时的贸易收入相当可观。国家有自己的工厂，可以生产武器等基本商品。它一方面可以靠自己的财力保证原材料的供应；另一方面，无论何时某种原材料实在匮乏，还可以通过实物捐助以及在各省强制购买的方式进行解决。

军队改革是君士坦丁一世改革的另一个方面。他略微扩张了军队规模，并且把在戴克里先时代就确定下来的结构重心进行了调整，决定组建一支具有相当规模的野战军，由皇帝本人直接领导，有权在必要的时候对任何地区进行干预。此外，他还采取措施加强政府对军队的支持，例如将荒地赏赐给退伍军人，并免除他们的赋税。通过这种方式，他既可以保证农业生产不受干扰，又能够避免军队对他产生不满情绪。最后，他还规定驻扎在君士坦丁堡的皇家近卫军士兵可以获得免费的食物配给。

但君士坦丁一世的统治中受到最多关注的，也许是他与基督教的关系。他去世的时候当然是一名基督教徒（见下一章），但问题是，他何时开始支持这个宗教，以及这样做的原因何在？在303年的大迫害发生时，他已经大约30岁了——这与后来的政治宣传所宣称的他当时只是一个年轻男孩的说法完全相悖。并且，他似乎也没有采取什么措施来反对这种迫害行为。基督教的文献中曾记载君士坦丁一世对宗教的态度发生了一个根本性的转变，并将这个转折与他在312年战胜马克森提乌斯的事件联系在一起：据说当时君士坦丁一世在天空中看到了由"XP"两个字母组合成的图案，也就是"基督"的希腊语"XPICTOC"的前两个字母。另一方面，早在310年就有

---

①金银税（Chrysargyron），是罗马帝国与东罗马帝国对商品征收的一种极苛刻的工商税，属间接税，需用贵金属缴纳。——编者注

异教徒在文献资料中把君士坦丁一世与太阳神阿波罗联系起来。因此，最有可能的解释是君士坦丁一世当时看见了现在称为日晕的天文现象，而以前的人们认为这种现象的发生与阿波罗或"无敌太阳神"（Sol Invictus，即不可战胜的太阳神，一位在四帝共治时代很受君王们尊崇的神祇，其中君士坦丁一世的父亲就是太阳神的忠实信徒）有关，稍后人们才将其与基督教联系起来。尽管君士坦丁一世本人并没有做出这种解释，但是基督信徒们在文献资料中当然会毫不含糊地挑明这层寓意，比如凯撒里亚的尤西比乌斯（Eusebios of Caesarea）在对这个天文异象进行记载时，便加上了这样一句希腊语按语：Entoutonika（以此"符号"征服）。

图3　出自提西努姆（Ticinum）的君士坦丁一世银质徽章，制作于315年；其中，皇帝佩戴的头盔上面刻着基督的象征符号（XP）。

最晚从312年起，君士坦丁一世对基督教的支持就表现得非常直接且始终如一，这从他建造或捐赠教堂的行为中可以得到验证，尤其是在罗马。基督徒对君士坦丁一世的做法表示极其欢迎。罗马帝国曾被视作"上帝"在人间的最大敌人，而皇帝就是反基督者，但在君士坦丁一世统治时期，这一认知却朝着一个完全相反的方向发展：罗马帝国的存在及其带来的"普世和平"，使基督教信仰得以传播，而皇帝本人则成为对抗反基督者恐怖统治的最后一道壁垒。至此，基督的宗教统治与信奉基督教的罗马皇帝在人间的统治就逐渐融合起来。

　　既然君士坦丁一世是一位信奉"上帝才是唯一真主"的罗马皇帝，那么在信徒群体中保持和平就显得尤为重要。其实早在4世纪的前10年里，他就已经积极介入了北非的教会事务，因为那儿的一些神父在宗教迫害的压力下已经屈服并放弃了对"上帝"的信仰，这导致北非教会出现严重分裂。在313年以后，由于考虑重新恢复这些人的教籍，这引起了基督教会内部出现严重分裂。君士坦丁一世竭尽全力要促进教会的内部团结，于是他鼓励召开主教会议，对这个问题进行辩论，从而结束了这种分裂局面。不过，多纳图主义[①]还将在未来很长的一段时期内继续存在。然而，君士坦丁一世对基督教会的自觉维护是在4世纪20年代才达到了一个前所未有的高度。当时，一位埃及神父阿里乌斯（Arius）表达了他对三位一体之中复杂关系的认识。虽然也有人支持阿里乌斯（这些人被称为阿里乌斯教派的信徒），但口才雄辩且直言不讳的亚历山大牧首亚他那修（Athanasios）针对他的这种认知发动了一场激烈的抵制运动。鉴于教会内部的裂痕在不断扩大，于是在325年，君士坦丁一世再度挺身而出，在尼西亚（Nicaea）召集了一次主教会议，就这个问题进行辩论。在这次会议上，基督教主教们第一次尝到了享受皇恩眷顾的特权滋味；而由于君士坦丁一世不仅亲自参加会议，还在会议过程中扮演了相当积极的角色，这就在皇帝和教会之间播下了来自帝国权力影响的种子。根据一个广为流传的说法，君士坦丁一世曾向与会的主教们宣称，他是"外面世俗世界的主教"。尼西亚会议摒弃了阿里乌斯宣扬的教义。于是尼西亚会议宣布宗教分歧到此终结，但事实上，基督教会在政治上的动荡时期才刚刚开始。

----

　　①多纳图主义（Donatism），人们对这场宗教运动的称呼，多纳图派本是一个困扰着古代北非基督教会的分离宗派，起始于4世纪初罗马皇帝戴克里先的大迫害之后。——编者注

目　录

第 1 章　帝国建立（公元 330~491 年）

公元 395 年，狄奥多西一世在米兰去世，将皇权留给两个儿子共同执掌，其中东帝为长。当然，这种做法显然不足以代表罗马帝国的真正分裂，而只是延续了当时已经存在了将近 100 年的分享皇权的惯例而已……

第 2 章　地中海之主（公元 491~602 年）

拜占庭皇帝们都一厢情愿地渴望在这个世界上留下自己的统治痕迹，为此他们大兴土木，修建了许多永恒的丰碑，这方面的代表人物便是阿纳斯塔修斯和查士丁尼一世……

第3章　危机四伏（公元 602~717 年）

对于拜占庭而言，7 世纪确实是一个充满重大变化的时代。这些变化有的从过去就已经开始，只是到了这一时期才变得更加明显。但大多数的变化，却是由新发生的政治事件所导致的……

第4章　复兴之路（公元 717~867 年）

经历了一个世纪的创伤和失败之后，拜占庭帝国在 8 世纪和 9 世纪进入了一段相对稳定的时期，从而可以推出一系列的改良和变革措施，并对后世产生了重大而深远的影响……

第5章　马其顿王朝（公元 867~1056 年）

许多人认为马其顿王朝代表了拜占庭帝国在中世纪发展的鼎盛时期。事实上，马其顿王朝延续了两个世纪之久，但在其统治前期，政局极为动荡，充满了各种谋权篡位，令许多帝王死于非命……

第 6 章　短暂的繁盛（公元 1056~1204 年）

到了 11 世纪 90 年代，拜占庭帝国的发展形势逐渐好转：首先是巴尔干半岛的局势得以稳定；其次，无论是埃及的塞尔柱王朝还是法蒂玛王朝都出现了王位继承纷争，这就意味着帝国东部边境的形势不是那么紧迫了……

第 7 章　分裂、陷落与复建（公元 1204~1341 年）

1204 年，君士坦丁堡的陷落成为拜占庭历史上具有决定性意义的一刻。尽管该城在 1261 年被收复了，但先前发生的这些历史事件所激发出来的离心力量将对这一地区的政治、经济、人口和文化产生深刻影响，并且这种影响极为持久，远远超出了中世纪的历史范畴……

第 8 章　末日来临（公元 1341~1453 年）

1453 年 5 月 29 日，星期二，君士坦丁堡终于被攻占，这标志着拜占庭帝国的千年文明之火终于熄灭，并且这一重大的历史事件对世界各地都产生了深远的影响……

第9章 余波未了

君士坦丁堡的陷落标志着拜占庭帝国的终结，但并不是所有与之相关的事物的终结……不但有拜占庭的遗民，更重要的是它所留下的社会结构，它们都挺过了那个时间节点并持续甚久……

第1章

帝国建立
公元 330~491 年

公元 395 年，狄奥多西一世在米兰去世，将皇权留给两个儿子共同执掌，其中东帝为长。当然，这种做法显然不足以代表罗马帝国的真正分裂，而只是延续了当时已经存在了将近 100 年的分享皇权的惯例而已……

权位之争

公元330年5月，君士坦丁堡正式创立，用以纪念君士坦丁一世在对李锡尼的战争中取得最终胜利。这座城市以及君士坦丁一世对基督教的认可，是这位皇帝留给后世的影响最为深远的遗产。君士坦丁一世在生命的最后几年相对平静很多。虽然他本人费尽艰辛才成为罗马帝国唯一的皇帝，但他显然不希望帝国大权在自己去世之后落入单独一位继任者之手。相反，他似乎希望实行一种新的以血缘为基础的"四帝共治制"，即让自己的三个儿子：君士坦丁二世（Constantine II）、君士坦斯（Constans）和君士坦提乌斯二世（Constantius II）分享帝国的统治大权，同时将自己的两个侄子达尔马提乌斯（Dalmatius）和汉尼拔利阿努斯（Hanibalianus）也纳入统治集团，只是他们担任的职务稍逊一筹。后来，君士坦丁一世不再御驾亲征，于是这五人逐渐都开始驰骋沙场。他们在多瑙河前线反击哥特人的战役取得了一些胜利。但是，由于亚美尼亚的基督教国王被一个听命于萨珊王朝的傀儡取代，于是帝国在东线面临着来自波斯人的直接挑衅。鉴于国家已经处于战争一触即发的状态，于是君士坦丁一世决定御驾亲征，亲自领兵迎战波斯大军。但他在这场战争开始不久就逝于尼科米底亚。337年5月，君士坦丁一世在临终前，让城里支持阿里乌斯教派的主教尤西比乌斯为自己做了皈依基督教的洗礼。

君士坦丁一世去世的余波充满了血腥：除了他的三个儿子以及另外两个侄子——加卢斯（Gallus）和尤利安（Julian）（他们当时还是孩子）之外，所有的男性亲属全被杀害，而幸存下来的三位继承人很快就在338年将君士坦丁遗留下来的帝国重新进行了瓜分。接下来至353年，内战不断爆发。直到君士坦提乌斯二世成为唯一幸存下来的王位继承人以及帝国唯一的皇帝，权位之争才宣告结束，而这时他的堂弟尤利安已经手握雄兵坐镇高卢。

尤利安认为君士坦提乌斯可能谋杀了自己的许多至亲，因此随着在军事上的日益胜利，他向君士坦提乌斯最终摊牌的日子也就不可避免地日益迫近了。360年，尤利安被部下拥立为皇帝，于是他开始部署兵力，准备对自己的堂兄采取行动，谁知后者在361年一场针对波斯的战役中先行身亡。出乎所有人意料的是，这位新皇帝（尤利安）做出了一个令人瞠目结舌的重大决定，他宣布支持以前的宗教。这一行为让他受到基督教徒的鄙视，并被称为"叛教者"。尤利安信奉异教的行为与当时的拜占庭社会格格不入，显然应当属于他的个人选择。但这位皇帝也不乏讲究实际的一面，例如他认可基督教深得人心的一些重要举措（例如慈善行为），并敦促重要的异教领袖采取同样的做法。此外，他还尽力争取，试图让自己信奉的宗教也能享受两位前任君王赐予基督教徒的那些特权。

362年，在将朝廷和军队中的异己铲除之后，尤利安踏上了征讨波斯的战争之旅，并开始在安提阿城内外集结军队。在这座城市里面，他驻军几乎长达一年之久，间接导致城中出现了一场饥荒，于是他成为安条克人嘲笑和憎恶的对象〔然而尤利安对此的回应颇具黑色幽默，他做了一篇反讽自己的文章《厌胡者》（Beard hater），这成为古代晚期历史上一段最为诙谐的文献〕。尤利安离开安提阿不到一个月，就在一场战争中阵亡——据基督教的传说，他是被去世的"圣人"用长矛刺死的。他的继任者约维安（Jovian）决定迅速退兵。为了与波斯人议和，他同意接受对罗马人完全不公的谈判条件。事实上，约维安的统治时间还不足一年。364年，他在前往君士坦丁堡的途中去世了。如同发生在约维安身上的情形一样，军队又拥立了新的皇帝——瓦伦丁尼安一世（Valentinian I）。他上台之后迅速将他的兄弟瓦伦斯（Valens）提携为帝国东方的共治皇帝，而他自己则坐镇米兰，统治帝国的西部地区。接下来的几年除了充满争权篡位和武装反叛之外，瓦伦丁尼安一世还得努力平息蛮族在多瑙河前线的不断侵扰，而他在这块战场上也取得了一定的成功。375年瓦伦丁尼安一世去世时，他的两个未成年的儿子格拉提安（Gratian）和瓦伦丁尼安二世都被宣布成为皇帝。次年，大批哥特人在后方匈奴人的紧逼下西迁。拜占庭政府恩准了他们希望渡过多瑙河的请求，于是这群哥特人就在帝国境内定居下来。但是对这次大规模人口流动的管理不当，引发了公开的敌对冲突。瓦伦斯急忙带领大军前去镇压。但在378年，他在阿德里安堡被哥特人打得溃不成军，不但损兵折将达三分之二，连其本人也战死沙场——由此成为自251年德基乌斯之后第一位阵亡的罗马皇帝。几个月之后，狄奥多西一世（Theodosius I，一名来自西班牙的军事指挥官）于379年登上皇帝宝座，并且获得了罗马西帝格拉提安的承认。380年，狄奥多西一世对哥特人的战争一开始就遭到了挫败，但他在382年和哥特人签署了和平协议，允许大批的哥特人在自己首领的带领下定居在帝国领土内多瑙河沿线边境一带区域。

383年，格拉提安在一场镇压叛乱的战争中被自己的部下杀死，而这场叛乱也一直持续到388年才被狄奥多西平息下去。与此同时，狄奥多西使自己的儿子阿卡狄奥斯（Arcadius）在君士坦丁堡宣布成为罗马共帝，并在393年将自己的另外一个小儿子霍诺留斯（Honorius）提拔成为管理帝国西部的共帝。

帝国的分裂

395年，狄奥多西一世在米兰去世，将皇权留给两个儿子共同执掌，其中东帝为长。当然，这种做法显然不足以代表罗马帝国的真正分裂，而只是延续了当时已经存在了将近100年的分享皇权的惯例而已。

　　军队里面许多重要的职务越来越多地集中到了日耳曼军官的手里。这些日耳曼军官由于受自己种族身份和阿里乌斯教派信仰的影响，不能直接称帝，于是他们选择扶植罗马傀儡登上皇位，从而达到控制政权的目的，这也算是整个5世纪的政治特色了。因此，当时罗马的政权结构可以说已经日耳曼化了，这在军队里面尤其如此。其中的一位代表人物是斯提里科（Stilicho），他是一个汪达尔人（Vindal），在狄奥多西一世手下当差时就开始飞黄腾达，而且后来还和狄奥多西一世的侄女塞雷娜结婚，从而成为最靠近皇权中心的非罗马人。但两位现任帝王阿卡狄奥斯和霍诺留斯都没有成为像他们父亲那样的杰出皇

图1-1　阿卡狄奥斯的头像，原位于君士坦丁堡的狄奥多西广场（亦叫公牛广场）。其向上方凝视的目光代表了一种虔诚的态度。

帝［同时代的哲学家、主教昔兰尼的森涅修斯（Synesios of Cyrene）曾把阿卡狄奥斯比作一个优柔寡断的怂包软蛋］。但他们的统治持续了很长时间，不过实权都掌控在他人手中，例如阿卡狄奥斯的政权被一个厉害的宦官尤特洛佩斯（Eutropios）或一名哥特军事指挥官盖纳斯（Gainas）所把持；而霍诺留斯的政权显然被斯提里科所操控。在4世纪的最后几年里，罗马帝国东西两部充满了仇恨对立，甚至发展为直接的武装冲突。而这些政治事件的历史背景是罗马帝国在多瑙河和莱茵河的边境之外出现了人口迁徙。这就好比一副多米诺骨牌发生了倒塌效应：匈奴人在顿河和伏尔加河流域的西进运动引发了其他民族大规模的被迫迁徙（哥特人就是其中的一个例子），这必然会把他们赶到罗马帝国境内。但当时没有哪个迁徙的人群足以代表他们的整个民族（因此，当我们谈论哥特人的时候，更准确地应当说是一部分哥特人而不是说整个哥特民族）。但随着越过边境的人群越来越多，这些原本就怀有敌意的外来人口对罗马帝国造成的压力也逐渐增大。在某些情况下，罗马帝国可选的策略就是允许其中的一些人群在境内定居，并利用他们为军队服务。反过来，这些外来人群也对这种安排心满意足，因为无论是在经济利益上还是在社会利益上，他们都可以从中得到不少好处。此外，罗马帝国有时还会利用其中的一些匈奴部落去征服新来的日耳曼民族。显然，这一时期罗马帝国会支付给非罗马人报酬，利用他们来对付一些其他非罗马民族。

在这样一个动荡的时代，发生在阿拉里克（Alaric）身上的事情生动地展示了罗马帝国和新来的日耳曼民族之间的这层复杂关系。阿拉里克出身于一个哥特首领家族，于4世纪90年代早期开始在政坛崭露头角，并在395年对君士坦丁堡构成威胁。由于他的军队没有围城的器械，于是他转而进军希腊，劫掠了很多城市，其中包括雅典和科林斯（Corinth）。斯提里科曾经两次几乎将阿拉里克全军歼灭，但两次都让对方逃脱了，于是有人谣传说他是日耳曼人的奸细。我们的资料显示阿拉里克后来成为西哥特人的国王，而西哥特人是这一时期出现在历史舞台上的两个举足轻重的哥特人群体之一。西哥特人从408年开始在意大利展开了一系列的军事活动，而这正好发生在斯提里科被处决的同一年里。由于失去了强大的军事防御，罗马陷入一种危险境地，并曾经三次遭到围困。410年，罗马在第三次围困中被攻陷，这让整个地中海地区都惊骇不已。接下来，西哥特人继续朝高卢南部迁徙，再从那里迁往西班牙，并最终将其征服。

在罗马帝国东部，阿卡狄奥斯于408年去世，留下襁褓中的儿子狄奥多西二世作为自己的王位继承人。阿卡狄奥斯在世的时候就已经宣布自己的儿子是罗马共帝，这也加强了罗马作为帝国的情感。显然，当时只能找人代替狄奥多西二世摄政。其中，他的姐姐普尔喀丽娅（Pulcheria）当然是一位重要的摄政人选，但真正掌握实权的却是一些文武官员。狄奥多西二世在位早期，皇权控制在安西米奥斯（Anthemios）的手里，他是东罗马的禁卫军指挥官。那时，帝国的安全是人们考虑的头等大事。君士坦丁堡和帖撒罗尼迦这两座城市巍峨的城墙（保存至今）都是在那时开始修建的。君士坦丁堡人口的增长也意味着加大了食物供应的压力，于是安西米奥斯采取了一些措施来保障食物供应不受影响。当罗马陷落之后，东罗马帝国只能把军队撤退到西罗马帝国的新都拉韦纳，而这一做法在接下来的几十年里一直得以保留。

414年，普尔喀丽娅被任命为奥古斯塔[①]，并成为弟弟的摄政王。普尔喀丽娅对皇权的实际控制程度常常被人们夸大，但她获取皇位的方式是宣誓将永保处女之身，以此保证自己的权力在将来绝不会受未来丈夫的控制。狄奥多西二世步其父亲的后尘，他统治时期的显著特征表现为一种对宗教的虔诚——在公众场合进行慈善、修建教堂，以及他本人、他的妻子欧多西亚（Eudocia）和

----

① 奥古斯塔（Augusta），四帝共治时期，奥古斯都成为正皇帝头衔，奥古斯塔即其阴性型。——编者注

他的姐姐三人对宗教圣物的捐赠行为。至于其他世俗的统治职责似乎就只有留给他人来完成了，于是朝廷里出现了一个又一个有权有势的宦官，帝国境内也涌现出许多的外国军官，特别是其中的两个阿兰人①，即阿尔达布尔（Ardabur）和他的儿子阿斯帕尔（Aspar）。

当霍诺留斯在423年去世之后，西罗马帝国陷入了一片混乱。在这关键时刻，又是东罗马帝国出手相救，适时派出军队，将合法的继承人瓦伦丁尼安三世扶上王位。但真正在背后执掌大权的是罗马军事指挥官弗拉维斯·埃蒂乌斯（Flavius Aetius），他极为成功地遏制住了蛮族的入侵势头。虽然各方势力的对手们已经明朗，但在5世纪20年代，当匈奴人朝着多瑙河再次逐渐往西推进时，他们彼此力量的对比却发生了改变。虽然在5世纪20年代早期，匈奴人作为罗马帝国的盟军在意大利同篡权者发生过零星的战斗，但434年，他们在首领鲁阿（Rua）的带领下，对君士坦丁堡的腹地——色雷斯地区发动了凶狠的进攻。不过，匈奴首领在这场战役中遭到了雷击——据文献资料显示，他受到的这种惩罚是狄奥多西二世的祷告所致。继承鲁阿王位的是他的两个侄子阿提拉（Attila）和布列达（Bleda）。在他们的带领下，匈奴发展到了一个新的历史阶段：权力结构大幅巩固、政治目标更加清晰。当东西罗马帝国军队大举进攻汪达尔人时［因为汪达尔人攻占了重要的北非省份长达10年之久（429~439）］，匈奴人却趁此机会开始进攻多瑙河区域。东罗马的军队被迫撤退，这就相当于正式承认汪达尔人占领了非洲地区。并且在随后的十几年时间里，东罗马帝国在对抗匈奴军队时屡战屡败，以至于后来不得不采取向他们进贡的方式来换取和平。到了447年，布列达去世，阿提拉成为匈奴唯一的领袖，他继续发动对罗马帝国的进攻。

450年，狄奥多西二世去世，身后没有男性后裔继承王位。于是罗马军队

---

① 阿兰人（Alans），古时占据黑海东北部和西伯利亚西南部的寒温带游牧民族。——编者注

故伎重演，更确切地说是强势的阿斯帕尔出面，他选择了年长的军官马尔西安（Marcian）来继承狄奥多西二世的王位。普尔喀丽娅同意嫁给马尔西安——一场和她的童贞誓言相符的有名无实的婚姻。这样，罗马帝国的权力更替才多少保留了一点朝代连续的颜面。451年，东罗马帝国和阿提拉达成和解，于是匈奴人转而往西挺进。西罗马帝国不得不调整自己的政策：它决定不再利用匈奴人对付日耳曼人和其他入侵异族，而是采取完全相反的一套策略。此外，西罗马帝国为保住自己的地盘，放任阿提拉在意大利对许多重要城市进行洗劫。453年，阿提拉去世，这其实对罗马帝国算是一个好消息，因为匈奴人为争夺王位而掀起了激烈的斗争。当初组成这个帝国的各个民族为了赢得自己的独立而不断发动战争，结果导致匈奴帝国在不到10年的时间内就分崩离析了。这些民族争取独立的故事被写进了脍炙人口的《尼伯龙根传奇》（*Nibelungensaga*），构成了挪威和日耳曼神话的重要基础。然而日耳曼民族在挺过这场危机之后变得更加强大了，这对西罗马帝国产生了重要的影响。因为这就越来越意味着它不能将他们逐出自己的势力范围。这种意识，再加上西罗马帝国的资源也在日益缩减，导致产生了一种新的认识：这个帝国既然不能给人提供既得利益，因此也就不值得再去费力保护。这样一来，日耳曼军官们自己统治这片被征服的领土也就不再算是什么新鲜事儿了；而遗留下来的罗马大地主们也不再担心自己可能处于某个日耳曼人的统治之下。当时的权力之争上演得非常惨烈，这也导致西罗马帝国在接下来的20年里逐渐土崩瓦解。

在东罗马帝国，马尔西安和普尔喀丽娅的统治与一次事件联系在一起，这就是451年的卡尔西登宗教会议，这次会议所产生的历史影响一直延续至今。这是第一场被指定来代表整个基督教会的宗教会议，换言之，它可以代表普世大公基督教会（Universal Christian Church），因此能够就信仰问题做出裁决。当时的阿里乌斯教派，虽然在尼西亚会议上遭到谴责，但在君士坦提乌斯和瓦伦斯的支持下重新活跃，结果导致许多坚持尼西亚正统教义的教会人士被迫流亡。

狄奥多西一世一心想证明自己对正统派的虔诚和支持，于是任命圣额我略·纳齐安（Gregory of Nazianzos）——这位当时最博学、最出名的神学家之一——为君士坦丁堡的牧首，此人在381年帮助狄奥多西一世重新召集了一次主教会议，再度讨论关于阿里乌斯教派的问题。这次会议在君士坦丁堡召开，对尼西亚信条进行了大量补充（也涉及一些删减）和澄清，其中主要是涉及对"圣灵"进行定义。此外，它修改了普世大公教会确定的教区等级次序，将帝国首都、号称新罗马的君士坦丁堡排在亚历山大和安提阿这两个资格更老的教区前面，从而仅次于罗马。罗马城由于埋葬着两位基督圣徒彼得和保罗，理所当然地占据着最为重要的荣耀地位，然而这种做法在随后几百年的历史中将引发无穷的后患。

除了宗教方面，帝国的政治生活也并不平静。马尔西安的统治极度依赖阿斯帕尔和他的儿子阿尔达布尔。虽然身为阿里乌斯派别的信徒——在君士坦丁堡遭到很多人的鄙视，但这些军官们的确做了很多慈善事业来缓和人们对他们所产生的反感（例如，阿斯帕尔在459年修建了一座蓄水池，而这项工程对于一个直到今天仍受供水困扰的城市而言，无异于雪中送炭）。这些阿兰人对东罗马政权的控制延续到了下一任皇帝身上，他就是利奥一世（Leo I，457~474）。利奥一世来自巴尔干半岛，他像马尔西安一样，以前也曾担任军区将军一职，所以军事经验非常丰富。利奥一世曾在阿斯帕尔手下效力，而阿斯帕尔决定再度干政，将利奥一世推上了皇帝的宝座。但利奥一世上台之后不久就尽力和阿斯帕尔撇清关系，他提拔自己的家人以及来自伊苏里亚（Isaurian）的科迪萨（Kodissa）的儿子塔瑞瑟斯（Tarasis），让他们身居要职，以此来遏制并对抗阿斯帕尔。伊苏里亚人来自小亚细亚南部山区，以彪悍勇猛的打家劫舍行径而著名。5世纪60年代末，塔瑞瑟斯在东罗马帝国混得风生水起，地位一路飙升：他先是诬陷阿尔达布尔勾结波斯人而将其整垮；然后娶了阿里亚德妮（Ariadne）公主为妻，还给自己改了一个希腊名字，叫作芝诺（Zeno），并担任一连串的军事要职。468年，东罗马帝国针对汪达尔人发动了一场耗资巨大的远征活动（几乎用光了帝国整整一年的财政收入），由于阿斯帕尔的原因，东罗马军队遭受重创，惨败而归，显然帝国内认为收拾他的时机到了。471年，阿斯帕尔和阿尔达布尔两人都在皇宫里被人暗杀。等到利奥一世于474年去世之后，芝诺先是辅佐利奥一世的幼子利奥二世（Leo Ⅱ）摄政，但由于利奥二世也在不久后夭折，于是芝诺就顺利登上了皇位。

芝诺执政非常艰难，因为在他统治期间各种叛乱频发，其中一些甚至来自伊苏里亚人内部。人们对伊苏里亚人集体的飞黄腾达非常反感，于是经常出现针对他们的武装反叛，这些反抗行为在5世纪的最后10年时间里达到了一个高潮。但是在芝诺的支持下，奥多亚克（Odoacer）——一位东日耳曼国王——在476年赶走了西罗马帝国的最后一位皇帝罗慕路·奥古斯都路斯（Romulus Augustulus），然后宣誓效忠于东罗马帝国，并以罗马帝国的名义统治意大利。后来奥多亚克开始把自己的势力向达尔马提亚地区发展，这就威胁到了东罗马帝国的领土安全，于是芝诺派遣提奥德里克（Theoderic）前去迎战。提奥德里克当时是东哥特人的国王，在君士坦丁堡以人质的身份长大，不过他在5世纪80年代早期就逐渐将整个东哥特民族统一了起来。在489年，他成功侵入了意大利，并有望能在不久之后取代奥多亚克，实现自己在这一地区的统治。但当时东哥特人决定要撤离巴尔干半岛，于是帝国东部边境变得安全了。但在更远的西部和西南部边境，东罗马帝国只能通过缔结条约的方式才能维持领土现状。在这些地方，东罗马帝国已经完全丧失了控制：西班牙和高卢的绝大部分地区被西哥特人控制，而北非则落入了汪达尔人的手中。

在宗教领域，芝诺试图弥补卡尔西登会议留下的裂痕，于是他在482年颁布了《联合诏令》（Henotikon），其内容是谴责聂斯脱里（Nestorios），但又禁止举行任何关于基督性质的讨论，甚至不准讨论利奥教皇的教义书信。在短期之内东部教会似乎对这种安排没有异议，但罗马教会却觉得自己的教义受到了挑战（《联合诏令》似乎在暗示君士坦丁堡位于五大教区之首），于是与君士坦丁堡关系决裂，并且这种分裂局面一直持续到518年。491年，芝诺去世，并且没有留下任何可以继承皇位的男性后裔。

早期的金字塔型社会结构

罗马帝国的社会通常被描绘成一种金字塔结构：皇帝位于顶端，在他下面排列的是社会的精英阶层，他们掌握着国家的权力、财富，享有社会声望和政治影响力，而绝大多数老百姓与上述特权完全无缘，只能待在最底层，构成金字塔的巨大基座。在5世纪，罗马帝国社会结构的组成内容还是和以前一样，但其中精英阶层的成员却发生了改变。当初君士坦丁一世在君士坦丁堡开创元老院时，其目的是将以前元老院中的贵族吸引到这个新的机构中来。但他未能如愿，相反，君士坦丁堡元老院中逐渐挤满了来自希腊东部地区的新面孔。如同其所在的这座城市一样，元老院也和它的罗马母机构几乎没有什么共同之处，既没有历史，也没有独立的权力，因为它本身就完全处于皇帝的掌控之下。本来，抬高皇帝地位、凸显皇帝权威的做法从四帝共治或者更早时期就开始了，只是到了君士坦丁一世时期才得以定型。基督教可能确实将皇帝们从长期霸占的神圣地位上拉了下来（因为在基督徒眼中只有"上帝"才是唯一的神），但朝廷设立的各种仪式套路却始终是在皇帝（所谓"上帝"在人间的代表）与帝国臣民之间形成了一道界线。

纵观东罗马帝国的整个历史，军队都是造就皇帝的重要力量，虽然在很多情况下，朝代的延续性无疑也会在其中扮演重要角色。每位新皇帝在登基时，都会被高举到盾牌上，在士兵的欢呼声和飘扬的旌旗的簇拥下，开始自己的帝王生涯。不同于罗马城中的情况，君士坦丁堡的元老院起初在皇位的继承问题上不能发挥任何作用，更别说城中的老百姓了。但随着皇帝们不再出去行军打仗而是选择在此坐镇管理，他们和作战军队的关系开始逐渐疏远，而同朝廷以及元老院的关系则日益密切，这个发展趋势渐渐影响了帝国的权力动态。在这一转变过程中，虽然元老院对权力事务的介入看似突然，但实际上它先前却经历了长时间的酝酿和发展。于是我们看到，虽然马尔西安继承皇位一事还得经过军队的挑选和认可，但他的继承者利奥一世却是直接由元老院选举产生的，不过这次选举得到了军队的认可。

这一时期的社会精英阶层中增添了一批新的成员，他们就是教会以及教会的首脑人物——那些主教们。基督教的主教们从君士坦丁统治时代起就不只是纯粹的精神领袖，而同时也是日益增长的教会财富的实际管家——当然这些教会财富的多寡厚薄会因地而异。许多主教就来自于地主阶级，他们选择在教会任职只是为自己今后从政铺平道路。由于蒙受皇恩，加上众多的私人捐赠，教会一跃成为这一时期罗马帝国最大的地主阶级。因此，跻身于教会或元老院的精英阶层，就成为人们可以选择的一条升官敛财的常见渠道。在5世纪，这两类人在维护和捍卫卡尔西登正统教义方面逐渐走到了一块。这不但在基督教内部，甚至在整个社会上都造成了两极分化，从而意味着在一性论占主导地位的这些地区，基督教牧师们很容易获得处于社会经济阶级底层的民众的支持，并以此来反抗那些被视为代表国家来横征暴敛、压榨百姓的政府官员。

社会阶级的最底层还是市民和农民，但是关于前者的文献资料要比后者丰富得多。君士坦丁堡的民众，不像罗马城的民众那样拥有悠久的参政历史，他们只是在这些历史事件中起到一些点缀性的配角作用，绝大多数时候只是像马戏团的观众一样，在竞技场照例为皇家选手们呐喊助威而已。但有时候也会出现观众不配合演出的情况，他们宣泄不满或高喊反动口号，这时就会上演这种情形下的传统保留节目——暴力冲突，其中情节跌宕起伏，出现战车来回冲锋或饥荒盛行等经典场景。但一般这种情况都会遭到统治阶级特别严酷的镇压，例如狄奥多西一世就曾下令剿灭在帖撒罗尼迦地区爆发的一场武装叛乱。当时是在390年，拜占庭政府逮捕了一名深得民心的战车驭手，从而引发了这场暴乱。

社会的稳定与经济的扩张

在这一时期，帝国东部地区的经济和社会生活主要呈现出一种扩张趋势。其中人口方面的发展变化是最明显、最容易识别的，表现为城市不断发展（城市绝对数量的增加以及原有城市规模的扩大）和农村人口增长。已经有考古资料证实社区扩张已经触及了一些边缘地带——这种情况足以说明更容易耕种的土地已经没有了。一些地区由于在蛮族的侵扰中遭受了更多苦难，自然更为萧条，但总体而言，帝国的东部经历了一段经济繁荣时期——当然繁荣程度也存在地区差异，并且至少一直持续到6世纪中叶，甚至可能比这个时间还要久远。

从这次经济扩张中受益最多的是社会精英阶层。这时社会上出现了一个日益强大的贵族阶级，他们服务的对象包括帝国政府（它逐渐代替了过时的元老院）、基督教会和某些寺院、教徒圣祠以及帝国国库（帝国所有的财政收入）本身。但大多数劳动民众只能耕种土地，而奴隶不再是重要的劳动力来源，他们的作用逐渐被隶农所取代。这些隶农是具有依附性的农民，他们从4世纪早期开始就和自己耕种的土地绑在了一起。身为自由民的小佃农和中等地主同样都是农村复杂结构中的组成部分，而毋庸置疑，大量的土地资源对农村经济的发展起到了至关重要的作用。

在戴克里先和君士坦丁一世推出的赋税与货币改革制度的基础之上，出现了一种稳定的税收制度，并且，通过苏勒德斯这种坚挺的金币，支撑起了社会的交换体系。这样就把这台历史大剧中的演员和道具都准备好了，剩下的问题是他们如何互动并彼此影响。国家要刺激农业生产，例如，帝国要养活日益壮大的军队以及君士坦丁堡的人口就必须生产大量的粮食。这反过来会激励人们种植这些粮食作物来满足帝国的种种需要。但还有一个问题有待探究：大地主们是否只愿意生产国家与自身所需的粮食，并且靠出租土地而赚取大部分收入，还是他们会设法通过其他的剥削手段（例如种植葡萄等经济作物）以及通过贷款间接投资于贸易，从而获取额外收入呢？至于把钱财投资于改良工程（例如引水）或农业机械（例如水车），以及这样做对农业生产的潜在影响，则属于另一个问题，不过它同样涉及精英阶层对农业生产的参与程度。简而言之，问题的关键在于我们应该把当时的大地主阶级看成保守的食利者，还是眼光超前的准企业家。贸易（特别是长途贸易）的重要性是另一个值得讨论的问题。政府对粮食交易实行补贴，但这也意味着要为更多货物的运输费用买单（把粮食运输到君士坦丁堡的船只不会两手空空地返回埃及）。精英阶层的消费，特别是广义上的君士坦丁堡朝廷的需求，是促进这种长途贸易的重要动力。显然，城市内部以及城市与周边地区之间也存在贸易活动，这表明罗马帝国各个城市和它们的腹地之间保持着紧密联系，同时也说明整个帝国内部的交通，无论是海路还是陆路，都状态良好。君士坦丁堡在这方面是一个典型例子：尤利安以及后来的狄奥多西一世在统治期间，不仅大力兴建了粮仓和其他存储设施，还在城市的南岸建造了两个巨大的人工港口。如此一来，君士坦丁堡港口的停靠码头长达约4千米，总容量的最高纪录曾经达到了约400艘船只。

巨大变化

4世纪和5世纪见证了帝国在许多方面发生的变化，其中影响范围最大、持续时间最长的当然要属基督教化。在313年，罗马帝国停止了对基督教徒的迫害行为，并且之后这种发展趋势开始变得越发明朗，乃至4世纪末基督教已经成为帝国的国教。在东罗马帝国的历史上，除了尤利安是一个例外，其他所有的皇帝都是基督教徒，这使得基督教在东罗马帝国获得了种种特权，并且不可避免地成为社会上的主导文化，从外（领土上四处林立的基督教堂、公共场合的基督艺术和宗教仪式）到内（对于自身和家庭的态度、生活理想）地影响着人们生活的各个方面。

　　既然东罗马皇帝在立法上青睐基督教，这就意味着他们必然采取措施压制其他宗教，特别是要禁止当时还非常流行的远古崇拜。根据这方面的法律文献显示，他们对其他宗教一直在逐渐加大打压和限制的力度，例如拜占庭政府撤销了对异教崇拜的支持，剥夺寺院财产，禁止献祭（先是在公共场合，后是在家里），禁止开放寺庙用于宗教仪式……但实际生活中的执行情况显然不会这么严格。其中也出现了一些暴力事件，例如389年，亚历山大的基督教徒就和当地的异教徒（似乎是前者挑起了这场争端）发生冲突，造成许多伤亡，最终导致著名的塞拉庇斯神庙被拆毁。在这之前，利巴尼奥（Libanios），这位安提阿的导师兼著名演说家，就曾写了一篇无可辩驳的文章，基于实际的理由提出捍卫寺庙的重要性（例如寺庙是精美的建筑，如果政府不拆毁它们，就可以派上多种用途）。然而在经历了一代人的发展之后，也就是415年，身为哲学家兼数学家的希帕蒂娅（Hypatia）在亚历山大被一群基督教徒以私刑处死，其中还牵扯到该城的主教。所有这些事件的发生，不但说明亚历山大已经成为滋生暴力的温床，同时还说明异教徒已经在社会上被边缘化了。但我们不应当被这些事件误导，认为当时整个东罗马帝国对异教徒采取了精心安排的大规模攻击行动。其实这一切只是说明古老宗教通过礼拜仪式在公众生活中所起的作用，以及通过这些活动而产生的社会意义和社会结构已逐渐被损坏了。一些古代形成的制度也在逐渐消失，例如奥林匹克运动会在4世纪90年代就停办了，其部分原因在于狄奥多西禁止异教活动，同时也是阿拉里克对希腊进行破坏活动所导致的结果。在4世纪末和5世纪初，公众生活中有很多人物，他们并不掩饰自己的异教徒身份，但这并没有影响其事业的发展，他们依然频频出现在公众视野中。一直以来，人们认为从4世纪末到5世纪早期罗马的元老院曾经出现过异教的复兴，其实现在应当重新评价这个现象，并得出一个合理的结论，即罗马的精英阶层越来越多地接受了基督教的信仰，而那些没有皈依基督教的精英人士也已经认可了这种发展趋势，并且至多只是希望自己的异教徒身份能够得到别人的容忍，从而可以与之和平共处。

由于基督教徒的自信越来越强，基督教会的经济利益日益增长，再加上基督主教们在各自教区都担任着领导职务，这些因素共同促使东罗马帝国的城市里面出现了很多新型建筑，即用于照顾老、病、孤、寡、穷等弱势群体的慈善机构。这些机构在4世纪60年代开始出现，最初是由当时占主导地位的阿里乌斯派教出资修建，但这一做法很快就被正统教会照搬过去了。虽然没有找到这方面的任何考古证据，但我们还是有充分的证据表明这些慈善机构曾经存在并且极受欢迎，它们一是证实了基督教会的势力日渐增长，二是在帮助城里的穷人和贫苦大众方面的确起到了切实的救济作用，因为这些人无从享受这一时期经济繁荣所带来的好处。

不仅城市里面出现的基督教堂越来越多，而且乡下的面貌同样被不断出现的基督教寺院所改变。于是，起初那些离群索居、过着苦行生活的隐士们只能撤退到埃及和叙利亚的沙漠地带，效仿耶稣基督在沙漠中隐居40日的先例（英语中的隐士"hermit"就来源于希腊语中表示沙漠的单词）。这些隐士的追随者和信徒们跟着他们的足迹寻来，这常常逼得他们只能退隐到离文明社会更偏远的地方。同时，随着隐士数量的增多，也就有人希望能让他们的这种隐居方式规范起来，于是在帕克尔米欧斯（Pachomios）的组织下，第一个隐士社区于4世纪中叶在埃及出现了，但不是修建在沙漠地区，而是处于沙漠和人居社会之间的一个过渡地带。帕克尔米隐士社区办得非常成功，这种隐居生活方式也很快流行起来，它的特点是经受磨难、进行体力劳动、拒绝身外之物和红尘诱惑、保持独身状态并为公众祈福，这在罗马帝国晚期传遍了全国。鉴于农村地区的这些寺庙建在沙漠里面或邻近沙漠区域（或者至少是在像沙漠一样的山区、树林和人烟都稀少的苦寒之地），我们也就不难理解为什么后来它们会被搬迁到村落和城市之中或周边地区。这时人们用高高的围墙和各种清规戒律把寺院内部的生活和外面的世界隔离开来，从而起到模拟沙漠的象征作用，并规范了隐修士与俗人之间的接触和交流。

此外，苦行僧和寺院修士身体力行地表现出对人的肉体以及物质世界的鄙视和摒弃，使得周围的人们深受影响，他们把这些特殊人物视为新的英雄和道德模范，因此在信徒社区经常有人寻求得到他们的祈福和代祈。大批基督教徒——其中越来越多的是出生在宗教迫害结束后的几十年里——在帝国政府以及教会权力机构中身居要职，他们开始创作一种新的文学体裁，不但其作者是基督教徒，而且读者对象也是基督教徒。但是，经典文学也没有被全盘否定，而是被融入了基督教的一种新型教育体系，其中荷马的作品和圣经诗篇受到同等重视。这就使大批的希腊作品得以保存，否则它们早就因无人问津或敌意排斥而消失殆尽了。当时人们通过改编旧的体裁并创作新的体裁，创作出了很多体裁杂糅的新型文学作品，像圣徒传记（例如亚他那修所著的《圣安东尼传》中所描述的圣安东尼的生平故事，因为他是基督教隐士的原型）或传经布道用的劝世警文，其中借鉴了很多古代的修辞手法，从而增强传播效果。

唯一的帝都

没有什么地方比君士坦丁堡更能清楚地体现基督教理念和帝国思想的融合。它在形成阶段所设计的布局和功能尤其重要，因为这些因素为它在以后漫长的历史长河中与整个帝国之间的联系奠定了基调。我们对东罗马历史的大多数认识和讨论都与君士坦丁堡相关，以至于让人觉得君士坦丁堡和东罗马帝国仿佛完全就是一回事。

君士坦丁一世发起的这项巨大建筑工程显然直到他去世都没有完成，而是随后一直持续了好几十年才竣工。这座城市是以罗马城为模型（甚至模仿了罗马城的七座小山）而修建的，因此不久就被人们称为"第二罗马"或"新罗马"（君士坦丁堡牧首的称号至今仍保持着和罗马相关的联系，他拥有的另一头衔为君士坦丁堡——第二罗马的大主教）。它无疑是一项史无前例的超大规模的皇家工程：这样说不仅是因为城中新建了众多的房屋和大型公共设施，而且还因为其中有数以百计的雕塑和艺术作品，它们都是从帝国四处搜集并运来作装饰作用的，其目的就是要创造出一种当时拜占庭王朝所欠缺的历史感，以凸显这座城市的重要性。至今人们还在争论：当初纪念君士坦丁堡的庆祝仪式以及由此而涉及的城市性质，是否

图1-2　埃及方尖碑（公元前15世纪），大约在390年被狄奥多西一世矗立在君士坦丁堡竞技场。

严格遵循了基督教的要求，或者说，其中是否夹杂了某些"异教因素"？或许要想找到讨论这个问题的最佳方式，就要认识到该城中一些关于异教徒的纪念碑也被保存了下来（或许只是作为一种历史性的装饰）；同样庆祝仪式的某些方面肯定会让人联想起异教徒的历史，虽然它们也会在一定程度上强调自己和罗马帝国传统之间的传承关系。但君士坦丁堡从一开始就是在完全体现它的再造者——君士坦丁大帝的创作意图。皇帝本人是一名基督教徒，因此修建这座城市时，就需要考虑到如何实现一座基督教城所必须拥有的全部实际功能。它的基本形状是依据早期的构造：王宫/竞技场相互连接（四座宫殿都是这样），一些（极少）教堂和圣祠，当然还少不了公共建筑，例如元老院和一些举行庆祝仪式的场地，其中包括君士坦丁广场，其中心矗立着一根斑岩石柱，上面站立着一个裸体雕塑，头戴一顶光芒四射的太阳王冠。这座城市在4世纪末和5世纪时扩建了规模，显得更加雄伟，其中增加了很多地标性的建筑，包括众多的港口、蓄水池、喷泉以及一条引水渠、一些粮仓、在内陆和海岸新修的围墙、一个新建的法庭、许多进献圆柱以及大量教堂和修道院。同罗马保持联系显然仍旧非常重要，这可以从狄奥多西一世在君士坦丁堡竞技场矗立起来的那座方尖碑上得到印证，不过当时西方也有人质疑这座新都的罗马身份，可能是想借此来对整个东罗马帝国进行否定。

君士坦丁在这座首都建造的教堂中，耗时最久的显然是他给自己修建的陵墓——圣使徒教堂（the Holy Apostles）。虽然这座陵墓没有被保存下来，但相关的文献资料清楚地表明君士坦丁一世希望自己身后能被安葬在一口斑岩石棺里，而石棺外面则是一个圆顶空间，旁边围着十二口石棺，准备用来装殓十二门徒的遗物——这也是第一次将"基督圣徒"的遗骸从他们本来的坟墓迁往另一个地方。如果君士坦丁一世没有表达希望自己能以与基督相似的方式——用门徒们的尸骸包围自己的尸骸——被埋葬，那么将他的陵墓布置成这种形式就毫无意义了。君士坦丁的葬礼，也是第一个皈依基督教的罗马皇帝的葬礼，注

图1-3 方尖碑北面的基座。狄奥多西一世皇帝在其他共帝和卫兵的簇拥下，坐在竞技场的皇家华盖里面。下面是向他致敬的异族民众。

定会对后世产生持久的影响。其中，军队是葬礼队伍的一个重要部分，另一支队伍显然是由基督徒和祭拜仪式人员组成，最后以君士坦丁一世葬入陵墓中而告终。然而，他的葬礼也未能完全避免异教因素（因为在他去世后发行的货币显示这位皇帝已经被神化了），而这就表明君士坦丁一世的统治具有过渡性质：一方面他已经开始进行革新，另一方面古老的传统又未被完全清除。君士坦丁一世去世后的待遇规格似乎有所降低，例如他的陵墓没有像基督那样占据中心位置，而是最终被置于一个和其他门徒平起平坐的地位。这个事实凸显出当时的社会具有流动性和过渡性质，皈依基督教的皇帝不再被人们视为像"上帝"一样至高无上，但毋庸置疑的是，他仍然比别人享有更接近神性的优先特权。

君士坦丁堡一方面不断大量新修教堂，另一方面则设法把存放在其他重要圣祠之中的"圣徒"遗物转移进来，这样它就逐渐发展成为一个基督教的圣地。在5世纪中期，君士坦丁堡附近甚至居住着一位在世的"圣徒"——"石柱人"圣达内尔（Daniel the Stylite），这使得该城备具荣耀。这位苦修者，虽然整日生活在一根柱子上面，但前来膜拜和问道的信徒却络绎不绝，其中就包括东罗马皇帝和他的朝臣。然而，君士坦丁堡除了依靠自身的努力之外，仍然需要引进人才，例如它引进了两位博学的牧首，即圣额我略·纳齐安和圣金口若望（John Chrysostom）；而异教演说家兼政治家德米斯修（Themistios）从君士坦提乌斯到狄奥多西一世执政期间一直在朝廷身居显位。但随着权力和财富在首都日益集中，以及各种赞助也相应增多，这必然意味着君士坦丁堡的人才状况会发生改变。于是在425年，拜占庭政府创办了一所高等教育学校（以前的研究文献中将其错误地命名为大学），学校可以用拉丁语和希腊语教授语法、修辞、哲学和法律，这项举措表明君士坦丁堡试图跻身为重要的教育中心，从而可以和擅长教授法律的贝鲁特、擅长教授医学的亚历山大以及擅长教授哲学的雅典一样享有盛名。

搜集整理从君士坦丁一世到狄奥多西二世期间颁布的法律文献的主体工作用了10年的时间（429～438）才完成，当然这也说明当时城中法律资料极其丰富。到了5世纪，君士坦丁堡实际上不仅是一个皇宫所在地，而且是当时罗马帝国的首都之一，后来则成为这个帝国唯一的首都。它成为一座帝王们不愿舍弃的都城，因为城中的设施和建筑提供了一种适宜的宗教背景，让他们在人间也能模仿"天国"的统治秩序。

第 2 章

地中海之主

公元 491~602 年

拜占庭皇帝们都一厢情愿地渴望在这个世界上留下自己的统治痕迹,为此他们大兴土木,修建了许多永恒的丰碑,这方面的代表人物便是阿纳斯塔修斯和查士丁尼一世……

联盟

在芝诺去世后，人们聚集在竞技场，强烈要求皇后阿里亚德妮——芝诺的遗孀，同时也是一位公主——选出一位皈依正统教的罗马人（即非伊苏里亚人）做新皇帝。阿里亚德妮选中的是阿纳斯塔修斯（Anastasios），一位年长的来自巴尔干半岛狄拉奇乌姆（Dyrrachium）的文官，后来自己还嫁给了他。虽然新皇登基时最重要的因素是要获得军队的拥护，但阿纳斯塔修斯的加冕典礼却是由牧首主持的——他还被迫接受了牧首附加的一个特别要求：在加冕之前宣布自己忠于卡尔西登正统教。阿纳斯塔修斯在处理朝廷中伊苏里亚人留下的负面影响方面做得非常成功：他流放了芝诺的弟弟朗希诺斯（Longinos），并在一场骚乱之后把所有的伊苏里亚人都驱逐出了君士坦丁堡。从492年开始，他对伊苏里亚人采取主动出击的方式。这样到了498年，伊苏里亚人就再也不能影响帝国的政治形势了。这时皇帝才腾出手来，开始推行多方面的改革。这些改革不但对帝国产生了长远的积极影响，而且在短期之内也增加了国家的财政收入。

阿纳斯塔修斯政府在抵御外敌方面的特征是加强联盟并扩大东罗马帝国的

影响力。在意大利，东哥特人提奥德里克于493年谋杀了奥多亚克，然后自己作为国王开始统治这片领土。而阿纳斯塔修斯只能无奈地接受这一既成事实，因为当时他还不想使用武力来解决这个问题。提奥德里克在意大利的统治经历了一个和平而又繁荣的时期，这可以从他在意大利首都拉韦纳出资修造的一些建筑作品上得到清楚证明，其中许多建筑保留至今。虽然他没有越过雷池、胆大妄为地自封为拜占庭帝国的西帝，但通过与西方强权力量建立联姻关系（包括法兰克人、西哥特人和汪达尔人），以及巴结罗马元老院贵族余党的方式，巩固了自己在意大利的统治地位。于是东罗马帝国针锋相对地发起反击，他们与信奉卡尔西登教义的法兰克人（逐渐成为阿尔卑斯山地区的主要力量）交好，共同对付信奉阿里乌斯教义的哥特人，并试图在法兰克人与哥特人之间制造不和，挑起矛盾。这时东罗马和汪达尔人之间的关系已经恢复正常，因为事实证明它不可能把对方赶出非洲。在巴尔干半岛北部，保加尔人（Bulgars，亦为保加利亚人）经常侵扰东罗马领土，特别是位于君士坦丁堡腹地的色雷斯更是饱受蹂躏。

在502~506年期间，东罗马与波斯在东部边境发起了一轮战争。波斯军队在国王喀瓦德（Kavadh）的带领下侵入了亚美尼亚，接着突然包围并攻陷了美索不达米亚的阿米达（Amida），阿纳斯塔修斯连忙调遣大军前去迎击，并最终取得了胜利，收复了失去的领土。在与波斯人和解之前，东罗马帝国在达拉（Dara）修建了堡垒，同时也修复了很多城市的防御工事，从而提高了帝国与波斯接壤的边境的安全保障。在战争开始阶段，阿纳斯塔修斯派人找到属于阿拉伯部落的肯代特人（Kindites）和加萨尼人（Ghassanids），向他们的首领寻求支援，并承诺只要他们和东罗马军队一起守卫与波斯接壤的边境地带，帝国就会支付报酬并赐予他们特权。

518年，90岁高龄的阿纳斯塔修斯去世，身后没有留下子嗣，但那时他的三个侄子都已经在帝国各处身居显位。然而阿纳斯塔修斯在宗教方面却留下了一个烂摊子，因为他本人是一性论的支持者，这也是导致查士丁一世（Justin I）能够继承王位的原因。查士丁一世原本是禁卫军指挥官，出身行伍且身世卑微（历史文献指出他来自达尔马提亚，是一个目不识丁的乡下人）。他能当上皇帝，很大程度上是由于元老院的功劳。我们从资料中得知，人们当时把元老院美誉为一个极为光荣的神圣机构，还认为信奉正统教的新皇帝能够登基，是得到了"上帝"的保佑。查士丁一世继续实行阿纳斯塔修斯时期的外交政策：在西方孤立信奉阿里乌斯教派的东哥特人；在东方继续加强（不过通常是以低调的方式）针对波斯人的防御工作。此外，在查士丁一世执政期间，帝国通过建立新联盟的方式扩大自己的影响：在高加索地区，它成功地获得了拉齐卡（Lazica）和伊比利亚的支持；在南方，它支持阿克苏姆（Axum，位于今天的埃塞俄比亚和厄立特里亚）基督教王国因反对位于也门的希米亚里特帝国（Himyarite）迫害基督徒而进行的战争，因为希米亚里特帝国信奉一神教，但它同时又是阿拉伯半岛的一支强大力量。

查士丁尼一世

尽管查士丁一世在执政期间卓有成效，但他所取得的成就与他的侄子兼继承者——查士丁尼一世（527~565）的功绩相比则变得不值一提。虽然查士丁尼一世的正式君主统治表面上是在527年才开始，但学者们倾向于把查士丁一世的统治期间也称为"查士丁尼时代"。这是对各种丰富的史料进行综合研究之后得出的一个结论。查士丁尼被带到君士坦丁堡并被他的叔叔收养，他被认为是皇位背后的真正掌权者。在查士丁统治期间，查士丁尼领头和罗马谈判，并在君士坦丁堡修建了很多新的建筑。在527年之前的某个时间，查士丁尼让自己的叔父废除了禁止元老院成员和女演员结婚的法律，然后他就娶了狄奥多拉（Theodora）。狄奥多拉的父亲以前在竞技场养熊，而她本人则是一名杂耍

图2-1 位于拉韦纳的圣维托教堂（San Vitale，6世纪40年代）后殿北墙上的马赛克镶嵌画，描绘的是查士丁尼一世和拉韦纳主教马克西米安努斯及一些朝臣和士兵。

演员。即使对狄奥多拉态度友好的史料文献都并不否认她曾做过妓女或是情妇。在527年查士丁去世之后，狄奥多拉被提拔为奥古斯塔。她和丈夫密切合作，夫妻两人共同统治这个帝国。

查士丁尼一世可能是拜占庭帝国最有名的一代君王，其中的原因是多方面的：首先是因为他在位时间长，并在统治期间，通过发动一系列代价不菲的战争，使拜占庭的领土得到了最大程度的扩张；其次是因为他资助修建了许多便于行政管理的工程和建筑，这些东西保存至今，反映出查士丁尼一世对作为帝国统治者的愿景。查士丁尼一世为自己精心打造的形象是无所不在、无所不能，是上天选中的使者，要在人间领导帝国的民众获得救赎，并且为此他殚精竭虑，即使动用帝国的一切资源也要完成这项光荣的使命。但是，令人扫兴的是，还有一份很特殊的文字资料显示，当时的宫廷史官普若科比奥斯对查士丁尼一世发动的战争撰写了8部作品，并为这位皇帝大兴土木而写了一篇

图2-2　位于拉韦纳的圣维托教堂（6世纪40年代）后殿南墙上的马赛克镶嵌画，描绘的是狄奥多拉和朝臣们。

颂词，但此人竟然还写了一本《轶闻》（Anecdota），又称为《秘史》（Secrect History），其中充满了令人惊叹的谴责之词，内容完全颠覆了我们先前对查士丁尼一世的了解。这本书把查士丁尼一世描绘成一个恶魔的子孙，并且面目狰狞，人们经常能在晚上看到他无头的身躯在王宫中四处游荡。书中指出：他唯一的使命就是要摧毁世上的所有人类和一切事物。这本书也不放过对查士丁一世身边关系最密切的人物进行诋毁。例如书中指出皇后狄奥多拉以前是一名妓女——这点倒是真的——但其中相当大的笔墨是用于描写她放荡堕落，说她整个人卑鄙无耻、一无是处，这样的文字让人感觉简直是对狄奥多拉直接的侮辱和谩骂。最后，对于贝利萨留斯（Belisarios）——查士丁尼手下最重要的将军，也是普若科比奥斯这辈子的衣食父母，并且是他撰写的那些作品中真正的战争英雄——却在这本书中被贬低成一个"妻管严"，处处听命于老婆安东尼娜，而安东尼娜又是狄奥多拉的闺蜜，是一个谎话连篇、诡计多端的女人。这样看来，这本书的写作目的非常清晰，就是要通过这种含沙射影的方式诋毁查士丁尼一世的形象。我们发现在对查士丁尼一世的评价方面，不是绝对的歌功颂德就是纯粹的指责谩骂，除此之外，很难找到折中的看法。下面，我将回顾查士丁尼一世漫长的统治历史，首先从拜占庭帝国取得的发展开始讲述，接下来按不同的地区分析它和境外民族的相处情况。

查士丁尼一世上台之后，拜占庭和波斯在高加索以及叙利亚边境地区的冲突还在继续，并且拜占庭在意大利的统治也即将面临挑战。但总体而言，当时还没有出现足以令它分散精力或耗费资源的重大危机，因此查士丁尼一世可以开始着手推行一系列改革措施。他最得力的助手是文官卡帕多西亚人约翰（John the Cappadocian）和特里波尼安（Tribonian），这两人都是由他一手提拔上去的。查士丁尼一世安排特里波尼安负责搜集、核对并更新现有的法律文件—— 一项在狄奥多西统治期间就已经开始进行的法律编撰工作。第一批这方面的编撰成果于529年向社会公布（但未能保存下来）；在随后的几年之中，查士丁尼一世自己又制定了许多新的立法，于是到534年，第二批法律文件也编撰完毕。这批新出台的法律文件中还附带了一些其他的法学作品，其中包括《学说汇纂》（*Digest*，罗马法学家的学说解释）和《法学总论》（*Institutes*，面向法律学生的教科书）。总之，查士丁尼法典是内容庞杂的大陆法系的核心组成部分，它对罗马法的保存和传播起到了重要作用，至今还成为法学家们研究的对象。查士丁尼生前曾宣称自己要创造一部"有生命的法律"，而这项庞大的法律编撰工程也证明了他的确所言不虚。

532年伊始，当时查士丁尼一世主持的法典编撰工作还在进行之中，然而在君士坦丁堡城中却发生了一场大规模的骚乱活动。本来，发生骚乱在当时的社会完全算不上什么新闻，但这次骚乱是因统治阶级拒绝赦免几位因参加暴力活动而被判死刑的平民代表而引起的。当时，即使皇帝亲自到竞技场和群众进行面谈也未能解决问题，反而激起了更严重的市民暴动，市民们在这次行动中空前团结，甚至连平时的冤家对头也齐心协力，一起高呼着"尼卡"（Nika，胜利）的口号，在城中四处纵火打劫。结果城中的大部分纪念中心都在暴乱中被焚烧，但皇帝和王宫的安全还是得到了保护。很快，参加暴乱的市民就呼吁要处死查士丁尼一世手下的得力干将，对此查士丁尼一世也只得答应他们的要求，但暴乱活动并没有因此而平息。这场暴乱活动并没有真正的领头人物——虽然也有人想找元老院的某些成员出来主持大局，但所找者不是婉言谢绝就是避而不见。最后查士丁尼一世从色雷斯调来了军队，他们冲进君士坦丁堡大肆屠杀参与暴乱的市民。据文献记载，有3万多人在这次暴乱中丧生，不过伤亡人数显然是被夸大了。因为这个数字几乎代表了君士坦丁堡城中10%的人口——如果真有这么多人死亡，那么他们的尸体该如何处理呢？当时阿纳斯塔修斯的两个侄子由于和参加暴乱的人群关系密切而被查士丁尼一世下令处决，接下来查士丁尼一世还对元老院贵族进行了一番盘查清剿，以排除其中的异己分子。这样一来，当时整座城市都笼罩在恐惧的气氛之中，并且自此之后，查士丁尼一世无论是执政的态度还是管理的手段，都比以前显得更加强硬了。

查士丁尼一世执政的另一个重要特征是他不断发动战争。虽然查士丁尼一世的军队大多数时候都遭受经费短缺和人手不足的困扰，但他仍然取得了一些骄人的战绩。533年，查士丁尼一世针对第一个目标——非洲的汪达尔人——发动了进攻。这次战争的时机很重要：一方面，拜占庭帝国的人们对尼卡暴乱仍然记忆犹新，所以查士丁尼一世需要向他们展示自己的强硬态度；另一方面，查士丁尼一世也需要借机安抚一下元老院的部分成员，因为这些人主张帝国应当狠狠教训一下周边的蛮族国家，认为对他们应当绝不手软、绝不姑息。此外在532年，拜占庭帝国已经和波斯缔结了一条"永远和平"的协议，这样东方边境暂时免除了安全隐患，于是查士丁尼一世才得以腾出手来，筹划对付其他敌人。拜占庭帝国征战汪达尔人的军队是由贝利萨留斯率领，他在这场战争中很快就取得了胜利。回想上一世纪，拜占庭帝国虽然兵精将广且耗资巨大，但它针对汪达尔人而发动的数次战争都以失败告终。如今拜占庭军队在数量和装备的规模上都明显缩减，却能够在不到一年的时间里就打垮了汪达尔人。这场战争的胜利一下子就重振了帝国的雄威。贝利萨留斯回到君士坦丁堡的时候，拉回的战车上装满了汪达尔人搜集的数量可观的金银珠宝。虽然在接下来的几十年里，拜占庭帝国也不乏面临外敌入侵的时候，例如柏柏尔人经常在拜占庭居民区和撒哈拉大沙漠之间的边缘地带进行骚扰活动，但北非地区从总体上说还算一个繁荣稳定的地方，并且汪达尔人基本上已经从北非的历史上消失了。

于是，当拜占庭军队去迎战意大利的东哥特人时，他们或许在心里认为这场战争的结果会和北非战场差不多。其实在提奥德里克统治的最后几年，意大利的政局就已经不太稳定了。等到他去世后，由于留下的王位继承者年龄尚幼，意大利的局势就显得更加摇摇欲坠、岌岌可危。后来，当有人废黜提奥德里克留下的血脉而自行登基称王时，他没有想到贝利萨留斯竟然会带领一小队人马突然出现在意大利，对其进行讨伐。然而，这场从535年就开始的战争持续的时间可不短：它前前后后持续了20年，其间拜占庭军队的将领都换了好几茬［先前贝利萨留斯胜利在望，却被皇帝召回朝廷，后来又被派遣回来，但最终宦官将领纳尔西斯（Narses）还是取代了他在军中的位置，并成为这场战争的最终胜利者］。到了552年，在法兰克人和伦巴第人（Lombards，一个经常充当雇佣兵的日耳曼部族）的帮助下，拜占庭帝国赢得了这场战争，不过它也付出了惨重的代价，因为战后的整个意大利地区已经满目疮痍、人口凋零。等到554年，拜占庭帝国开始接管意大利事务，此时查士丁尼一世装作若无其事的样子（似乎哥特人从来就没有到过那儿），颁布了《国事诏书》（Pragmatic Sanction），其中规定将政府没收的土地和奴隶返还给元老院贵族，并在意大利恢复帝国统治与行政管理。

虽然查士丁尼一世在非洲和意大利取得了赫赫战绩，但他在另外两个战场的表现却差强人意：那就是拜占庭帝国在其东部边境以及巴尔干半岛与波斯人展开的战争。无论是在军事还是政治方面的形势发展，对拜占庭帝国而言这两个战场都不太理想。

拜占庭与波斯缔结的永久和平条约其实只延续到了540年，因为当时胡斯洛（Khusro）带领波斯大军攻陷了安提阿，并将俘虏的大批市民带回了波斯帝国。接着波斯发动了更多进攻，当然拜占庭帝国也继续组织反击。双方根本不打算进行任何和解，因此两国之间的战争也就不断持续下去。但到了545年之后，他们的战场主要集中在高加索地区，其焦点是争夺对亚美尼亚、伊比利亚和拉齐卡三地的控制权和影响力，因为它们总是处于拜占庭帝国和波斯帝国之间的轮番交替统治之下，也就导致了这些地区的权力交替总是频繁发生。然而，拜占庭与波斯之间的战争最终打成僵局，于是在562年两国签署了停战协议，规定有效期为30年，但实际上也就持续了10年。

拜占庭帝国在巴尔干半岛的形势同样很不稳定。查士丁尼一世在意大利战场依赖自己与格皮德人（Gepids）之间的联盟来对抗哥特人。但是，当格皮德人在6世纪40年代（主要是在北方抗击伦巴第人的过程中）势力大增时，查士丁尼一世决定改变主意，转而支持伦巴第人。当时的格皮德人已经开始成为影响这一地区稳定局面的不利因素，因为他们允许一支新的外来民族——斯拉夫人渡过多瑙河，而这些斯拉夫人自6世纪40年代后期就开始不断侵扰这片区域。在6世纪50年代，斯拉夫人对色雷斯和马其顿的侵袭还在继续，而到了50年代末，他们甚至和库特里格斯人（Kutrigurs）联合起来，对君士坦丁堡发动了一场可怕的袭击。于是查士丁尼一世决定在军中重新起用年事已高的贝利萨留斯，而这位名将果然不负众望，帮助他成功地化解了这场危机。不过这次事件暴露出拜占庭帝国在多瑙河边境地区的防守薄弱，令人担忧。此外，大约在同一时期，另一支民族首次出现在拜占庭的文献资料里，他们就是阿瓦尔人（Avars）。阿瓦尔人是一支游牧民族，他们随着亚洲内陆人口的迁移而到了黑海北岸地区，而这次人口迁移是由格克蒂尔克帝国（Göktürk Empire，即突厥汗国）扩张地盘所导致的结果。从6世纪50年代末起，阿瓦尔人就向查士丁尼一世政权派遣了自己的使者，虽然他们没有获得在拜占庭帝国领土上定居的权利，不过拜占庭朝廷同意向他们支付报酬，前提是他们同意与帝国组成联盟去共同对抗斯拉夫人、伦巴第人以及格皮德人。

查士丁尼之后

根据普若科比奥斯的记载，在尼卡暴乱中，查士丁尼一世曾考虑弃城而逃，但狄奥多拉对他进行劝阻，称自己绝不选择逃亡，因为"帝国是一块美丽的裹尸布"。借用她的这一比喻，我们可以说，覆盖在查士丁尼一世棺椁上的这块布饰上应当装饰着以他的名义而取胜的那些战争场景。继承查士丁尼一世王位的是其侄子查士丁二世（Justin II），后者娶了狄奥多拉的一位侄女——索菲娅。查士丁二世通过清除异己，平息了朝廷上可能出现的反对声音。但他似乎从一开始执政就立志要走一条和查士丁尼一世不同的统治之路。他这样做的部分原因应当是形势所迫，因为当时的拜占庭帝国，无论在经济上还是军事上，都已经不再强盛。此外，拜占庭帝国决定停止向阿瓦尔人进贡，但这种做法引发的严重后果是所有人都未曾想到的。阿瓦尔人曾和伦巴第人结盟，来对付他们共同的敌人——格皮德人。在击败格皮德人之后，阿瓦尔人就前去占领了他们在潘诺尼亚（Pannonia）的领土，并开始朝着南部和西部地区继续推进。它的盟友伦巴第人则往西进军，并在568年侵入了意大利。而意大利饱经连年战乱的蹂躏，在敌人面前几乎没有任何抵抗。于是在6世纪70年代，意大利北部区域接连陷落。伦巴第人在接下来的20年中往南挺进，并成功地在贝内文托（Benevento）建立了一个自己的公国。这样一来，拜占庭帝国曾经付出高昂代价才重新夺回的意大利地区几乎损失殆尽（虽然罗马和拉韦纳还没有丢失）。而面对这种情况，拜占庭帝国却无力组织起有效的反抗，因为从572年开始，由于查士丁二世拒绝履行条约规定的进贡义务，使得拜占庭帝国重新面临来自宿敌波斯的严重威胁。波斯人成功地攻陷两座重要的城市——亚帕米亚（Apameia）和达拉，迫使拜占庭帝国为了求得和平而不得不付出昂贵的代价。与此同时，拜占庭帝国在西班牙和非洲的据点也遭到了敌人的攻击。

然而此时查士丁二世的身心都出现了严重的健康问题（我们查到的史料指出，他在达拉沦陷之后就精神崩溃了），已经不能独自处理帝国事务了。由此，一开始只能是皇后索菲娅接管他的统治大权，但不久之后她就让查士丁二世的近臣兼禁卫军指挥官提比略（Tiberios）与她共同理政。此外，提比略在574年还被提拔为拜占庭帝国的恺撒，并成为查士丁二世的养子，这也就意味着他成为帝国的实际统治者。于是，等到查士丁二世在578年去世后，提比略就顺理成章地登上了皇位。

帝国的军事前景继续低迷，因为它和波斯人还在亚美尼亚打得难解难分。但在莫里斯（Maurice）——一位来自卡帕多西亚的重要军事将领的领导下，拜占庭军队打了一个大胜仗，由此立刻就让拜占庭帝国看到了新的希望。但是，到了579年，拜占庭原本计划要和波斯人签署停战协议，不料波斯国王突然去世，而他的儿子霍尔米兹德（Hormizd）继承王位之后，执意继续开战。于是在580年和581年，拜占庭军队在莫里斯和孟迪尔（al-Mundhir，加萨尼人的首领）的带领下，挺进波斯境内作战，虽然他们也取得了一些胜利，但就总体而言，交战双方并没有分出明显胜负。此外在巴尔干半岛，尽管拜占庭帝国向阿瓦尔人重金进贡，但名义上接受阿瓦尔人统治的斯拉夫人仍然对多瑙河南岸继续发动袭击，而阿瓦尔人则在582年攻占了拜占庭帝国的重要城市西米乌姆（在今天的贝尔格莱德附近）。

同年提比略突然去世，但他在生前已经指定莫里斯为帝国皇位的继承者。为了解除帝国在意大利和非洲的据点所受到的威胁，莫里斯重组了自己的行政管理机构，创建了两个总督职位，一个设在拉韦纳（584年），另一个设在迦太基（591年）。总督是这两个地方的最高长官，一人统领辖区内的文武事务，因此可以对敌情做出敏锐迅速的决断。设立总督职位在非洲倒是达到了预期效果，但意大利方面，在法兰克盟友的帮助下，虽然拜占庭帝国确实在北方地区抗击伦巴第人的战争中获得了一些胜利果实，但这套制度也只是起到了延缓拜占庭统治瓦解过程的作用而已。在罗马，基督教会发现自己夹在两股势力中间左右为难：一方面，教会处在拜占庭总督的正式保护之下；但另一方面，教会时常受到伦巴第人的骚扰。在莫里斯统治时期，拜占庭与罗马的关系逐渐恶化，因为此时罗马教会已经开始和伦巴第人直接谈判，特别是当教会的领袖换成罗马贵族——格列高利大教皇①之后情况更是如此。格列高利热衷于排除世俗权力对教会事务的影响（当时查士丁尼一世对教会的干预事件仍然历历在目），反对莫里斯通过立法插手教会事务，并强烈抗议自5世纪末起君士坦丁堡牧首自封"普世主教"（ecumenical patriarch）头衔的行为。因为这样的头衔称号暗示了君士坦丁堡牧首拥有统治全体教会的权力，而这被视为是在挑战罗马教会所享有的至高无上的特权地位。

但在帝国东边，来自波斯的威胁发生了一个意想不到的变化，让形势顿时出现了转机：590年，波斯国王的统治在一场政变中被推翻；而他未来的继承人胡斯洛二世（Khusro Ⅱ）眼见就这样丢掉了王位宝座，于是他转而向莫里斯求助，而莫里斯居然同意帮助他夺回王位。这件事情虽然看似奇怪，但实质上反映了拜占庭和波斯——据说它们是世界的两只眼睛——尽管互为宿敌并常年战争，但保持现状却符合双方的共同利益。胡斯洛二世于次年夺回了王位，于是他和拜占庭帝国签订了和平协议，把以前抢占的大多数领土都如数归还给了

----

① 格列高利大教皇（Gregory the Great），又称"圣格列高利一世"，他确立了教皇权，著有《司牧训话》《伦理丛读》《对话》。——编者注

对方，其中包括达拉、伊比利亚以及波斯在亚美尼亚占领的土地。

一旦自己的军队可以从东部边境脱身，莫里斯就开始率军去处理巴尔干半岛的问题。经过一系列的战争——其中甚至包括一些皇帝御驾亲征的军事行动——拜占庭帝国终于把斯拉夫人赶到了多瑙河沿岸地区。但这些战争给拜占庭士兵们带来了极大的痛苦，因为莫里斯拒绝依照惯例在冬季休战，此外他还打算削减士兵们的军饷，这就激起了手下很多人发生兵变。到了602年冬季，这次兵变已经愈演愈烈：一位中级军官福卡斯（Phokas）被士兵们拥立称帝，他带领着手下军队直逼君士坦丁堡，而此时城内由于出现了严重的饥荒，人们忍无可忍，已经在酝酿谋反了。于是君士坦丁堡牧首为福卡斯举行了加冕仪式，而福卡斯下令把莫里斯连同他的几个儿子以及许多男性亲属和近臣一起处死，这也是自337年处决君士坦丁一世的男性亲属以来，皇权更替过程中首次发生的血腥事件。

权力的回收

早期拜占庭帝国的领土扩张在6世纪已经发展到了巅峰，然而与此同时，帝国自身存在的一些问题也逐渐暴露出来。众所周知，在现代社会出现以前的历史上，人口一直是所有国家实现经济繁荣而必须具备的一个基础和前提。但在这一时期，拜占庭帝国的人口发展出现了一道分水岭，因为在541年的时候，人类的文字史料中第一次出现了"鼠疫"一词，这种传染病起初在地中海地区暴发，但很快就蔓延出去并殃及整个已知的人类社会。这是鼠疫的首次暴发，它后来每隔10年就暴发一次，一直持续到750年才逐渐平息，所以前前后后一共出现了18次。鼠疫给人类世界带来了严重灾难：鼠疫在6世纪40年代第一次暴发时，就夺去了当时主要的城市中心——其中以君士坦丁堡为代表——超过20%人口的生命。只是在后来暴发疫情的时候，鼠疫带来的死亡率稍微降低了一点而已。此外，在鼠疫暴发的前后时期，还曾经多次发生了一些破坏力惊人的地震。拜占庭帝国出现的这些严峻危机，再加上它在意大利和非洲久拖不决的战争，以及在巴尔干半岛、美索不达米亚和安纳托利亚不断发生的外敌入侵事件，这些无疑都会导致社会人口出现衰退现象，虽然具体的表现情况也存在一些地区和时间差异。

但拜占庭社会在这一时期的基本经济结构没有发生变化。当时的国库收入基本完全依赖于土地的生产力。阿纳斯塔修斯曾经宣布废除了金银税，这是君士坦丁堡针对城内商品交换而征收的一种赋税，此举极大地减轻了大多数低收入的手工艺人和商人所面临的经济压力。此外，政府还规定土地税也可以兑换成现金（紧急情况除外），而不是像过去那样只能缴纳实物，这就有效地减轻了运输以及支付给军队的成本（收取的实物需要运送到有需要的地方，所以很多时候也只能兑换成现金。而现在既然可以直接以现金形式交税，所以以前的两种形式纯属多此一举）。此外，为了保证货币的稳定性，阿纳斯塔修斯规定铜币必须和苏勒德斯金币保持固定的兑换比例，并维持稳定的流通量：每个铜币上面都刻有表示面值的标记，这样就能够在大多数拜占庭人的日常交易中起到一种稳定作用，因为他们在日常生活中使用的货币通常就只有铜币。这套货币系统简单、清晰，使用起来效果良好，所以沿用到了11世纪。

不过在这期间，拜占庭政府对国家政权和财政基础之间的关系进行了调整。既然国家的主要收入来源于税收，因此拜占庭政府自然非常关心怎样才能及时、准确地收取赋税。以前各个行省征收赋税的权力是交给当地的市政议会，但后来阿纳斯塔修斯收回了他们的征税大权，并将其交给了政府新设立的税务官——温迪凯斯（vindices）负责。这项措施可谓立竿见影，因为拜占庭的国库收入明显增加，但这还只能算是拜占庭中央政府日益加强对地方干涉的一点前期举措。此外，在阿纳斯塔修斯统治期间，租种土地的自由民被越来越牢固地和土地拴在一起，这也表明拜占庭政府希望能保证稳定可靠的农业生产和财政收入。阿纳斯塔修斯推出的一揽子改革措施取得了显著的成效：虽然实际效果可能有所夸大（同时这也可视为是对查士丁尼一世进行的一种委婉批评），但史料显示到阿纳斯塔修斯去世时，拜占庭国库富余的收入竟然高达32万磅金子（2300万苏勒德斯金币）——这足以表明他推行的财政政策极为成功。

535～538年期间，查士丁尼一世和特里波尼安一共制定了十多部新的法律（被命名为"新法"，并用希腊文撰写），内容详细地涉及拜占庭帝国的各个行政管理机构。这些法律尽管体现了地区差异，但其中共同的主题和核心任务是要保证国家团结和行政统一，这也是自阿纳斯塔修斯执政以来就一直坚持的改革方向。制定这些法律的目的是要让拜占庭帝国的行政机构运行得更高效，遏制腐败和不公现象，以及调整文官武将等权力组织之间的平衡关系。例如，为了遏制各个行省的地方权贵贪污挪用中央政府的赋税收入，由拜占庭皇帝任命的省长在履行自己的财政职责时可以享有一些额外的权力，并领到比其他人高很多的俸禄。此外，拜占庭政府还采取了一系列其他措施来遏制地方权贵权力的膨胀，例如禁止他们蓄养家丁（因为家丁可能被用来去敲诈勒索），禁止他们私自减免赋税，以及禁止政府官员在任期间从自己所管辖的行省中获得土地，甚至连接受馈赠的土地也不行。以上这些措施显然表明帝国政府正在收回地方的权力，以确保任何权力都来自皇帝之手，让人们意识到自己获得的权力完全属于皇帝的一种恩赐，而绝非理所当然的事情。此外，拜占庭政府频繁地没收个人的财产和土地，这种行为也清楚地说明了社会的发展趋势。当时一旦有新的土地收归国家所有，政府就会按照上述的这些统一原则，给它设置隶属中央政府的行政管理机构，例如在非洲、意大利以及亚美尼亚的部分地方就出现了这种情况。这些行政设置措施中的绝大多数可以追溯到6世纪30年代，当时在大行政区中任职的卡帕多西亚的约翰大力推行这些改革措施，而他自己的权力也在这期间得到了进一步加强，但到了541年，由于圣眷顿衰，他的改革也就没能继续下去。总之，到了6世纪40年代，由于种种自然灾害频繁发生，再加上连年战争耗资巨大，拜占庭帝国的改革热情也就偃旗息鼓了。

皇帝与帝国精英阶层

也有一些学者看到查士丁尼一世和元老院贵族之间存在矛盾。如果查士丁尼一世确实希望遏制这些贵族的权力，那么他显然失败了。一直以来，对于查士丁尼一世加强帝国政府权威的举措，元老院贵族的态度都非常隐晦——当然前提是我们不去讨论尼卡暴乱中他们所扮演的角色，因为无论从哪个角度来看，他们在那次暴乱事件中所起的作用都只能算作个案而已。毕竟，直接针对皇帝是很危险的行为：在尼卡暴乱之后，拜占庭政府就已经采取了严厉的预防措施，并且在皇帝的直接授意下，拜占庭政府进行了一系列清剿活动，其目的就是制造恐惧、消除异议。这种情况下，对皇帝的批判只能采取更加隐晦、更加小心的方式。在这方面最明显的表现就是这一时期出现了许多由具有精英背景的文人编撰出来的作品，其中的代表人物就是普若科比奥斯。在查士丁尼一世统治时期，一些崭露头角的朝臣深得皇帝欢心，其中最重要的一位就是来自卡帕多西亚的约翰（就像深受亨利八世的赏识的托马斯·克伦威尔一样），而现在他则成为这些文人们锁定的对象，遭到了他们无情的谴责。例如，拜占庭帝国宣传自己为了遏制腐败和确保财政收支平衡而采取的那些措施，就被元老院的反对人士看作是政府纯粹出于贪心而无耻地掠夺他们的财富。正如任何硬币都有两面一样，有人认为查士丁尼一世是罗马帝国荣光的恢复者，同时也是"服务于人间的得力管家"；也有人认为他是一个恶魔般的暴发户，总是喜欢标新立异，结果给罗马帝国带来无尽的伤害和不可挽回的损失。但在某些方面大家也有观点一致的地方，例如，无论查士丁尼一世的赞成者还是反对者，都承认他是正统派的捍卫者。

总体而言，精英阶层在这一时期的分化趋势更加明显。其中最富裕的精英分子由于身居显位，可以更方便地搜刮民财、积累权力，这样就变得更加有权有势。早在569年，拜占庭政府就发布命令，规定各个行省省长只能从当地的大地主和主教中选举产生。一些古老的权贵家族长期发展繁荣，例如埃及的阿皮翁（Apion）家族，从5世纪到7世纪在整个埃及都拥有大量的财产。教会则是另一个大赢家，由于可以获得大量捐赠（其中许多来自皇室），它的资产一直保持不断增长的态势。例如罗马教会，在这期间就成为意大利最大的地主，它拥有的地产众多，甚至在西西里岛和卡拉布里亚都有地产。

灾害与"末世论"

理解这一时期的关键之一是"末世论"，即对末世事物的研究。史料文献之所以要如此详细地记录各种自然灾害，可能是因为500年前后正好就是人们认为世界末日到来的时候。拜占庭帝国采用的各种日历都显示：我们生活的这个世界大约是从公元前5500年开始的。而500年距创世之初正好满6000年，因此在人们心目中就成了所谓"末日审判"开始到来的时候。于是，每场自然灾害、每次敌人侵袭或在社会上发生的任何异常情况，都被人们看作是世界末日来临的标志。他们认为这些现象似乎证实了世界末日存在的真实性。例如,《仿约书亚的修行者编年史》（*The Chronicle of Pseudo-Joshua the Stylite*）是在阿纳斯塔修斯统治时代用古叙利亚语编写的一部历史作品，但读起来就像是关于天灾人祸的一览表，因为里面记载了各种各样的饥荒、瘟疫、蝗灾、洪水和敌军入侵。此外，普若科比奥斯在《秘史》中对查士丁尼一世的妖魔化描述，以及皇帝本人明显把引起灾祸的责任推给别人的那套说辞（559年，查士丁尼一世在颁布一条法令时表示，这是我们——其实指的是你们——身上的罪孽深重才招致了瘟疫和地震的发生），只不过是同一枚硬币的不同面罢了。

查士丁尼一世对宗教异议的反应特别严厉。那些被贴上异教徒标签的人们——我们认为在这一时期，他们应当是被别人贴上了这样的标签，而不是他们自我标榜是异教徒——不断遭受政府的迫害。对于这方面的情况，在545年和562年发生的两件事情就很有代表性，其中甚至连被贴上异教徒标签的精英分子都不能幸免于难。更让人惊奇的是：一些学者甚至认为即使在与查士丁尼一世关系最密切的圈子内部，也有一些著名的作家是隐藏了真实身份的异教徒，他们只是私下通过隐晦的方式来表达自己的异议。这些人中就有特里波尼安和普若科比奥斯。这些名人到底是不是基督教徒并不重要，关键在于他们不能在公众场合表明自己的异教徒身份。随着受迫害的威胁越来越大，他们只能希望自己的信仰态度不会被别人觉察出来，或希望自己能被周围的人默默接受。在529年，以教授新柏拉图主义而闻名的雅典学院停止办学，这也发生在拜占庭帝国加强宗教统一性的历史背景当中。但我们也可以将其视为一个早就注定并必然发生的历史过程。那些非基督教民族，其中包括撒玛利亚人（Samaritans），他们曾经两度叛乱，但都遭到了拜占庭政府严厉的惩罚（分别于529年和556年）——而其他民族受到的待遇也好不到哪儿去。

皇权的遗留品

拜占庭皇帝们都一厢情愿地渴望在这个世界上留下自己的统治痕迹，为此他们大兴土木，修建了许多永恒的丰碑，这方面的代表人物便是阿纳斯塔修斯和查士丁尼一世。阿纳斯塔修斯留下的最出名的建筑作品是他为了加强防卫，在离君士坦丁堡约65千米的西部修建的一些城墙，它们长达45千米，外面还有一条水沟。修建这些城墙的目的是要把从黑海到马尔马拉海的这片半岛完全包围起来，从而可以抵挡敌人的进攻。但是，阿纳斯塔修斯修建的这些城墙，加上他和查士丁尼一世修建的其他无数堡垒，最终都未能保护君士坦丁堡免于沦陷，这些防御工程反而反映出一个越来越明显的发展趋势，那就是拜占庭帝国的周边环境变得日益凶险——甚至威胁到了它的首都的安全。相比之下，查士丁尼一世可能在出资修造宗教建筑方面更有名气，然而事实上，他修建的大多数建筑都属于民生工程，被用于世俗生活。例如在尼卡暴乱中，君士坦丁堡很多地方都遭到了破坏，于是查士丁尼一世费了很多心血来进行修补工作：他不但在王宫中修建了一座粮仓来提供补给，而且为了以防万一，还修建了一座很大的蓄水池。先前被破坏掉的绝大多数地方都得到了恢复，并且往往修建得更大更好，特别是位于王宫、竞技场和君士坦丁广场之间的庆典中心，查士丁尼一世更是对它们进行了精心改造。

其中最具代表性的是雄伟壮丽的圣索菲亚大教堂，它是在尼卡暴乱摧毁了狄奥多西大教堂之后刚过5年就修建起来的。作为无可争议的最具代表性的拜占庭建筑，圣索菲亚大教堂至今仍矗立在伊斯坦布尔的上空。时至今日，圣索菲亚大教堂仍令人叹为观止，它是建筑史上一个了不起的成就：其巨大的圆顶高达55米，正如当时人们所描述的那样，仿佛是从一根天链上悬吊而下。这座教堂用彩色的大理石板进行了豪华的装修，里面的大理石柱是从全国各地挑选、运送而来的，每根柱头都精雕细琢，上面刻有用皇帝姓名组合而成的文字图案。教堂里金色的马赛克镶嵌画上镶满了各式各样的几何形状和花卉图案。祭坛前的一面屏障上装饰着镀银的圣徒图像——可惜没有被保存下来。此外，查士丁尼一世下令重建君士坦丁一世陵墓旁边的圣徒教堂，将其改造成一座带有5个圆顶的十字形小教堂。在12世纪之前，这个小教堂一直是拜占庭皇帝去世后的埋葬之地，后来威尼斯的圣马可教堂就是模仿它而建造的。狄奥多拉去世于548年，她是第一位被埋进这座新教堂的皇室成员。在拜占庭帝国首都之外，也有一些可以象征查士丁尼一世伟大成就的建筑存在。例如，西奈山上的圣凯瑟琳修道院——至今仍是一处香火鼎盛的游客中心，其主教堂以及周边的城防设施就是在查士丁尼一世的资助下完成的。在耶路撒冷，查士丁尼一世为了纪念圣母玛利亚，修建了宽阔的新教堂，它既可以通向所罗门圣殿，又可以与之媲美。

到了6世纪，查士丁尼一世的继任者们当然继续出资进行修建，但是规模却小了许多。据说查士丁二世在君士坦丁堡修建了两座重要的教堂来献给圣母玛利亚，一座位于布拉策尔奈（Blachernai），另一座位于阙科尔普拉忒亚（Chalkoprateia）。后世传说圣母玛利亚的遗物——她的长袍和腰带——就收藏在这两座教堂里面。拜占庭帝国对圣母玛利亚的重视程度从下面的事实中也可以得到印证：查士丁二世和莫里斯在位期间，分别下令设立了两个正式的节日来纪念她，即耶稣降生日（Nativity）和圣母安息日（Dormition）。此外，据说查士丁二世还给君士坦丁堡带回了两件与基督关系特别密切的"圣物"：一件是在亚帕米亚找到的真十字架残片，另一件是在卡米利安那（Kamuliana，位于卡帕多西亚）发现的一幅奇迹般的画像，后者被认为是一个出自"非人类"

图2-3　圣索菲亚大教堂。除了后世增加的一些建筑（例如奥斯曼尖塔以及照片右边的扶垛），这座教堂基本保持了查士丁尼一世在537年修建它时的原貌。

双手创造出的图像，这些"圣物"的存在，抬高了君士坦丁堡的"神圣"地位。在6世纪后期，基督的两件遗物会被人们抬到战场上去，因为人们认为它们可以保佑拜占庭军队大获全胜。我们从皇帝加冕仪式的逐渐演变过程中也可以看出宗教仪式的重要性，以及宗教在理解和执行帝国统治中扮演了越来越重要的作用。例如在加冕过程中，军队的角色以及新皇帝站在盾牌上被抬起来的仪式，先是被加入了一套新的做法，即由君士坦丁堡牧首来主持加冕礼，新皇帝接受站在竞技场上的人们的欢呼，可是后来传统做法则完全被新的仪式取而代之，因为后者是一套完整流程，并且在仪式进行过程中，其可控性和安全性都要比前者高得多。

拜占庭帝国的基督教化过程基本上是在6世纪才完成的。但是，显然这一时期的大多数高雅文学和文化作品仍旧使用传统的书面语言以及写作风格。当时很多作家都是如此，其中包括普若科比奥斯以及提奥非勒·西莫卡塔（Theophylact Simocatta），后者曾在7世纪早期给莫里斯写史立传。这一时期更具有代表性的做法是收集和整理以前的知识，这尤其清楚地体现在查士丁尼一世对法律的编撰工作上，但在其他领域中（包括医学和哲学在内）这种趋势也很明显。不过这一时期毕竟还是发生了一些变化。例如查士丁尼一世收集到的法律可能是用拉丁文写成的，但他决定在颁布新的法律条文时（534年之后）使用希腊文。虽然拉丁文从日常生活的大多数场景中逐渐消失了，但在某些领域仍然得以保留，其中包括刻在货币上的铭文、军队使用的命令口号以及欢呼用语等。在文学创作方面，出现了一些特别受欢迎的新型文本体裁。这些新型体裁包括基督教编年史，主要是按时间顺序记载从创始之初到当今世界所发生的历史事件，其中不仅有关于国家的事迹，也有关于自然灾害和其他各种奇闻异录的描述（最典型的例子莫过于狗可以通过嗅觉找出奸夫，通过货币辨认谁是皇帝等）。约翰·马拉拉斯（John Malalas）在查士丁尼一世统治期间编撰的史书是第一部，也是最有影响力的编年史作品之一。这一时期出现的另一种新型文学体裁是康塔基昂（kontakion，拜占庭圣咏），这是一种长篇诗歌，朗诵时伴随着音乐和歌唱，用于基督教会中的礼拜仪式。6世纪时的一位叙利亚作家，被人称作"作曲家罗曼诺斯"（Romanos the Melodist），他在阿纳斯塔修斯以及查士丁尼一世统治期间一直活跃在君士坦丁堡文坛，就是这种诗歌的主要推广者。查士丁尼一世委任罗曼诺斯创作了一些康塔基昂，例如其中有一首的标题是"关于地震与火灾"（On the Earthquakes and Fires），在尼卡暴乱之后被用来表演，它不但被用于赞美皇帝，同时也明确表示这次暴乱其实就是老天对拜占庭人不守本分而施加的惩罚。但是我们应当明白，使用礼拜诗歌进行宣传并没有减损这种诗歌本身的品质与魅力。同样的道理，我们也不能忽视这种诗歌对拜占庭人所产生的重要影响。

第 3 章

危机四伏

公元 602~717 年

对于拜占庭而言，7 世纪确实是一个充满重大变化的时代。这些变化有的从过去就已经开始，只是到了这一时期才变得更加明显。但大多数的变化，却是由新发生的政治事件所导致的……

外部危机

　　福卡斯的短暂统治被证明是灾难性的。在东边，胡斯洛二世发动了一场为莫里斯复仇的战争，这也算是给福卡斯提供了一个可以在拜占庭王公大臣面前耀武扬威的机会。这场战争一直持续了二十多年。但这次波斯人气势如虹，短短几年之内就接二连三地攻克了许多重要的城镇，其中包括：狄奥多西马堡（Theodosioupolis，土耳其的埃尔祖鲁姆）、达拉、阿米达和埃德萨（Edessa）。这些重要城镇的沦陷自然让拜占庭帝国颜面扫地，但更严重的是，这意味着拜占庭帝国失去了这些地方的财政收入。此外，在意大利战场，伦巴第人已经不受节制，并把他们的势力发展到了北部地区。就连在拜占庭帝国内部，福卡斯也没有获得广泛的民众支持。事实上，唯一支持福卡斯的是罗马教皇格列高利，他这样做或许是借此展示自己就是普世教会的精神首领，或是希望与拜占庭政府联手对抗伦巴第人，就像在莫里斯统治时期一样。福卡斯在位时多数时候都面临着各种针对他的武装反叛，这些反叛大多受到元老院贵族们的暗中支持，因为福卡斯曾对他们采取了特别严厉的限制措施。最严重的一次叛乱活动起源于非洲。当时的非洲总督希拉克略（Herakleios）是跟随莫里斯征战波斯人的老手，他支持自己的儿子（也叫作希拉克略）和侄子联手发动叛乱。推翻福卡斯统治的力量分为陆军和海军两个方面。这可不是一场普通的政变，因为叛军的行动获得了广泛的支持，例如埃及有权有势、大富大贵的阿皮翁家族就表现得非常积极，他们甚至为此铸造了货币（包括金币）。如此不久，推翻福卡斯统治的反抗活动就发展成为一场全民内战。希拉克略的舰队沿途停靠在任何一个地方都会受到热烈的欢迎。当他带着一幅圣母玛利亚的画像，率领大军抵达君士坦丁堡时，同样受到了城内百姓的盛情款待。这时福卡斯的手下见势不妙，也纷纷弃他而去。于是在610年，小希拉克略率军进入君士坦丁堡城内，并将福卡斯处决了。

希拉克略上台两年之内，不但清除了军队中的福卡斯余党，还把福卡斯余党的零星抵抗剿灭干净了。但此时拜占庭帝国东西两线的形势极为危急，由于先前进行内战，以及调兵支援前线抗击波斯，使得当时的巴尔干半岛变成了一个几乎没有设防的地方。因此，在福卡斯统治的最后几年以及希拉克略上台的早期阶段，出现了第二轮斯拉夫人迁徙的大潮，他们大量涌入希腊并定居下来。迁徙的过程虽然很缓慢，但导致拜占庭帝国在这个地区的领土主权不断缩小，只有依靠皇家海军守卫的沿海一带以及几个防守严密的重要城市没有受到影响。斯拉夫人集结在一个个斯科拉维尼艾（sklavinia），也就是军事堡垒周围的定居点，他们每支队伍都有自己的首领，有时偶尔也会形成某种类似联盟的军事组织。但他们没有组成一个类似于国家的政权结构，这就意味着，他们不会给拜占庭帝国带来某些更大的中央集权机构可能会造成的那种严重威胁。

在东线，接连获胜的波斯人根本就不打算考虑拜占庭元老院和希拉克略本人以丧权辱国为代价而提出的议和请求。实际上，在希拉克略上台的前5年，波斯人已经攻占了拜占庭帝国的一系列重要城镇——尽管一些军队持反对意见——在613年攻陷大马士革和凯撒利亚，在614年又拿下了耶路撒冷。波斯人攻陷耶路撒冷之后开始屠城，并且令基督教徒们极为震惊的是，他们还把真十字架和大量囚犯带回了波斯首都泰西封（Ctesiphon）。615年，波斯人已经进攻到君士坦丁堡外面的河岸地区，并在次年征服了巴勒斯坦，从而打开了通往埃及的大门。到了619年，埃及也沦陷了。埃及的沦陷给拜占庭帝国带来了严重影响，因为这就意味着：君士坦丁堡可以从埃及得到的免费面包再也没有了。面对这些重重难关，据说希拉克略甚至曾考虑放弃君士坦丁堡，把首都迁到迦太基，因为当时那儿仍属安全地带，同时也是他很熟悉的地方。但可能是听取了反对意见，或者就像传说的那样，一艘载满金银珠宝的帝国船只碰巧沉没了，这在当时被视为一种不祥之兆，总之他没有把迁都的想法付诸实践。

在整体战略上，拜占庭必须设法保证自己避免同时两线作战，而当时已有谣传，说阿瓦尔人和波斯人之间将会缔结友好合作关系，如果真是这样，那拜占庭就可能腹背受敌。在最初解决阿瓦尔人的努力失败之后——当时希拉克略遭受伏击，侥幸生还——拜占庭朝廷和阿瓦尔人在620年签订和解条约，其中规定拜占庭帝国向对方支付沉重的进贡。此外，希拉克略似乎还和北部边境之外的突厥人取得了联系，试图与他们组成联盟抗击萨珊王朝。但是，希拉克略征战萨珊王朝的物资补给的来路很不正规：当时教会给他提供了现金和圣器，而这些圣器在622年被变现成货币。于是希拉克略亲自在小亚细亚训练军队，还随军带上了一幅象征基督的神秘图像。他制订了一个冒险的作战计划，打算从北部突袭波斯人。虽然拜占庭军队最初在战场上取得了一些胜利，但这却激起波斯军队的报复性反击：626年，阿瓦尔人、斯拉夫人和波斯人联合起来，兵锋直指君士坦丁堡，而这座身为首都的重要城市在当时几乎没有设防。他们这次围城的目的是想让希拉克略分兵回防，但希拉克略只抽调了部分兵力支援首都，大部队仍然按兵不动。出人意料的是，君士坦丁堡突然被解围了，据当时的人们说这是有"神灵"相助才可能出现的情况。君士坦丁堡的人们把圣母的图像挂在各个城门上面，连城墙上的巡逻士兵都手举基督的圣像，目击者声称他们看到圣母在一场暴风雨中摧毁了斯拉夫人的战舰。拜占庭诗歌中有一首著名的作品就歌颂了圣母玛利亚在这场战争中起到的保护作用，赞美她是君士坦丁堡的守卫将军和捍卫者。

在与波斯交战的前线，拜占庭军队已经胜利在望，于是希拉克略趁机在波斯高级将领之中挑拨离间、制造矛盾。由于军事行动和外交手段双管齐下，很快就取得了预期效果：在628年，也就是这场战争开始6年之后，波斯帝国向拜占庭朝廷求和，接受了它和莫里斯在591年就约定了的边境划分方式。希拉克略在战胜波斯之后变得趾高气扬，这从他自此之后给自己采取的封号中就可以看出来，因为他自诩为"忠于基督的罗马皇帝"。630年，希拉克略把真十字架迎回了耶路撒冷，从而结束了拜占庭与波斯持续了20多年的战争，为自己的这场胜利画上了一个圆满的句号。

但后来发生的事情证明这只是他的一个幻觉而已。穆罕默德的家乡在麦加，但在622年他被迫背井离乡，于是这一年便被称为"希吉拉"（hijra，意为流亡或迁徙），标志着伊斯兰纪年的开始。到了630年，也就是希拉克略与波斯交战并赢得最终胜利的同一年，穆罕默德的信徒们攻占了麦加。632年，穆罕默德去世。起初，他们成功地让阿拉伯半岛的各个部落接受了伊斯兰教，接着在634年，他们开始进攻拜占庭帝国所属的巴勒斯坦和叙利亚地区。拜占庭军队在叙利亚先是进行了抵抗，但到了636年，他们在耶尔穆克（Yarmuk）被对方打得铩羽而归，叙利亚地区后来也就沦陷了。耶路撒冷也在638年被敌人重新夺取。接下来的战争一方面蔓延至埃及地区，另一方面波及美索不达米亚和波斯地区。到了642年，亚历山大沦陷；而泰西封早在639年就已经沦陷。在这之后，阿拉伯人推进到东北地区，也攻陷了亚美尼亚地区。但他们向高加索以外地区继续渗透的趋势被可萨人（Khazars）阻止了。可萨人以前是突厥联盟中的一个组成部分，曾帮助希拉克略对抗波斯人，并定居在黑海东岸地区以及高加索北部地区。

就这样，在不到10年的时间里，希拉克略重新征服的土地又落到了别人手里，并且这次是永久性地失去了。644年，穆斯林领袖欧麦尔（Umar）在麦加港口收到从埃及运来的粮食，这看似是一件小事，却在历史上具有重要的象征意义。因为这意味着从此之后，一直到1453年拜占庭帝国被奥斯曼土耳其人征服之前，埃及的粮食都不会再运送到君士坦丁堡了。

这些失利似乎让拜占庭和波斯都有点不知所措。这两个帝国的利益被阿拉伯半岛正在改变的形势所影响，因为它们把守卫边疆的重任分别委托给了各自的盟友，即加萨尼人和莱赫米人（Lakhmids）。虽然波斯作为一个完整的主权国家要到16世纪之后才重新崛起，但拜占庭帝国在几乎损失了三分之二的领土——包括最富裕、最富饶的一些地区——之后，仍然在破碎中苟延残喘。

艰难的局势

希拉克略于641年去世，在他生命的最后十年里，他不仅目睹了伊斯兰教的兴起，而且由于受私生活和宗教政策两方面的影响自身的威望也一落千丈。他第二次结婚，娶了自己的侄女玛蒂娜（Martina），惹得人们议论纷纷。此外，他试图弥合卡尔西登教派留下的宗教裂痕的努力也以失败告终。希拉克略去世之后，他生前的那段婚姻再度成为众人热议的焦点。因为希拉克略的第二任妻子显然偏爱自己的子女，她试图让自己的儿子和希拉克略第一任妻子所生的一个儿子共同执政，结果却害死了自己的儿子，同时也自取其辱，遭到流放。君士坦斯二世（Constans Ⅱ，希拉克略年幼的孙子）反而在641年登上了皇位。

从7世纪40年代到50年代中期，阿拉伯人对拜占庭残存领土的侵略活动一直没有停歇：他们时常在安纳托利亚进行侵扰，并逐渐朝着北非扩张；此外，更让拜占庭帝国感到惊恐的是，虽然它在当时还拥有着海上霸权，但阿拉伯人也开始创建自己的舰队，并且对罗得岛（Rhodes）、科斯岛（Kos）、塞浦路斯和克里特岛发动进攻。655年，在利西亚（Lycian）海边一场被称为"桅杆之战"（Battle of the Masts）的战役中，由皇帝率领的东罗马舰队遭到了毁灭性的打击。但是在这一战之后，拜占庭帝国终于得到了一个喘息的机会，因为在656~661年期间，爆发了第一次伊斯兰内部的战争。穆罕默德的侄子兼女婿、哈里发阿里（Ali）被人谋杀，为穆阿维叶（Muawiya）铺平了当上哈里发的道路。此人是倭马亚王朝的第一位统治者，他将首都建在大马士革，后来成为拜占庭帝国的一个可怕对手。

由于拜占庭帝国的管理重心主要放在东部，它对西部地区的统治变得相当薄弱。虽然在西部地区，拉韦纳总督的作用仍然很关键，但伦巴第人对拜占庭帝国领土蚕食鲸吞的趋势已经不可逆转。尽管伦巴第人和拜占庭帝国在7世纪开始的前几十年中签订了一些和平条约（事实上相当于承认了查士丁尼一世创建的普世教会帝国在东西两片地区的统治已经终结），并且伦巴第国王阿达罗阿尔德（Adaloald）在7世纪中叶也皈依了卡尔西登正教，但各个伦巴第公国的出现不断挤压拜占庭的领土范围，最后拜占庭帝国于此只剩下两片狭窄的条状领土，将意大利的两端连接起来：其中一片位于西部，连接的是那不勒斯和罗马城；另一片位于东部，连接的范围是从拉韦纳到威尼斯的环礁湖。

662年，君士坦斯二世实现了祖父的心愿：他前往意大利，受到罗马教皇的欢迎，和伦巴第的贝内文托公爵签署了一份和平协议，并于来年在西西里岛的锡拉库萨（Syracuse）设立了自己的行宫。鉴于当时地中海东部地区的命运已经无法挽回，所以君士坦斯二世决定将自己的军队集结到西部也就不足为奇了，毕竟西西里岛以及对面的非洲北部海岸地区还算安全。但君士坦斯二世的名声很快就在意大利以及更远的地区一落千丈——这主要是因为他实施的财政政策不得人心。他于668年被人谋杀，继位的是他的儿子——君士坦丁四世（Constantine Ⅳ）。

7世纪70年代，穆阿维叶前来进攻君士坦丁堡，新皇帝君士坦丁四世面临的政治局势极为困难。阿拉伯人在马尔马拉海南岸库齐库斯（Cyzicus）的半岛

图3-1　12世纪的一幅袖珍画，描绘的是拜占庭战舰使用"希腊火"对付敌军的场景。

上建立了自己的基地，这样他们可以在此过冬，并在来年春季对君士坦丁堡组织新的进攻和封锁。然而君士坦丁四世在平息了那场导致自己父亲死亡的叛乱活动之后，就带领大军从西部返回都城，这才迫使这些阿拉伯人撤离了这里。不过他们在随后几年对拜占庭帝国发动了更多侵袭活动，最厉害的一次是从海陆两线同时进攻。拜占庭军队最后凭借手里的一种秘密武器"希腊火"①才击退了他们的进攻。由于显而易见的原因，拜占庭的文献资料中对"希腊火"的制作工艺和发射方法秘而不宣，但这种武器应当是一种可以在水上燃烧的液体。其中除了其他成分之外，可能包括石油和石脑油，它们混在一起，受热之后通过一种特殊装置发射到敌人的战舰上，而这一特殊装置很可能是一种后面装着强力气泵的铜管。由于阿拉伯舰队在马尔马拉海战中吃了败仗，加上他们在叙利亚北部也遭到了拜占庭军队的成功反击，于是穆阿维叶在678年和拜占庭帝国签署了一份为期30年的停战协议。这位首领是第一次遭受如此严重的挫败，不过这显然影响到了他的统治地位，最终导致在682~692年之间又爆发了一场内战。

----

　　①希腊火（Greek fire），古代及中古时期海战中拜占庭希腊人使用的一种燃烧剂，可在水上爆炸和燃烧摧毁敌方舰队。——编者注

虽然来自东边的威胁缓和了，但拜占庭帝国北部边境出现了另一个敌人。在7世纪下半叶，多瑙河周边地区的政治形势陷入了一片混乱之中。阿瓦尔人在626年夺取君士坦丁堡的战役中失败，这就削弱了他们对手下民族的控制。其中一支民族是保加利亚人，他们在680年迫于可萨人的压力而向西迁徙，并在多瑙河河口定居下来。拜占庭帝国曾派出海陆联军对付他们，结果被对方打败。这些保加利亚人后来定居在现在的保加利亚黑海海岸沿线，并征服了原来住在那里的斯拉夫人——这和当初阿瓦尔人的做法如出一辙。然而拜占庭帝国对此却无能为力，只能通过缔结条约的方式接受现状。

到了685年，君士坦丁四世让他的儿子查士丁尼二世（Justinian II）继位，而就在同一年，阿卜杜勒-马利克（Abd al-Malik）成为阿拉伯帝国的哈里发。查士丁尼二世上台之后做的第一件事就是派兵去高加索地区，帮助那里的基督教徒对抗可萨人的进攻。阿卜杜勒-马利克慑于拜占庭军队的军威并担心自己在叙利亚遭受另一场袭击，于是请求和拜占庭帝国再度缔结和平条约——但这一次和解的条件苛刻得多：除了要交大笔进贡之外，他还得同意与拜占庭帝国共同统治塞浦路斯、亚美尼亚和伊比利亚。这样一来查士丁尼二世就有机会集中精力处理巴尔干半岛的局势了。于是他在688年对希腊的斯科拉维尼艾发动进攻，他在这次战役中带走了许多囚徒，并将其安置在比提尼亚，使他们成为军人。

到了692年，第二次阿拉伯内战结束，阿卜杜勒-马利克成功胜出。他自然希望重新征服拜占庭帝国，但在最初几年，双方交战的主要形式是发动宣传攻势以及使用一些象征形式。例如，阿卜杜勒-马利克似乎是阿拉伯统治者中第一位在发行的货币上镌刻反映宗教的文字的，由于这些货币是拿来向拜占庭帝国进贡的，自然在君士坦丁堡不被人看重。或许是出于对阿拉伯货币的回应，查士丁尼二世也在自己的钱币上推出了一种新的图案，于是拜占庭帝国的钱币正面第一次印上了基督的半身像，而背面则是拜占庭皇帝手持十字架的图像，并配有文字说明："基督的仆人"。对于拜占庭的新式货币设计，阿卜杜勒-马利克大约在694年针对性地创造了一种独特的货币图案，刻的是他拔剑而立的英勇形象。但是到了7世纪末，这位哈里发完全颠覆了以前的货币设计方案，从此之后他们货币上除了文字外，不再出现任何图像。

图3-2 查士丁尼二世时期（第一次统治，685～695）的苏勒德斯金币。金币的正面刻的是基督的半身像，背面显示的是拜占庭皇帝手持十字架的图像以及拉丁铭文："基督的仆人"。

图3-3 阿卜杜勒-马利克哈里发发行的第纳尔金币。
左图：发行于694/695年，刻画了哈里发拔剑而立的形象；
右图：发行于696/697年，上面只有文字。

查士丁尼二世虽然在很多方面都算得上是一位成功的帝王，但他仍然在695年被一场暴力运动推翻了统治，还被施行了残损身体的肉刑，并被流放到黑海地区。这次政变背后有元老院的贵族支持，而新上台的皇帝也是来自这个贵族阶层，他就是军队的将领利昂提奥斯（Leontios）。这次政变将拜占庭帝国带进了一个动荡时期。利昂提奥斯上台不久，就于698年派遣拜占庭海军到非洲进攻阿拉伯人，却大败而还，连迦太基都落入了敌方手中，因此利昂提奥斯也被一名海军将领提比略三世（Tiberios Ⅲ）取代。但是到了705年，先前遭受奇耻大辱的查士丁尼二世在保加利亚人的帮助下重新夺回了王位，开始了他的第二轮统治，并大肆铲除贵族势力，帝国的政局由此变得愈发动荡不安并充满血腥。在这期间，拜占庭陆军和海军连吃败仗，结果导致拜占庭帝国在711年又爆发了一场针对查士丁尼二世的宫廷政变，并把这位皇帝给处决了。保加利亚军队为了替他复仇，向拜占庭帝国展开进攻，结果色雷斯在这场战争中惨遭蹂躏。后来一直到715年，拜占庭与保加利亚人签订条约，答应给予对方非常优惠的条件，这场战争才宣告结束。

事实上，在711~717年间，由于拜占庭帝国各个行省不断爆发兵变，拜占庭朝廷走马灯似的连换了3位皇帝。后来，执政的皇帝狄奥多西三世（Theodosios Ⅲ）在元老院的劝说下主动让贤，拜占庭的军事指挥官利奥因而可以兵不血刃地在帝国的首都登上皇位并立稳脚跟，这样才使混乱不堪的政治局面暂告一个段落。

匮乏的资源

7世纪是拜占庭帝国发生重大变化的时期，这些变化有的已经在进行中，只是到了这一时期才变得更加明显。但大多数的变化，却是由新发生的政治事件所导致的。其中的关键因素是资源——或者，更确切地说是资源的匮乏与管理。首先，拜占庭帝国必须面对新的人口发展现状。在这期间，拜占庭遭受了好几次瘟疫浪潮的袭击。虽然现在不可能统计出当时具体的死亡人数，但估计很可能超过了总人口的20%。正常情况下，在进入现代社会以前的那些朝代，在遭受瘟疫袭击之后，经过几代人的发展，人口规模就可以得到恢复。但增长的人口被战争引起的巨大社会动乱所抵消了，其中包括大量领土的沦陷（埃及、巴勒斯坦、叙利亚和后来的北非地区）以及由于阿拉伯人不断侵袭安纳托利亚边境地区而引起的人口迁移（它破坏了正常的婚姻和繁衍模式）。人口减少带来的影响是多方面的，不仅仅是表现为纳税人的基数减小，它还造成了农业生产和征兵打仗时的人手短缺。为此，国家制定政策让特定民族人口大规模迁移到人口稀少或敏感地区，虽然这算不上是一种新现象，但在7世纪末到9世纪的这段时期里较为常见，当然也是拜占庭政府针对上述问题找出的一种解决办法。

　　拜占庭帝国必须设法快速适应资源短缺的现状。于是君士坦斯二世开始推行一种基于人头的赋税制度——人头税，而不是像过去那样基于土地征税。税制改革的目的是筹集资金创建可以迎击阿拉伯人的帝国舰队。拜占庭政府似乎是借鉴了伊斯兰世界新实施的税制方法。在整个7世纪期间，拜占庭帝国都是处于守势，因此军队就成为其唯一并且最大的财政开支对象。在罗马帝国，自愿参军从来都不是补充兵源的主要渠道，所以政府不得不付给士兵现金和实物作为报酬。这样一来，国家最关心的事情之一显然就是如何保障这两种报酬的来源，以及如何逐渐减轻这些支出对国家财政产生的压力。在君士坦斯二世统治时期，为了对抗穆阿维叶新建海军带来的威胁，拜占庭政府采取了一些措施来创建一支作战舰队，但创建及运转这样一支舰队所需的花费转嫁到了意大利和非洲地区的民众身上，成为他们必须要承担的财政负担的一部分。这支舰队被称为"卡拉比斯亚诺伊"（Karabisianoi），并且成为拜占庭帝国重建军事力量过程中的一个新鲜举措。当然，拜占庭军队的组织结构也经历着一些变化。由于伊斯兰征服的影响，拜占庭东部的野战军只能撤退到帝国剩下的领土范围之内，即安纳托利亚地区。这些军队的名称，如"安纳托利亚军区"（Anatolikon，东方的）或"亚美尼亚军区"（Armeniakon，来自亚美尼亚）[①]，就是晚期罗马军事指挥部的名字，同时也反映了它们的结构特征。在7世纪80年代，色雷斯的大部分地区都处于保加利亚人的统治之下，而原先驻扎在此的拜占庭帝国军队只能撤退到西部的小亚细亚，这支部队被称为"斯拉克西恩"（Thrakesion）。最后，在查士丁尼二世第一次统治时期，拜占庭帝国创建了一支新的精锐机动军队，称作"奥普西金军区"（Opsikion，来自拉丁语obsequium，意思是服从），他们就驻扎在比提尼亚，离帝国首都很近，成为拜占庭最精锐的军队。所有这些大型军区都叫作"斯爪提吉艾"（strategiai），每个军区由一位将军（军区将军）统领，而将军本人则是由皇帝亲自选择和委任。早期的拜占庭政府通过在全国各地设立军需仓库和后勤官员来负责给这些军队提供粮草和武器：后勤官员通过税收或政府强制购买的方式收集这些军需品，并负责分发到位。安纳托利亚地区的军需仓库分布在全省各地，虽然这不是出自最佳的战略考虑，但至少让军队的补给变得更为灵活。拜占庭帝国一般不会与敌人陷入酣战，而是选择加强地方武装，通过修建大量堡垒来击退伊斯兰军队对安纳托利亚发动的进攻。这种打法虽然很保守，但是却起到了作用。

四面楚歌

很明显，在这样一段为生存而战的时期，军队是一个极为重要的组成机

---

① 这些名称源于拜占庭军区制度，又称塞姆制。军区制是一种军政兼容、兵农合一的制度，最早出现于7世纪，即国家授予小农世袭土地换取小农服兵役的义务与税款收入。它可能首创于君士坦斯二世、君士坦丁四世最早在安纳托利亚安排的防卫阿拉伯人入侵的军区。——编者注

构，并在社会中成为一股不断增长的强大力量。这一点在查士丁尼二世于687年写给罗马教皇的一封信件中表现得特别清楚。在信中，包括意大利军队、非洲军队和撒丁岛军队在内，这位拜占庭皇帝直接借用可以凸显指挥官个体特征的称呼来指代这些军队，例如：奥普提马通军区（Optimaton）、奥普西金军区、斯拉克西恩军区、卡拉比斯亚诺伊舰队……这种称呼让人印象深刻，它说明拜占庭皇帝和自己的军队之间关系密切，而这些军队通常在文献资料中称自己为"受保佑或眷顾（的军队）"。打击元老院精英的斗争是由那些出身行伍（如福卡斯）或亲自统率大军（如查士丁尼二世）的拜占庭皇帝们发动的，而新的精英阶层则是由他们手下大多出身卑微的军队指挥官构成的。

在某种程度上，查士丁尼二世对元老院贵族的处置代表了他们最后的发展结局。伊斯兰征服给了元老院贵族致命一击——显然很多贵族的土地被这些来自东方的民族所夺取，不过其中也有人留在被占领区域，适应了新的环境并在新政权中找到了谋生之道。征服者没有破坏被征服的领土，也没有改变原来的土地所有权。被征服民族可以继续耕种原来的土地，但是需要向这些新的征服者们纳税。例如，埃及在被征服之后，直到8世纪以前，大多数的土地所有模式仍然保持原样；但是在叙利亚和巴勒斯坦地区，由于它们已经处于波斯人统治之下，当地原来的社会精英们所拥有的财产则被大量剥夺。于是其中一些精英分子可能就搬到了拜占庭帝国的领土范围，并逐渐在拜占庭的政府和军队中占据了重要职位。另外一些身居要职的精英分子主要来自亚美尼亚地区，我们从史料中得知，在8世纪40年代，亚美尼亚大部分地区被阿拉伯人占领之后，当地的许多贵族就移居到了拜占庭帝国。

元老院贵族要设法保住自己的权力，但由于在很多方面支撑这种权力的政治环境已经改变并在逐渐消失，所以他们的这种努力注定只会走向失败。在拜占庭帝国最终消亡之前，君士坦丁堡元老院还将一直存在，但它的组成结构已经发生了变化：新出现的精英阶层只有在朝廷或军队中担任官职才可以名利双收。

由于史料稀缺，我们很难找到反映7世纪时期元老院贵族在这方面的变化情况。尽管如此，还是有一些变化趋势是可以区分出来的。首先，拜占庭帝国的权力越来越集中在君士坦丁堡朝廷以及皇帝身边的亲信集团手里，而这不利于把权力下放给各个地方行省、重要的城市中心以及这些地方的统治阶层——主要是那些拥有土地的元老院贵族们，此外这种发展趋势也不利于地方政府参与帝国的政治和经济网络。这或许是出于形势所逼：这些社会精英原本居住在城市中心并管理周边的乡村地产，但这些地方却因伊斯兰征服而急剧收缩。许多城市也消失了，它们要么是被直接废弃了，要么是在形貌、大小和功能上都发生了显著变化。此外，为了更好地监督和控制日益缩水的资产，拜占庭帝国逐渐把地方当局的资源控制权收归中央政府。

这样一来，以前那种开放的公共空间、柱廊林立的街道、公众设施、剧院和浴场就不再适合这个四面楚歌的拜占庭社会了。取而代之的是卡斯特拉（kastra，即城堡区），它的四面都是围墙，是一种设有防御措施的更小城镇，它即使在恶劣条件下也能养活小规模的人口，因此成为拜占庭帝国的军事和宗教管理中心。此外，拜占庭帝国剩下的领土也人烟稀少。虽然各个地方的人口变化情况肯定存在地域和时间差异（例如巴尔干半岛的人口就比安纳托利亚的人口更早出现变化），但拜占庭帝国的绝大部分领土在这方面的情况都差不多。在这些小规模的新型城镇里面，大部分社会精英阶层也才形成不久，其中主要包括主教和军官，他们可没有要修建宏伟的公共设施以供人们观瞻的想法。然而，不再修建公共设施的做法并不是像先前人们所认为的那样仅仅只表示衰落，相反，这代表他们对这些公共设施进行了重新利用。例如，他们把原来市中心的主要功能加以改造，使其更利于进行商业经营和生产制造。拜占庭帝国旧的精英阶层发现自己在以前的职位上已经没有了用武之地，但是拜占庭政府现在给他们提供了一些更有利可图的升官发财机会。于是，罗马帝国后期幸存下来的地方权贵们要么搬进首都为朝廷效力，要么选择到军队或教会中去供职。在7世纪80年代到8世纪30年代期间，他们中有一些人脱颖而出，其中好几位来自帝国东部——主要是叙利亚地区——的精英当选为罗马教皇。当然，有的来自东部地区的教士也在罗马身居要职，例如在668年，西奥多，一位来自西里西亚的塔索斯（Tarsos）的修士，就被罗马教皇任命为坎特伯雷大主教。与之相比，那些选择东迁进入君士坦丁堡的贵族们就没有这么幸运了。

从上述所有情况可以清楚看出，君士坦丁堡在这一时期表现得尤为另类。它尽管也反复暴发瘟疫，但仍然是当时一座人口众多的城市——它显然在整个基督教世界里人口最多，也是皇帝、朝廷以及牧首和神职人员的所在之地。那时的君士坦丁堡仍然缺乏足够的粮食来养活全城人口，因此，即使只从防止出现饥荒而危及皇帝统治这个单纯的目的出发，运粮入城也是一件不容忽视的重要任务。在埃及陷落之后，能够给君士坦丁堡提供粮食的就只有西西里岛和非洲两个地区了，于是君士坦斯二世决定在这些地区收购和运送粮食时，实施一种以帝国武力为后盾的强制性措施，这就是拜占庭帝国最初设立后勤官员和军需仓库的主要目的，但后来拜占庭政府把他们的职责扩展为负责更多、更一般的财政方面的工作。君士坦丁堡的人口虽然可以通过这种方式得到粮食，但除了驻扎于此的军队之外，他们不再享受来自政府的粮食补贴，并且得到粮食的方式也远没有先前灵活。

总的来说，拜占庭帝国在7世纪的经济是朝着努力适应资源日渐短缺的方向发展的。在616年，一种新的银币曾昙花一现，它被称为六角星币（hexagram）。它的价值几乎只有金币的一半，而拜占庭帝国的薪酬就用这种银币发放。值得指出的是，以前在日常生活中用得最多的铜币，却由于持续贬值（在不到100年的时间里，其重量从先前的12克降为3克多一点），现在已不太常用了，因为这一时期的货币储蓄中已经没有了它的踪影。甚至连金币——此时它的铸造越来越集中于君士坦丁堡——都稍微有点贬值。《农民法》（Farmer's Law）是在650年之后颁布的，内容虽然有点令人费解，但反映了当时安纳托利亚的农村生活环境，从中可以看出现金交易非常罕见，在社会生活中起的作用微乎其微。虽然有的学者认为在7世纪中，拜占庭帝国的经济和税收领域完全没有使用货币，但这应当不符合事实。相反，在那些帝国影响力很强的地方——尤其是君士坦丁堡，当然也包括7世纪60年代的西西里岛地区——货币经济仍然很活跃。此外，拜占庭帝国的税收制度照常运作，虽然实物冲抵可能构成了其中的主要形式。

理想与现实的折中

这一时期所出现的戏剧性的政治事件一定让亲历其中的人们震惊与困惑。他们经常联系所谓"来世论"来解释当前的社会现象，因为这样能帮助他们认识自己所处的环境，但反过来又进一步强化了他们对这种学说的信赖。在他们看来，先是波斯入侵、基督教徒惨遭屠戮、真十字架被掳走，接着是伊斯兰入侵以及帝国为了生存常年陷入战争——所有这些都可视为是"世界末日"到来的标志。很多史料文献都表明，当时的人们就是这样理解自己生活的时代和环境的。

希拉克略在615年发行的银币上刻有"上天啊，请拯救罗马人"的字样，这句话在6世纪晚期已经成了战场上拜占庭士兵们呼喊的口号之一。实际上，在许多历史文献的记录之中，希拉克略对波斯发动的连年战争以及这场战争达到的高潮——真十字架回归耶路撒冷——都被看作是一场"正义之战"，当然这肯定也是希拉克略想传达给人们的信息。这一时期十字架的广泛使用（例如642年，君士坦斯二世发行的货币上有希腊传说故事，其实是暗指君士坦丁一世）、希拉克略在战争中使用所谓"通圣图"的做法，以及在626年广为流传的圣母玛利亚保护君士坦丁堡的传说等，都是把拜占庭帝国的命运和"上帝"联系起来的典型表现。此外，莫里斯、福卡斯和希拉克略三位皇帝相继追捧一位据说信徒众多的"圣徒"——赛克翁的西奥多（Theodore of Sykeon），并向他咨询决疑。拜占庭皇帝去接触一位在世的"圣徒"，这件事情本身就反映了当时在人们的心目中希望获得超自然力量的支持的重要性。

在希拉克略征战波斯期间，曾有很多人表达出这样的愿望（主要是通过圣徒传记），即希望这是在"世界末日"到来之前人类的最后一战。于是在这种理解之下，征战波斯取得的胜利被看成是一件了不起的功劳，希拉克略因此就成了所谓的"救世主"。这一时期在拜占庭皇帝的称号中采用了"巴赛勒斯"（basileus）——一种明显来自旧约的说法（因为这个表达指代的是以色列国王）——以及把希拉克略和大卫相提并论的做法，都表明当时的人们持有上述想法。而这一观点特别明显地表现在当时的一首叙事史诗里，其作者是皮西迪亚的乔治（George of Pisidia）——一位在君士坦丁堡圣索菲亚大教堂供职的基督教执事——他用诗歌的形式对自己所处时代（到632年）发生的历史事件进行了评论。他的诗歌以一种胜利者的口吻对希拉克略战胜波斯军队大加赞美，其中还引经据典，把这位拜占庭皇帝和神话传说以及圣经故事联系起来。比如在诗歌中，希拉克略不仅与诺亚和摩西比肩，而且与赫拉克勒斯和珀尔修斯（Perseus）相提并论。这一荣耀时刻可能也是一套仿古式银盘（含9个做工精美的银盘）的表现主题，上面描绘了大卫的生平以及他所取得的胜利，并保存至今（现在属于纽约大都会博物馆和塞浦路斯共有）。上面这些作品反映了一种全新的、纯粹的基督教艺术形式，其内容在歌颂基督教过去以及现在的英雄时，透露出一种由内至外的自信。

但我们现在已经熟知后来的历史，所以可以判断当时拜占庭帝国的这种自信精神其实言之过早。因为在7世纪30年代，伊斯兰教快速扩展，并迅速占领了这片土地，曾经被人们视为是上天馈赠给罗马民众的胜利果实很快就被颠覆了。正如前面所讲的那样，人们为了表达自己的失望心情，创造了一些宗教用语，其具体表现形式也多种多样。拜占庭帝国信奉基督一志论，以及从7世纪

30年代开始就迫害异教徒的做法，表明它企图追求宗教统一，或者说希望实现信仰一致。希拉克略曾在632年强迫非洲的犹太人皈依基督教，虽然这发生在伊斯兰征服之前，但从中反映出拜占庭帝国追求的理想是相同的，即一定要争取实现所谓宗教统一。680年和692年相继召开了两次宗教会议，特别是后次一场会议，讨论的重点是如何实现所谓正确的信仰和言行。此外，召开这两次会议的另一个目的是争取获得上天的眷顾，从而在将来的战争中赢取更多的胜利。皇室庆祝活动通过自己使用的称号以及采用的礼仪形式来强化皇帝个人和"君权神授"之间的联系。例如，使用"巴赛勒斯"这种称号；在圣索菲亚大教堂举行加冕礼（第一次是在641年）；查士丁尼二世在发行的货币上面刻圣像并自称为"基督的仆人"，这些事实都说明了这个问题。

在7世纪晚期，一本用古叙利亚语写成的作品非常清楚地说明了那时的人们喜欢联系"末世论"来解释当前发生的事情。这部作品很快就被翻译成了希腊文，名字是《仿麦瑟迪乌斯的启示录》（*apocalypse of pseudo-Methodios*）。这位匿名作者模仿4世纪一位宗教殉道者的口吻，讲述了人类历史，从亚当一直讲到后来发生的阿拉伯征服事件。根据这本书的内容，阿拉伯人将征服罗马和波斯这两大帝国，但书中最终传达给读者的信息却是充满希望的：拜占庭皇帝会东山再起并彻底击溃阿拉伯人。罗马帝国将统治整个世界，直至"世界末日"。

但现实生活还得继续下去，特别是对于那些生活在伊斯兰教统治之下的基督教徒来说，必须找到一些折中的方式，才能调和理想与现实之间的差距。西奈山上的圣凯瑟琳修道院就是这方面的一个典型例子。这座寺院拥有一封据说是穆罕默德赐予的保护信，因而在战乱中得以保全。如今追究这封信的真实性没有多大意义，重要的是当时的人们对此信以为真（16世纪时人们复制了这封信的一份副本并保存至今，这表明其真实性一直为人们所认可）。于是，西奈山上的教士可以免除赋税。此外，这座寺院和其他基督教中心的联系虽然不像以前那样频繁，但在7世纪及以后，它都是一处重要的宗教场所。这座寺院中最重要的人物就是西奈的阿纳斯塔修斯（Anastasios of Sinai），他原本是塞浦路斯的一位修士，在7世纪下半叶来到这座修道院。在他撰写的所有作品中，值得一提的是《问答集》（*Questions and Answers*），其中收集了103个问题，绝大多数都是他对个人或群体所提问题的真实回答。这些问题不仅涉及宗教信仰和实践中的一些重要方面，而且反映了当时的社会现实和人们的焦虑之情，例如，人们可以逃离瘟疫的影响吗？人们如果被困在沙漠或被囚禁起来，可以食用骆驼肉吗？……

不过，拜占庭帝国和周边民族除了矛盾冲突之外，也出现了一些以和平形式进行的交流活动。在阿拉伯哈里发瓦利德一世（al-Walid Ⅰ，705～715）执政期间，位于大马士革的圣约翰教堂被拆毁了，人们在旧址上准备建造倭马亚清真寺，这也是世界上最古老的穆斯林寺庙之一。值得注意的是，查士丁尼二世竟然给他们送去了大量的金镶嵌物（玻璃块），并派熟练的工匠去帮助他们用马赛克镶嵌画装饰寺庙的正面。我们不知道查士丁尼二世是不是在履行他和阿拉伯人签订的条约中所规定的进贡义务，但不管怎样，这都表明，尽管拜占庭帝国和阿拉伯人常年战争，但这并不妨碍他们彼此欣赏对方的艺术成就。

第 4 章

复兴之路

公元 717~867 年

经历了一个世纪的创伤和失败之后，拜占庭帝国在 8 世纪和 9 世纪进入了一段相对稳定的时期，从而可以推出一系列的改良和变革措施，并对后世产生了重大而深远的影响……

新皇利奥三世

　　拜占庭帝国再一次迎来了一位具有军事背景的新皇帝，他就是利奥三世（Leo Ⅲ）——叙利亚一对伊苏里亚夫妇的儿子。713年左右，利奥三世被任命为安纳托利亚军区的将军，于是他和亚美尼亚军区的将军阿尔塔瓦兹德（Artabasdos）结盟，图谋皇位。717年，利奥三世刚刚在君士坦丁堡坐稳王位，阿拉伯哈里发的弟弟马斯拉玛（Maslama）就率军大举进攻了这座都城。当时阿拉伯人兵分两路：一支陆军从色雷斯方向包围了君士坦丁堡，另一支海军则潜伏在马尔马拉海上。让人意想不到的是，拜占庭军队在这场战争中竟然取得了胜利。拜占庭军队使用"希腊火"摧毁了阿拉伯人的舰队，并鼓动保加利亚人袭击驻扎在色雷斯的阿拉伯部队的后方。但最重要的是，拜占庭军队切断了阿拉伯人的粮食供应，再加上717年末的冬季异常寒冷，最终导致阿拉伯军队中暴发饥荒，并且瘟疫流行，损失惨重。这也是阿拉伯人针对君士坦丁堡的最后一次围困。阿拉伯人在这场战争中失利，极大地打击了他们的整个征服计划。而在地中海的对岸，伊斯兰军队从北非进军并征服了西班牙。但到了732年，在普瓦捷（Poitiers）附近发生的一场战争，阻挡住了这部庞大战争机器的前进步伐。这场战争的领袖就是查理［Charles，绰号马特（Martel），即"铁锤"］，他是一名法兰克贵族，也是查理大帝的祖父。基督教徒们获得的这两次胜利限制了伊斯兰教的扩张势头，影响了它的既定政策，并在一定程度上确定了地中海地区在以后几个世纪中的格局。

虽然眼前的危险得以避免，但拜占庭帝国仍处于十分危急的状态。利奥三世采取了一系列措施来解决这些问题。在8世纪20年代中期，拜占庭政府要做的另一件事情就是说服帝国子民提高人头税，从而为国库带来更多收入——就像当初君士坦斯二世所采取的措施那样。不同的是，这次征税的对象也包括教会在内。然而，可能由于很多主教都对此叫苦不迭，罗马教皇似乎就把从君士坦丁堡征收的赋税给扣留了下来。虽然这方面的证据既数量稀少又混淆不清，但是仍有线索表明，当时利奥三世试图对教皇不利，但由于罗马离君士坦丁堡太过遥远，这个任务对君士坦丁堡的军队来说就显得鞭长莫及了。拜占庭政府很可能用它从西西里岛和卡拉布里亚两个地区征收到的赋税建造了一支舰队，后来在8世纪30年代早期，这支舰队成功地阻击了阿拉伯人的进攻。由于罗马教会不听调遣，拜占庭政府没收了东伊利里库姆教区（East Illyricum，从达尔马提亚一路向南，包括希腊地区），后来又把教区管辖权从罗马转移到君士坦丁堡，造成罗马教会和拜占庭帝国在这个问题上的抵牾，并且在接下来的几个世纪中矛盾不断升级。

阿拉伯人对拜占庭这一目标的进攻还在继续：到725年的时候，爱奥尼亚（Ikonion）已经陷落，而尼西亚、凯撒利亚和塞浦路斯也都遭到侵袭或围困。740年，利奥三世和他的儿子君士坦丁一起出征，成功地在安纳托利亚中部的阿克罗恩（Akroinon）大败阿拉伯军队。这次胜利，对于几十年来连吃败仗的拜占庭帝国来说，可谓具有重要的战略意义和象征作用。利奥三世在741年去世，虽然皇位留给谁已经毋庸置疑，但阿尔塔瓦兹德还是跳出来和君士坦丁争夺继承权。在随后的王位争夺战中，拜占庭帝国的主要军区分为两派，各拥其主，但最终君士坦丁胜出。

8世纪40年代即将结束的时候，发生了一系列的事件，它们虽然彼此之间关联不大，但却给欧洲和中东地区带来了新的活力。从743年开始，埃及暴发了瘟疫，不久就席卷了拜占庭帝国的东部和西部地区：叙利亚、伊拉克和突尼斯在744/745年遭受瘟疫侵袭；在745/746年，这场瘟疫横扫了西西里岛、卡拉布里亚和罗马地区；然后从那里向东扩散，经过希腊，最后在747/748年传到君士坦丁堡，给全城人口造成重大伤亡。到8世纪40年代末的时候，这场瘟疫已经蔓延到了亚美尼亚地区，然后又重新侵袭叙利亚、美索不达米亚和伊拉克。这虽然是14世纪前暴发的最后一场瘟疫，但它遗留下的后果极其严重：当时的这些主要城市（包括巴士拉、大马士革、罗马和君士坦丁堡）都伤亡惨重。与此同时，伊斯兰世界正掀起一场反对倭马亚王朝统治的起义活动。到750年的时候，倭马亚王朝灭亡，取而代之的是一个新的力量——阿拔斯王室（Abbasids）。他们自称是穆罕默德的叔叔的后人，并离开地中海区域，将都城迁到了巴格达。

在意大利，伦巴第人时常侵扰拜占庭的据点。但伦巴第人在751年占领意大利总督驻地拉韦纳之后，他们的侵袭活动发生了重大变化。由于阿拉伯人在东部边境带来的威胁最为严重，拜占庭帝国将大部分的兵力抽调到东线作战，因此对伦巴第人的挑衅行为应接不暇。沿海地区（威尼斯、达尔马提亚）在拜占庭帝国海军的保护之下还算安全，但位于内陆的罗马教会则因防卫薄弱而深受威胁。同年，罗马教皇斯蒂芬二世（Stephen Ⅱ）大力支持法兰克王国的政变活动。通过这次政变，从5世纪就开始统治法兰克地区的墨洛温王朝被加洛林家族（人们对查理·马特家族的叫法）取代，他们出身于一个贵族家庭，并连续几代人实际把持法兰克朝政。加洛林国王丕平三世（Pepin Ⅲ）在754和756年先后发动两次战争，从伦巴第人手中夺取了原本属于拜占庭帝国的土地，但并没有归还给拜占庭帝国，而是将其纳入圣彼得教区的管辖范围。774

年，丕平的儿子兼王位继承人查理，被称为查理大帝（法语旧称查理曼大帝），在与伦巴第人斡旋无果的情况下，发兵征服伦巴第王国并自己当上了伦巴第国王。于是在不到一代人的时间里，拜占庭帝国在意大利南部的影响就荡然无存，而罗马教会则在法兰克盟友的支持下，成为明显的赢家。

但在拜占庭帝国的东部和北部边境，君士坦丁五世（Constantine V）取得了更多胜利果实。在整个8世纪50年代和60年代期间，拜占庭帝国和阿拔斯王朝继续开战，双方都没有明显的输赢。战争的结果是在安纳托利亚南部的塞流科亚（Seleukeia）到黑海南部海岸的特拉比松（Trebizond）之间，逐渐形成了一片无人区——这里无人居住，成为双方发动进攻的战场，或者说这片地区起到了战争缓冲区的作用。因此对双方而言，它都是一个动态的边境地带。另一方面，保加利亚人由于在巴尔干半岛构成了严重威胁，因此常常遭到拜占庭军队的反击，并且拜占庭帝国在其中的一些战场上取得了胜利。此外，为了建立帝国统治，拜占庭军队还不时地进攻定居在希腊的斯拉夫人，或是组织大规模的人口搬移，从而改变这些地区的人口组成状况，并把拜占庭文化因素重新引入这些地区。从8世纪40年代到70年代，也就是在君士坦丁五世执政不到一代人的时间里，叙利亚人和亚美尼亚人开始迁往东部边境以及人烟稀少的色雷斯地区——这些地区经常遭到来自巴尔干半岛至安纳托利亚的保加利亚人和斯拉夫人的侵扰。

伊苏里亚王朝最初的两位统治者成功地减缓了一些拜占庭帝国的衰落趋势。但大多数拜占庭文献都对他们流露出一种仇恨和厌恶情绪。因为在这期间发生了拜占庭历史上最著名的一次事件——圣像破坏运动，即人们对有关基督教"圣人"画像的用途和价值所产生的矛盾冲突。对于历史上这个极为复杂并充满争议的话题，有4个日期节点是确定无疑的，我们分别表述如下：第一，754年在赫尔瑞亚（Hiereia）召开的宗教会议正式确认并开始了圣像破坏运动；第二，787年在尼西亚召开的第七次基督教普世大公会议对这场圣像破坏运动进行了谴责；第三，815年在圣索菲亚大教堂召开的宗教会议再度认可圣像破坏运动；第四，在843年，正统教取得胜利，最终确认圣像值得尊敬。但至今人们对这次运动的开始日期仍争论不休。此外，关于一个更确切的问题，即是否如圣像崇拜者在作品（全都是在公元800年之后撰写的）中所指认的那样，利奥三世就是此运动的始作俑者，也同样没有定论。从表面上看，对于这次运动早期阶段的历史证据应当确凿无疑，但许多学者也指出，这方面的大量文献资料都是在843年之后重新编写的，其作者为了迎合特定的政治目的而不惜篡改事实。

其实，早在8世纪20年代，在安纳托利亚地区就有一些主教反对使用宗教图画，有时甚至让人把自己教堂的这些图画搬出去。当时君士坦丁堡牧首杰尔马努斯二世（Germanos Ⅱ）试图通过外交手段解决这个问题。但在730年，他却做出了一个极为异常的举动——辞掉了自己的职务，这表明他当时肯定承受了某种极大的压力：圣像崇拜者的资料记载这是由于拜占庭皇帝利奥三世决定拥护圣像破坏运动，但他的辞职也极有可能是要抗议皇帝拒绝免除教会赋税的财政政策。上述罗马教皇对利奥三世表现出的激烈反应，也同样可以视为他对拜占庭皇帝支持圣像破坏运动的一种反对意见。史料文献中提供了各种各样的理由来解释利奥三世为什么支持圣像破坏运动，例如，有人认为这位拜占庭皇帝是被727年在圣托里尼岛（island of Santorini）上发生的一次恐怖的火山爆发（被视为象征着"上帝"的怒火）吓坏了；也有人认为这是因为利奥三世来自拜占庭帝国的东部地区，深受犹太人和穆斯林的影响，而这些人都反对崇拜图像——总之这些解释都是说利奥三世试图弄明白一个问题，即为什么拜占庭帝国在差不多100年的时间里总打败仗，而阿拉伯人却捷报频传？最后，利奥三世认定人们对图像的崇拜是导致这些灾难的原因，因为崇拜图像意味着违反了圣经的第二条戒律。据说，利奥三世采取的措施包括移除君士坦丁堡城里悬挂在王宫查尔克大门上的大幅圣像，同时命令罗马教会要移除宗教图像（我们当然可以认为他要求拜占庭帝国境内的所有教会都这样做），结果导致了一场于731年在罗马召开的反抗会议，会议谴责拜占庭帝国干涉教会内部事务。虽然记载这些事件的史料文献多数是在很晚之后才撰写出来的，其内容很可能已被人篡改，但不至于所有资料记载的内容都是无中生有。

利奥三世作为圣像破坏者的身份或许还存在争议，但他的儿子君士坦丁五世却是一位不折不扣的圣像破坏运动的支持者。他写了一些关于宗教的文章来谴责圣像崇拜，并在754年召集众多人才举行了一次宗教会议，在会上他宣称崇拜圣像无异于进行备受责备的异教行为。这次会议把关于宗教信仰的决议编辑成了一部基督教的长篇文集。在8世纪60年代，基督教开始清除异己并处决异端者。根据圣像崇拜者一方的记载，这些措施主要针对修士和修女，当时他

图4-1 位于君士坦丁堡的伊琳娜教堂（Hagia Eirene）的半圆形后殿。这座教堂由君士坦丁五世于8世纪40年代重建，其中唯一的装饰就是一个巨大的十字架。

们不但遭到讥笑嘲讽，甚至还被迫还俗成婚。但其中也有一些措施针对基督教寺院，君士坦丁五世曾派手下的一些将军抢夺寺院财产。同样，我们很难将史实真相和圣像崇拜者们的宣传鼓吹区分开，但显然拜占庭皇帝并不会只因为一些修道院负责人反对他的执政措施而对他们加以迫害，这里面肯定还涉及一些其他原因，例如修道院的教士们由于不事稼穑，也就不会对关系国计民生的赋税和兵役做出任何贡献。

到君士坦丁五世于775年去世之时伊琳娜辅政，帝国的领土在一个世纪以来首次减少，但局势相对稳定。继承王位的是他的儿子利奥四世（Leo Ⅳ）。利奥四世的登基过程一帆风顺，但统治时间却只有短短的5年。下一任皇帝是君士坦丁六世（Constantine Ⅵ），当时只有9岁大，于是他的母亲伊琳娜（Eirene）——一个出生于雅典的女人——开始辅佐他统治帝国。伊琳娜喜欢进行外交活动（例如，她曾撮合君士坦丁六世和查理大帝的一个女儿结婚，而这桩婚事在781年获得了同意），并重用宦官，而他们并没有篡权夺位的机会。后来，伊琳娜手下的一名宦官成为将军，并成功地帮她巩固了拜占庭帝国对居住在希腊至伯罗奔尼撒这一带地区的斯拉夫人的统治。然而这个胜利果实不仅转瞬即逝，而且效果有限，因为8世纪80年代末与90年代在位于安纳托利亚的核心领土上，拜占庭帝国遭到阿拉伯人的一连串沉重打击。此外，拜占庭帝国与罗马教会以及西部地区的关系也十分堪忧，因为在对伦巴第人建立的贝内文托公国发动侵袭的过程中，法兰克人已经日益迫近拜占庭在意大利南部的领土范围。

伊琳娜在历史上声名显赫是因为她对宗教形象采取的政策。她首先扶植自己的亲信［特拉乌斯（Tarasios），一位饱学的在俗贵族］为君士坦丁堡的牧首，接着她与罗马教皇取得联系，因为罗马教会在这一时期还是坚定地反对圣像破坏活动。此外，在786年，伊琳娜还召集了一次基督教的普世大公会议。尽管遭到了支持圣像破坏运动的主教和部分军队的反对，这次宗教会议还是于次年在尼西亚召开了。为了与破坏圣像者编写的长篇文集抗衡，参与尼西亚会议的主教们编撰了一部篇幅更长的大部头作品，其中罗列了种种证据以反驳对方的宗教观点。于是一部概述关于圣像的理论著作初现雏形，并且自此之后就成为东正教派的特色内容之一：和圣像破坏者的观点正好相反，尊敬（但绝非膜拜）一个宗教形象并不是针对任何实际物体，而是通过这种仪式来表达对它所代表的抽象意义的尊崇和敬重。

君士坦丁六世年龄稍长，就迫使自己的母亲交出了统治大权。他的单独执政始于790年，但表现得并不成功，特别是在792年，拜占庭军队在征战保加利亚人时遭受了一场灾难性的打击，这更是让他名誉扫地。在这种情形下，伊琳娜得以重返政坛，与他共同治理朝政。但在797年，变故丛生，不但加速了君士坦丁六世的下台，还损害了他的身体，从而让他永远不能重掌大权。君士坦丁六世得到这样的下场还与他的私生活有关：他曾狠心地宣布与第一任妻子离婚，然后娶了另外一个女人，此举招致了教会方面的激烈反对，其中尤其以两位出身贵族且极有影响力的修道院院长为代表，即西奥多和他的叔叔柏拉图。但是为了平息舆论，君士坦丁六世采取了残酷的镇压手段，再加上他掌握的军

图4-2 伊琳娜独立统治期间（797～802）发行的苏勒德斯金币。其中引人注目的是，该金币的正反两面都刻有这位女皇的形象。

队本身势力薄弱，两种因素共同引发了这场政变。于是在797~802年期间，伊琳娜开始独自执政——这也是拜占庭历史上第一次出现这样的情形：一个女人，不是以太后或皇后的身份，而是完全不受男性亲戚的影响，独立管理一个国家。尽管伊琳娜努力在帝国内部通过下令减轻赋税，并给君士坦丁堡居民分发礼物，此外还邀请西奥多主持城内最古老的一座寺院——斯图迪乌修道院（Stoudios）；而在帝国之外，她要给查理大帝撮合婚事，同时加强自己的统治地位，但她的统治仍然显得非常脆弱。到了公元800年，拜占庭帝国遭受了一次具有象征意义的打击：罗马教皇利奥三世在圣诞节为查理大帝加冕成为"罗马人的皇帝"。对于拜占庭人而言，这可视为他们彼此偿还了所欠对方的人情债：因为先前利奥三世为了躲避罗马的仇敌而逃进了查理大帝的朝廷里面，而查理大帝帮他夺回了罗马教皇的位置；于是不久之后，利奥三世就给查理大帝主持了加冕仪式。对于利奥三世而言，他开创了教皇给皇帝加冕的先例，因为之前没有任何资料表明教皇拥有这方面的权力。这不仅使利奥三世可以从此得到加洛林王朝一代人的保护，而且还毁灭了拜占庭-法兰克任何可能出现的结盟前景，因为他们之间的盟友关系必然会削弱利奥三世对罗马及其资源的控制力量。法兰克人的史料强调了查理大帝的惊讶与不情愿，但又考虑到罗马帝国的皇帝宝座被一个女人所占据的事实，这就相当于说罗马帝国当时还没有合法的皇帝。

相对稳定的时期

802年，当查理大帝的使者们留在城里商议婚礼事宜时，伊琳娜在一场政变中被推翻，这并非巧合。新皇帝尼基弗鲁斯一世（Nikephoros Ⅰ）曾经担任财政长官，虽然他执政的时间很短（802~811），但在管理帝国方面采取了一系列影响深远的改革措施，这些将在下文继续讨论。在拜占庭帝国的东方，阿拉伯人继续取得胜利。此外，加洛林王朝在意大利的权力正在增长，并威胁到拜占庭在威尼斯的统治权，但拜占庭派遣的舰队以及威尼斯民众的英勇抵抗确保了该城没有脱离帝国的统治。然而，此时克鲁姆（Krum）成为保加利亚人的新首领（可汗，克鲁姆于802~814年间在位），而由他领导的这支民族直接对拜占庭帝国构成了主要威胁。其实从807年起，克鲁姆就致力于扩张保加利亚的领土，他曾带领保加利亚人多次打败拜占庭军队。于是在811年，尼基弗鲁斯一世亲自带兵与克鲁姆展开一场大战。尽管拜占庭军队最初在进攻保加利亚人的首都普利斯卡（Pliska）时取得了成功，但后来却遭到对方的伏击，结果拜占庭皇帝连同亲信人员都被保加利亚人杀害，连他的继承人斯塔夫拉基诺斯（Stavrakios）也身受重伤。据说克鲁姆下令将尼基弗鲁斯一世斩首，并把他的头颅制成了一个在庆祝仪式上使用的酒杯。回到拜占庭帝国的斯塔夫拉基诺斯已经瘫痪，并且国内对他的支持也在不断减弱。斯塔夫拉基诺斯的妹夫米海尔一世（Michael Ⅰ），在几个月之后被元老院和军队拥立为新皇帝。就在这段多事之秋，查理大帝悄悄使用了10年之久的称号终于得到了正式确认：在812年，拜占庭派出特使在亚琛宣布查理大帝为"巴赛勒斯"（亦为古希腊人对国王的称谓）。于是自5世纪之后，世界上再度同时出现了东西两位罗马皇帝——显然这是一个令人非常尴尬的局面。这导致东罗马帝国北方和西方的邻居越来越习惯称其为希腊人，而不是把他们当成罗马人。

米海尔一世的统治时间很短：他拒绝了克鲁姆提出的一个相当温和的和解建议，并准备武力对付保加利亚人。尽管米海尔一世组建了一支庞大的拜占庭军队，但他的士兵却在战场上被敌人彻底击败。米海尔一世于813年宣布退位，将王位让于自己的好友兼伙伴，同时也是亚美尼亚军区的将军利奥五世（Leo Ⅴ）。利奥五世是亚美尼亚人的后裔，并且当初他在尼基弗鲁斯一世统治时就已经取得了辉煌的军功。814年，保加利亚可汗克鲁姆在筹划进攻君士坦丁堡时去世，这样保加利亚人对拜占庭帝国构成的威胁暂时告一段落。两年之后，拜占庭帝国战胜克鲁姆的继承人奥穆尔塔格（Omurtag），两国签订了一份为期30年的和平协议。

在此期间，利奥五世主张恢复圣像破坏运动，并在815年通过一场宗教会议再次正式认可其合法性，从而开启了第二阶段的圣像破坏活动，但其中几乎没有增加任何新的教义内容。利奥五世也许是希望自己能像利奥三世和君士坦丁五世那样取得军事上的胜利，从而避免让人联想起那些崇拜圣像的拜占庭皇帝们因遭受军事失败而带来的耻辱。但另一位军事指挥官，即君士坦丁堡一支禁卫军的首领米海尔二世（Michael Ⅱ）成功发动了一场政变，提前结束了利奥五世毫无波澜的统治生涯，并在820年将其谋害。但米海尔二世的篡位引发了拜占庭历史上最成功的一次叛乱：一位来自安纳托利亚、绰号"斯拉夫人"的中级军官托马斯（Thomas）挺身而出，要替利奥五世复仇。大部分驻扎在安纳托利亚的拜占庭军队都加入了他领导的这场叛乱，后来拜占庭海军舰队也加入进来。托马斯企图夺取君士坦丁堡，他们虽然对这座首都进行了长达一年的围攻，但于822年最终失败。他的海军舰队先是被拜占庭帝国的"希腊火"摧毁，接着被一支保加利亚人的军队追得四处逃窜。托马斯的叛乱被一些现代学者视为具有重要的社会意义，因为这表明安纳托利亚的农民支持他反抗拜占庭政府强加在自己身上的高额赋税，不过这种观点现在已经不再流行。

米海尔二世一直统治到829年，然后将皇位传给了儿子狄奥菲洛（Theophilos），其统治持续到了842年。9世纪20年代下半叶到30年代，拜占庭帝国在军事上再度跌入低谷。在826~827年，克里特岛被来自西班牙的阿拉伯人征服；从827年起，非洲的阿拉伯人在阿格拉比德（Aghlabids）的带领下开始对西西里岛进行征服，其中，巴勒莫（Palermo）于830年陷落，墨西拿（Messina）于843年沦陷。阿拉伯人出现在地中海的这两座主要岛屿上，造成爱琴海、第勒尼安海和爱奥尼亚海的大片区域不得安宁。尽管狄奥菲洛在拜占庭帝国东部边境的安纳托利亚战场上御驾亲征，但到了831年，拜占庭军队仍

然免不了在卡帕多西亚遭受失败的命运。更重要的是，在838年，阿拉伯人占
领并摧毁了安纳托利亚军区总部所在地阿摩利翁（Amorion），俘虏并处决了
42名拜占庭军官，他们后来全都被拜占庭帝国追认为烈士。拜占庭帝国向在安
达卢斯（Al-Andalus）的科尔多瓦后倭马亚王朝的埃米尔（Emir，穆斯林酋长
等的称号）求救，请求他出兵对付阿拔斯王朝，结果没有得到后倭马亚王朝的
肯定回应，这就像20年前米海尔二世和狄奥菲洛向意大利的加洛林国王写信求
助，央求对方出兵支援拜占庭军队在西西里岛和意大利南部对抗阿拉伯人时的
情况一样。

　　当狄奥菲洛在842年去世的时候，情况再次变得岌岌可危，因为他的继承
人米海尔三世（Michael III）尚在襁褓之中，无法主政。于是米海尔三世的母
亲狄奥多拉和她的两个兄弟巴达斯（Bardas）、皮特洛恩斯（Petronas）联手上
台，开始摄政。直到今天，人们都认为是狄奥多拉永久性地恢复了正统教中的
圣像崇拜。正如我们所知道的，843年，"正统的胜利"这一事实得到了教会的
批准与支持，并在次年的正统教会议上以文件形式固定下来，其内容是通过正
反两种方式简明地阐述什么才是真正的宗教信仰，即它一方面要纪念殉教者，
另一方面又要对不遵守正统教义的异教信徒进行谴责。这份重要的文件，在14
世纪中期以前因各种原因而得以不断修订，正统教至今仍会在四旬节的第一个
星期日对其进行宣读。

　　拜占庭帝国在米海尔三世统治期间变得更加自信。在9世纪50年代早期，
拜占庭政府支持亚美尼亚人反抗阿拉伯人的斗争。虽然这场战争后来在855年
被镇压，但却反映了拜占庭人和亚美尼亚人之间的关系，从而也就更容易理解
在这一时期，为什么会有很多亚美尼亚人在拜占庭朝廷身居要位，例如狄奥多
拉和她的兄弟们都是亚美尼亚人的后裔。就在同一时期，安纳托利亚的一个教
派——保罗教派成为攻击目标，它的追随者虽然在9世纪的早期尚能被容忍，
但如今却被视为企图颠覆政府的危险者。面对打击，许多保罗教派人士组织起

武装群体，他们与拜占庭政府发生冲突，尽管遭受了严重损失，但他们中的许多人成功撤退到拜占庭—阿拉伯边界附近的特弗瑞克（Tefrike）里面的一个堡垒地带，而这里即将成为他们在未来几十年的最后一个立足之地。

856年左右，米海尔三世已经成年，于是拜占庭的政局发生了一些变化：狄奥多拉被迫下台，但是她的几个兄弟仍然手握强权。到了863年，安纳托利亚联军在皮特洛恩斯的带领下，对侵犯帕夫拉戈尼亚（Paphlagonia）的阿拉伯人予以沉重的打击。而巴达斯已经多少控制住了拜占庭皇帝，于是他在858年决定罢免君士坦丁堡牧首依纳爵（Ignatios），任命一位有着贵族背景的能干之才继任牧首，此人便是佛提乌斯（Photios）。他虽是俗家弟子，但却是前任牧首特拉乌斯的亲戚，并且满腹经纶，接下来他主宰拜占庭帝国政治和文化生活的时间将超出一代人之久。在这一时期还有另外一位年轻人的社会地位也在迅速攀升，这个人就是巴西尔（Basil）。不过巴西尔不像佛提乌斯一样出身名门，他是农民出身，是亚美尼亚人的后裔。他的家庭是在许多民族迁徙的大潮中流入巴尔干半岛的。巴西尔英俊潇洒、聪明能干，擅长马术和摔跤。很快他就获得了米海尔三世的青睐，成为这位皇帝的亲信随从。不久，巴西尔就和米海尔三世形影不离，他还在862年被提拔为王宫大管家，这个职务过去通常都是被宦官垄断，担任此职的人足以掌握皇帝的性命——即使皇帝就寝时，他也可以陪在旁边。两人之间的这种密切关系造就了拜占庭历史上最为奇特的一道景观：米海尔三世让巴西尔娶了自己的情妇（但继续和她保持关系），而他自己却和另一名女子结了婚，同时巴西尔又与米海尔三世的妹妹发展成了情人关系。

对佛提乌斯的提拔不符合教会的常规，因为他在短短一个星期之内就被火速提升上位。此外，对依纳爵的罢黜也在社会上引起了不小的骚动。他向罗马教会进行了申诉，于是教皇尼古拉一世（Nicholas I）召开了一次宗教会议专门讨论这个问题，会议除了要求拜占庭政府将东伊利里库姆教区归还给罗马之外，还对佛提乌斯进行谴责；后来看到佛提乌斯没有服软，尼古拉一世就开除了对方的教籍。佛提乌斯对此怀恨在心，几年之后他如法炮制，宣布教皇也被开除了教籍。于是到867年的时候，罗马教会与君士坦丁堡教会之间的关系再度出现裂痕。

就在同一年，拜占庭帝国高层也开始表现出了动荡迹象。巴西尔对米海尔三世有很强的影响力，但这只是因为他博得了皇帝的欢心。巴西尔先设法让巴达斯下台，然后在866年将其谋害。这时巴西尔感觉米海尔三世似乎不再青睐自己，于是在867年也将其谋杀，自己则登上了皇位，从而生动地制造出了一个出身卑微、来自社会底层的人凭借自己的能力和心计爬上权力巅峰的标志性事件。

元气恢复与军队重构

在经历了一个世纪的惨痛失败之后，拜占庭帝国在8世纪和9世纪进入了一段相对稳定的时期，并推出一系列的改良和变革措施，对后世产生了重大而深远的影响。

从人口统计学上看，在750年经历了最后一波瘟疫袭击之后，拜占庭人口终于迎来了一个恢复期，但是它的人口水平花了100年左右的时间才基本回升。新增人口被转移到那些受灾特别严重的地区，从而使得全国各地的人口分布更为均匀。由于拜占庭帝国在巴尔干半岛恢复了统治，加上安纳托利亚核心地区的安全保障得以增强（因为敌人的大部分袭击都发生在战争缓冲区），这就意味着拜占庭人口可以有规律地进行农业生产，也就必然会带来更为稳定的财政收入。早在8世纪60年代，拜占庭经济就已经出现了积极发展的迹象，这在君士坦丁堡的表现尤其明显，似乎可以说是因祸得福：因为拜占庭帝国的一些重要城市在古代晚期沦陷给伊斯兰国家之后，反而它的资源和经济活动更加集中。君士坦丁五世对君士坦丁堡进行了大规模的维修（其中包括在626年被阿瓦尔人破坏的瓦伦斯水渠），还通过从希腊迁徙人口来补充首都的人口资源。而伊琳娜不但建立了一些作坊，还在狄奥多西港口附近修建了一座宫殿。尤其值得指出的是，后来尼基弗鲁斯一世在执政期间出台了一系列措施〔我们这里参考的主要文献来源于历史学家塞奥法尼斯（Theophanes），但他非常反感尼基弗鲁斯一世的这些政策〕，旨在修正伊琳娜制定的大多数日常财政政策，因为它们对帝国经济的发展产生了消极作用，同时也为了能增加财政收入。拜占庭帝国基本上取消了免税优惠，从而以更广泛的方式征税，并且还把许多肥沃的良田收归国有。此外，尼基弗鲁斯一世似乎采取措施促进了海上贸易，他鼓励——有时也结合一些强制措施——君士坦丁堡形成自己的商人组织和船东集团，并进一步发展。

虽然拜占庭帝国从7世纪60年代到大约8世纪之间很少使用货币——包括金币以及在更小规模的交易中使用的铜币，但这并非意味着它当时的经济就完全不需要使用货币了。例如，在拜占庭的首都和军队中，货币的使用情况就比较明显。我们以军队为例，根据文献记载，在9世纪早期，保加利亚人和阿拉伯人曾发动侵袭，成功地抢走了拜占庭朝廷运送给军队的军饷，其中就包括数万枚货币。7世纪的拜占庭帝国能够在阿拉伯人和保加利亚人的夹击中生存下来，它的具体情况显然和处于查士丁尼一世统治之下的古代晚期的拜占庭帝国大不一样。此时的拜占庭帝国基本上就是一个听从大城市坐镇指挥的农业社会，而古代晚期的拜占庭帝国则遍布众多省级城镇，它们取代了城邦国家。

拜占庭帝国能够在乱世中存活，得益于两个重要因素：一是君士坦丁堡及其资源的保存，拜占庭皇帝可以在这座都城里面运筹帷幄，统治帝国余下的疆土；二是军队结构的调整变化，不仅使拜占庭帝国可以在一个虽然缩水但相对稳定的边境地带击退敌人的进攻，而且可以在此基础上逐渐夺回失去的领土。军队中的这套体制，虽然在伊斯兰征服之前从未实施过，但对于9世纪晚期和

10世纪的历史情况，我们有了更多的文献资料可以参考，从而可以发现：这套新体制其实表现得相当令人满意，它让拜占庭帝国的统治显得自信而又稳定。因此我们推断，拜占庭帝国的这场体制改革应当发生在9世纪晚期和10世纪之间，但至今人们对其具体的发生时间仍各执己见。对于这种宏伟的历史事件，其确切的开始时间可能并非我们最重要的考虑对象，因为这种历史大事的发展是循序渐进的，它要逐渐适应周围变化的环境，而并非事先就已由某位皇帝制订一份周密的全盘计划。

横跨安纳托利亚的战略体系帮助稳定了帝国的边境，但其中也充满了种种安全隐患，例如层出不穷的军区叛乱就是这方面的明证。在争取生存的战争中，拜占庭帝国太多的权力落入了太少的几个人手中，他们就是五大军区［安纳托利亚、奥普西金、亚美尼亚、斯拉克西恩及在安纳托利亚南部新组建的凯比里奥（Kibyrrhaiotai）海军军区］的将军，他们不但控制着本地的重要资源，而且由于距离首都路程遥远，远离皇帝的控制。于是君士坦丁五世采取了一系列的针对性措施，例如，他把奥普西金军区分成了更多更小的军队单位。此外，更重要的是，君士坦丁五世创建了一支精英化的职业军团——塔格马塔（tagmata，皇家近卫军团），就驻扎在君士坦丁堡附近，由朝廷直接支付粮饷，从而保证他们只效忠于皇帝本人。尼基弗鲁斯一世在统治期间继续进行军队改革。他从安纳托利亚迁移了大批人口进入拜占庭帝国在巴尔干半岛新收复的领土内，并让他们成为士兵。这样，这些士兵只能卖掉他们以前的田地，到新迁移的地方领取新的地产，同时还可以享受一些财政上的优惠政策。到9世纪的时候，拜占庭军队不再沿用以前的名称"斯爪提吉艾"，而是开始被称为"瑟马塔"（themata，军区。单数是thema，源自希腊单词，表示"位置/安置"）。名称的变化显然表明军队的结构也发生了改变：此时的每支军队和自己驻地之间的关系更为紧密，因为他们扎根于此，对驻地产生了很强的归属感。此外，军队的士兵就从当地人口中直接招募，这样军队和当地社会的关系就更为密切了，例如，当地社区还得负责给那些买不起武器装备的士兵提供援助。这对拜占庭政府当然有利，因为地方驻军的部分开支就可以由驻地社区负责解决了。虽然这时拜占庭政府还继续给士兵发放现金作为军饷（例如，职业军团塔格马塔），但总体而言，拜占庭帝国现在的军事力量大有改观，它拥有了一批数量稳定、装备良好且财政负担更轻的军队。军队将军的身份也逐渐发生了变化，他们现在不但是军队的指挥官，而且成了瑟马塔的管理者，因为此时的瑟马塔已经财政独立，可以自主行政，还设立了专门的行政长官进行领导。不过，除了其他管理事务之外，行政长官还得在战时保证军队的粮草供应。

这一时期拜占庭帝国的军事力量总体呈现一种快速扩张的趋势：除了最初的4个军区（亚美尼亚、安纳托利亚、斯拉克西恩和奥普西金）以及帝国海军舰队——它们最迟在687年就已经全部发展就绪，帝国在8世纪和9世纪的时候又出现了几支新的武装力量。例如到8世纪70年代的时候，奥普西金军区已经被拆分成3个瑟马塔；而亚美尼亚军区则分成了两个瑟马塔。到了830年，拜占庭帝国还从斯拉克西恩军区中分出力量来组建卡帕多西亚军区。此外，随着领土的扩张，拜占庭帝国建立了更多的军区以便作战时可以灵活组合。到了9世纪30年代，新建的军区包括赫拉斯（Hellas，在7世纪末一片位于希腊中部和伯罗奔尼撒半岛的地区）、卡弗尔勒尼亚（Kephalenia，一座位于希腊西部的岛屿，在君士坦丁五世统治时期用于保卫亚得里亚海和达尔马提亚海岸地区）、马其顿、塞萨洛尼基（Thessaloniki）以及赫尔松（Cherson，位于黑海的克里米亚半岛）。

这一时期的拜占庭帝国在各方面都出现了军事化倾向，这也必然对它的社会生活产生了影响，并且在一定程度上影响了当时的文化价值观。到了8世纪早期，拜占庭社会结构出现了一些重大变化，因为过去的元老院精英们或多或少退出了历史舞台，即使其中剩下的人员也融入了当时社会仅存的两个稳定阶层，即拜占庭朝廷和教会。这两个阶层，尤其是教会，在经济上受到的负面影响较小。因为从查士丁尼一世时代起，直到当时，教会的财产都或多或少地受到拜占庭政府完全免税的优惠政策的保护。虽然在紧急时期，一些拜占庭皇帝——其中最著名的是利奥三世以及后来的尼基弗鲁斯一世——也会不顾教会享受的优惠待遇，对教会的财产或者耕种教会土地的佃农进行征税。在军队指挥层中，虽然也有人来自贵族家庭，但绝大多数军官都是新人。军队将军和其他一些高官的社会、经济地位逐渐上升，导致拜占庭帝国出现了一个新的精英阶层，即军事贵族，他们从9世纪晚期起就开始主宰拜占庭的政治生活。虽然军官不是世袭制，但拜占庭社会也逐渐出现了一些名门望族——通常是军事家族，这也说明，在当时的社会家族血缘关系显得越来越重要。此外值得一提的是，这一时期教会领导层中的一些成员（特别是那些以前从事世俗工作的人）有着非富即贵的家庭背景，甚至在某些情况下（其中佛提乌斯就是一个典型例子），他们与新兴的军事贵族之间保持着密切的交往和联系。相比之下，如果说7世纪的拜占庭帝国主要表现为大地主阶级的没落与拥有小块土地的自耕农的兴起，那在8世纪晚期和9世纪，拜占庭军事贵族的出现则扭转了之前的社会发展趋势。

皇帝兼教士

8世纪的帝国历史有两个重要的主题：一是面对并考虑自己在与穆斯林不可避免的共存形势下应当采取怎样的长期策略；二是反思并找出社会发展到底在哪个环节出了问题。拜占庭帝国对此反思的结果是决定进行一场改革，既包括我们前面看到的那些在生活和管理层面采取的措施，又包括在精神和意识形态方面进行的改变。

在741年，利奥三世和君士坦丁五世发布了一部新的法律图书《法律精选》（*Ekloga*）。查士丁尼一世通过编撰长篇大论、详尽无遗的大部头法律著作来留名青史，而《法律精选》却反其道而行之：它的内容只相当于现在50页的打印文本，其目的是将最有用的法律条款收集成册，以供法官们参考。它的内容明显偏重于家庭法（例如，皇帝看起来就像是寡妇和孤儿们的保护者），此外，该书还将死刑改为肢残，目的是显得"更人道一些"，毕竟一个被砍掉四肢的犯人还得活下去以忏悔自己的罪恶行径。在《法律精选》的前言中，拜占庭皇帝清楚地阐述了对自己应扮演角色的认识：既然"皇权神授"，那么他们就必须负责引导人们走上正义之路。据说10年前，利奥三世曾在写给罗马教皇的信中使用了一句令人难忘的表达："我身兼二职，既是皇帝，又是教士。"虽然他说得言不由衷，但这句话却很好地表明了教会和朝廷所代表的两种截然不同的权威概念。

其中一方面是皇帝，他们通过战争取得胜利。为了保证帝国和人民的生存，他必须实施严格的行政管理，并要求人们在所有问题上——甚至包括信仰——对他完全服从，不得有丝毫异议。另一方面是一些教会的首脑人物，他们抵制那些世俗权威对神圣世界的侵犯行为。这一时期皇帝和教会之间的冲突在许多方面都表现了出来。早在8世纪80年代特拉乌斯任职前，牧首的权力还很薄弱，而拜占庭皇帝几乎可以随心所欲地任免他们。但特拉乌斯担任牧首之后，开创了一段牧首权力大大加强的时期，例如在很多时候，像尼基弗鲁斯一世和佛提乌斯这样世俗出身的人物，担任牧首时都曾表现出强势的一面。在这种背景下，拜占庭朝廷支持的圣像破坏运动注定会失败，事实上，圣像破坏运动的结束的确标志着教会取得了这场宗教大战的胜利。尽管787年的尼西亚会议曾发表庄严的宣言，当然这在很大程度上得归功于大马士革的约翰，他对图像作用进行了精细周密的宗教阐述。然而实际上宗教圣像在当时人们日常生活中的影响根深蒂固，不可能通过宗教或政治上的争论就被连根拔除，丧失影响力。从拜占庭帝国在8世纪和9世纪经历的这场改革的整体背景来看，同时考虑到这些改革过程并非一帆风顺，它们都只是冲突和妥协的结果而已，那圣像破坏运动就应当被看作是这一时期的历史特点，而不应当被视为这个动荡时代的中心问题。

文化的繁荣

再度回到清理遗产这个话题上，圣像破坏运动正反两方都编撰了大量的长篇文集，这表明君士坦丁堡城内存在着很多藏书丰富的图书馆。这些图书馆除了实际上可为宗教之争中正反双方进行论辩提供参考知识之外，也激发了阅读者的创作激情，并在10世纪时结出果实。

这一时期另一个能够激发创作灵感的因素是与伊斯兰教的接触。从8世纪下半叶开始，阿拔斯哈里发王朝出现了一片文化繁荣现象：在皇家和精英阶层的资助之下，数以百计的古希腊哲学、医药和科技作品被翻译成了阿拉伯语。显然拜占庭帝国也注意到了阿拉伯人中发生的这一现象，因为伊斯兰领袖们不断派出使者向他们索要特定的手稿，并且一有机会就把图书馆的书籍文献洗劫一空。拜占庭帝国在9世纪显然也对他们翻译和占有的那些作品产生了兴趣，这个时机当然不可能是纯属巧合。这方面的一个典型例子体现在当时的数学家利奥身上，他生活在狄奥菲洛统治时代，是一位拜占庭的学者兼教师，后来还成了主教。利奥对科学有着浓厚的兴趣，据说他发明了烽火预警系统，该系统可以监视阿拉伯人的侵袭活动，如果危险迫近，它就会自动向拜占庭朝廷发送警告。不久之后，利奥开始在君士坦丁堡城内的马格瑙拉宫殿举办的高等教育学校任教。在那所学校中，人们可以学习哲学、几何、天文和语法。这一时期出现的重要历史人物，如主张损毁圣像的君士坦丁堡牧首兼文法家约翰以及佛提乌斯，他们都和这场文化复兴活动有关。佛提乌斯留下的大量作品涉及不同体裁，包括布道书籍、教义阐释和神学著作。但可能最能反映文化复兴的作品是其所著《图书目录》（*Bibliothecal*），该书收集了大约380篇读书评述。它们绝大多数篇幅较短，内容既有针对世俗生活的，也有针对宗教世界的，都是对他成为君士坦丁堡牧首之前所阅读作品的评述。这些作品大多数来自古希腊和古罗马，并且大部分如今已经消失不见，但佛提乌斯曾经阅读过它们，这就表明在9世纪，这些书籍仍然保存在君士坦丁堡的图书馆或私人收藏室里面。人们对这些古代作品再度产生兴趣的背后存在着一个较为实际的原因，那就是在9世纪早期，人们开始用小号字体和小写字母来创作文稿，然后把它们用线连结在一起，而不是像过去那样使用大号字体和大写字母进行创作。用传统方式制作出来的书籍作品虽然美观，但不便于携带和传播；而现在由于采用了这种新的书写方式，一张羊皮纸上就可以写更多内容，同时抄写的速度也提高了，这两个因素都促进了更多著作的出现。

传教

在6世纪查士丁尼一世与狄奥多拉派遣传教士到下努比亚地区（Lower Nubia）传教之后，拜占庭政府就没有再积极支持与推行对非基督徒进行的传教工作。但是到了米海尔三世在任的最后10年，在君士坦丁堡牧首佛提乌斯的努力下，拜占庭帝国开始疯狂地进行传教活动。在佛提乌斯的领导下，教会的发展野心、智力水平和宗教热忱必定对这场传教活动起到了至关重要的作用，但基督教与伊斯兰教之间的竞争关系同样也起到了重要的推动作用，激励拜占庭政府要把自己作为基督教统治者的影响力量扩散到其他地方。拜占庭帝国并没有通过刀剑强迫人们皈依基督教（但查理大帝就曾迫使撒克逊人这样做），相反，他们将传教工作看成一个文化过程，这方面的关键人物是君士坦丁［他作为基督教徒的名字是西里尔（Cyril）］，他的父亲是一位来自帖撒罗尼迦的高级军官，操着一口斯拉夫民族的语言。君士坦丁从小就是个神童，他来到君士坦丁堡之后，成了数学家利奥和佛提乌斯领导下的智囊团的成员之一。到9

世纪60年代早期，君士坦丁成了一位颇有经验的传教士，已经（但还没有取得成功）在可萨人和摩拉维亚人（Moravian）的朝廷中四处活动，进行传教工作。他甚至还设计了一套字母方案，可以用来记录斯拉夫语言：后世的西里尔字母就是以他的名字命名的，以示纪念。当时君士坦丁和他的兄弟麦瑟迪乌斯用这套字母系统翻译了很多重要的文本。到了864年，君士坦丁终于迎来了自己的成功，因为保加利亚统治者鲍里斯（Boris）宣布皈依基督教，虽然他的皈依实际上是迫于政治压力：当拜占庭帝国得知鲍里斯和东法兰克（大致相当于现在的德国）国王——日耳曼人路易有着密切联系，并且正在考虑通过罗马教会皈依基督教的时候，便立即派兵前往保加利亚边境地区，以此表示拜占庭政府不会容忍此事的发生。

此时，罗马各个教区和君士坦丁堡教会之间的裂痕显然已经变得越来越深，并且发展到了一个极其危险的阶段。佛提乌斯是第一位通过传教工作和积极干预的方式，成功地把正统教传播到拜占庭帝国之外的牧首。罗马教会的至高荣誉，当时已经逐渐被理解为它在普世教会中的至高无上的权威，是在与君士坦丁堡所青睐的以五大牧首为基础的议会式教会结构相对抗的过程中产生的，并且在实践中它意味着人们要接受罗马教会的统治，因为东部教会的牧首们之后被逐渐边缘化了。

第 5 章

马其顿王朝

公元 867~1056 年

许多人认为马其顿王朝代表了拜占庭帝国在中世纪发展的鼎盛时期。事实上，马其顿王朝延续了两个世纪之久，但在其统治前期，政局极为动荡，充满了各种谋权篡位，令许多帝王死于非命……

动荡且持久的王朝

　　巴西尔一世（Basil Ⅰ）创建了拜占庭历史上统治时间最长的王朝之一——马其顿王朝，从此帝国开启了军事扩张、经济繁荣和文化复兴的时代。因此，许多人认为马其顿王朝代表了拜占庭帝国在中世纪发展的鼎盛时期。事实上，马其顿王朝延续了两个世纪之久，但在其统治前期，政局极为动荡，充满了各种谋权篡位，令许多帝王死于非命。要了解其中错综复杂的内幕，就很有必要简要回顾这一时期马其顿王朝的统治情况。

　　登上王位时，巴西尔一世已经有了4个儿子，从而保证了自己的王位后继有人。不幸的是，他指定的继承人君士坦丁在879年去世了，而另一个儿子斯蒂芬（Stephen）又因身体原因也失去了继承王位的资格。剩下的两个儿子——利奥六世（Leo Ⅵ）和亚历山大——在886年一起继承了巴西尔一世的王位，但亚历山大在执政期间遭到了利奥的排挤。利奥六世被人称为"智者"，不过他的个人生活却十分混乱。在将近20年的时间内，他先后娶了三位妻子，却都未能给他带来一个可以继承王位的儿子。到了905年，他和情妇佐伊·卡波诺普瑟娜（Zoe Karbonopsina，拥有"像煤一样黑的眼睛"）终于有了自己的儿子君士坦丁七世（Constantine Ⅶ）。这时利奥六世必须把佐伊明媒正娶才可以让君士坦丁七世成为合法的王位继承人，但根据当时的教会法规，这桩婚事几乎毫无可能：因为即使第二次结婚都被人认为有损颜面，第三次结婚简直让人无地自容，要是第四次结婚，那根本就是妄想。所以当时的牧首尼古拉一世·米斯提科思（NicholasⅠ Mystikos）——尽管他曾是利奥六世的同窗好友——拒绝为他主持结婚仪式，于是利奥六世设法罢免了尼古拉一世的牧首职位，这样才最终完成了自己的心愿。

912年，利奥六世去世，之后他的兄弟亚历山大上台，但在短短的一段时间（912~913）之后也结束了统治，这时尼古拉一世得以恢复牧首职位，成为年轻皇帝君士坦丁七世的摄政大臣，并赶走了他的母亲佐伊。后来在一个被巴西尔一世提拔上来的军事贵族福卡斯家族的帮助之下，佐伊回到了王宫，以自己儿子的名义重掌大权，并一直统治到919年，此时她遭到了皇家舰队司令罗曼努斯一世·利卡潘努斯（RomanosⅠ Lekapenos）的篡权夺位。罗曼努斯一世迅速赶走佐伊，并把自己的女儿嫁给君士坦丁七世。他先是宣称自己是"巴斯勒奥帕特尔"（basileopator，皇帝的父亲），然后在920年直接称帝，还在随后几年之中把自己的3个儿子加冕为共帝。罗曼努斯一世统治长久且极为成功，这使君士坦丁七世重登皇位的希望变得非常渺茫。虽然罗曼努斯一世是否真心打算让君士坦丁七世继承王位还值得商榷，但他的亲生儿子们似乎对此持肯定态度，于是他们在944年发动了一场宫廷政变，逼迫父皇退位，不过他们自己在一年之后也被君士坦丁七世（实际统治时间为945~959年）赶下了台。君士坦丁七世虽然是一个私生子，并且在超过一代人的时间里被剥夺了统治大权，但他被称为"紫室出生者"，这表示他的血统高贵，属于马其顿王朝的正统血脉，因为他是在父皇执政期间，出生于王宫一间由紫色斑岩装饰的屋子里面（紫色是拜占庭皇帝的专用颜色）。君士坦丁七世本身没有领兵打仗，但是他在执政期间将军机事务交给了一些极为能干的将军们来管理——其中大多数人来自福卡斯家族。这样，在经历了7世纪的磨难之后，从10世纪中期开始，拜占庭历史上规模最大的军事扩张活动拉开了序幕。

君士坦丁七世的儿子罗曼努斯二世（Romanos Ⅱ，在位时间为959~963年）很顺利地继承了父亲的王位，但这样顺利的皇权过渡在拜占庭历史上只能算是个例。罗曼努斯二世在963年突然死亡——不过也有人认为他其实是被毒死的。他的遗孀就是漂亮迷人的塞奥法诺（Theophano），而这个女人又是一个"灰姑娘故事"的现实版，因为她原本只是一位客栈老板的女儿，但现在却替自己的两个儿子［巴西尔二世（Basil Ⅱ）和君士坦丁八世（Constantine Ⅷ）］摄政。后来，她的摄政大权落到了尼基弗鲁斯·福卡斯（Nikephoros Phokas，于963~969在位）——这个给拜占庭帝国带来巨大荣耀的军事指挥官的手里。塞奥法诺支持尼基弗鲁斯·福卡斯的统治，并且嫁给了他。然而好景不长，尼基弗鲁斯·福卡斯的统治因后来发生的一场政变而夭折，而他本人也在969年被一群军事贵族所谋杀，这场政变的主谋者是约翰·齐米斯西斯（John Tzimiskes），他不仅是尼基弗鲁斯·福卡斯的侄子以及以前的门生，同时也是塞奥法诺的情人。但君士坦丁堡牧首要求约翰为了皇位而牺牲塞奥法诺，于是塞奥法诺被流放，而约翰则和君士坦丁七世的女儿结了婚。不过，约翰的统治同样非常短暂，因为他在976年就去世了——据说其中也另有隐情。

现在又到了马其顿王朝的成员重新执政的时候了，这次轮到了巴西尔二世（于976~1025年在位）。虽然最初他名义上是和自己的兄弟君士坦丁共同统治，但实际上后者只是一个摆设而已。巴西尔二世在拜占庭帝国所有皇帝中是执政时间最久的，虽然他的统治也时常遭到叛乱者的有力挑战，但他最终成功地稳住了大局。在上台最初的10年里，巴西尔二世面临来自巴达斯·斯科莱鲁（Bardas Skleros）的严重威胁，此人是约翰的一个亲戚，不但起兵造反挑战巴西尔二世的统治大权，而且在最初阶段还显得非常成功。这就迫使巴西尔二世起用福卡斯家族中的一名成员（同样叫作巴达斯）来对付巴达斯·斯科莱鲁，但这两位军事首领除了相互打仗之外，有时反而会结为联盟，于是这场内战久拖不决，不但消耗了国家的大量资源，而且还使巴西尔二世面临险境：因为他不能指望军队能够继续对自己效忠。这场危机最终是以一种非常血腥的方式解决的。在988年，巴西尔二世同意把自己的妹妹安娜公主嫁给基辅的罗斯人首领弗拉基米尔（Vladimir），这样弗拉基米尔才同意皈依基督教，但对于巴西尔二世平叛战争更为重要的是，弗拉基米尔还同意派遣军队［后来被称为瓦兰吉卫队（Varangian guard）］，帮助巴西尔二世摧毁了这群军事贵族发动的叛乱。

巴西尔二世终身未娶，也没有指定自己的继承人，于是后来皇位就传给了他的弟弟君士坦丁八世。而君士坦丁八世上台的时候，家里已经有了好几个女儿，且全都待字闺中。一直到其统治末期，也就是1028年的时候，君士坦丁八世才把一个叫作佐伊的女儿嫁给了罗曼努斯三世·阿吉鲁斯（Romanos Ⅲ Argyros，于1028~1034年间在位），并让这位女婿继承了自己的皇位。

这一时期的主要历史文献——米海尔·普塞罗斯（Michael Psellos）的《编年史》（Chronographia），无疑是出自当时最有才华、最有创意的拜占庭作家之手，但书中记载的马其顿王朝最后20年的统治历史，读起来就像小说一样情节跌宕起伏。故事讲述了一名可以一手遮天的宦官，由于自己不能直接君临天下，于是就把他英俊潇洒的兄弟召进了王宫。步入中年的皇后佐伊疯狂地爱上了这位小白脸，于是她设法把自己的丈夫淹死在浴缸里，然后嫁给了这位年轻的情人米海尔四世（Michael Ⅳ，公元1034~1041年在位）。但让她意想不到的是，这位新任丈夫不但患有癫痫，而且因深感内疚而备受折磨。最后他决定主动让贤，让自己的侄子米海尔五世（Michael Ⅴ，于1041~1042年间在位）——外号"卡拉法提斯"（Kalaphates，意为"敛缝锤"）上台执政，而后者当时已经成为佐伊的养子。但米海尔五世显然高估了自己手中的权力，一上台就下令把佐伊关进了修道院，结果君士坦丁堡爆发了起义，人们包围了王宫，他们抓住米海尔五世并刺瞎了他的双眼。于是在1042年一段很短的时间内，佐伊和她的妹妹狄奥多拉得以共同执政。在此期间，佐伊嫁给了第三任丈夫——君士坦丁九世·莫诺马库斯（Constantine Ⅸ Monomachos，于1042~1055年间在位）。佐伊和莫诺马库斯共同执政，这种情况一直维持到1050年，也就是佐伊去世的时候。莫诺马库斯后来没有再娶，也没有留下子嗣。莫诺马库斯去世之后，狄奥多拉再度执掌了一年政权（1055~1056）；在她去世后，马其顿王朝宣告终结。

图5-1　索菲亚大教堂里一幅经常被人拍摄的马赛克镶嵌画，描绘的是皇后佐伊和君士坦丁九世·莫诺马库斯一起伺坐在基督旁边。但凑近仔细观察就会发现，画中三位人物的面部以及莫诺马库斯的名字都有被涂改的痕迹——可能以前画的是佐伊的某位前夫，但后来被篡改了。

领土扩张

从9世纪末到11世纪初，拜占庭帝国的领土扩张是历史文献对马其顿王朝评价较正面的主要原因之一。尽管拜占庭帝国在边境面临的敌人来自三个方向，即西边的意大利和亚得里亚海，北边的巴尔干半岛和黑海，以及东边的安纳托利亚、叙利亚和高加索地区，但它仍然成功地生存了下来。这有多方面的原因。首先是因为拜占庭帝国进行了卓有成效的行政改革，使得人口回升、经济繁荣，形势一片大好。另一个重要原因是这一切发生的时机恰好：当时威胁拜占庭安全的周边强国势力衰弱，使得拜占庭帝国可以趁机扩张自己的地盘。例如，拜占庭帝国在意大利恢复并扩大自己领土的时候，法兰克的加洛林王朝正好灭亡。当时法兰克显然没有把重心放在意大利，而那时的罗马政权和教会也双双卷入了罗马及其腹地贵族之间所发生的权力纷争之中。同样，马其顿王朝在东边的强敌是阿拔斯王朝，但它从9世纪中期起就开始分裂。代之而起的是许多地方政权，虽然名义上继续效忠于阿拔斯王朝，但实际上已经在政治上享有独立地位。这就意味着拜占庭帝国不再像前几个世纪一样，需要对付一个控制了众多资源并且组织严密的阿拉伯强国。不过，帝国北边的形势就不是那么明朗了。保加利亚已经崛起，对拜占庭帝国的领土扩张构成了巨大威胁，事实上，拜占庭后来用了一个世纪的时间才将其击垮。在帝国北面更远的地方，来自欧亚大陆的人口不断迁移过来，令当地政治形势一直动荡不安，使得拜占庭政府必须不断地调整自己的政策来应对这种复杂的局面。在那些地方，关键的问题不是扩张领土，而是消除新来的敌对势力、保卫帝国已有的领土，同时促进商业、外交和文化方面的交流。

最早的领土扩张发生在意大利。在西西里岛的阿拉伯人威胁到了拜占庭帝国在卡拉布里亚和达尔马提亚两地的利益，于是到876年的时候，拜占庭帝国灵活地选择时机把阿拉伯人和加洛林人从巴里地区（Bari）驱逐了出去。在

9世纪80年代，巴西尔派遣老尼基弗鲁斯·福卡斯（后来的拜占庭皇帝尼基弗鲁斯就是他的孙子）远征意大利，此人攻城略地所向披靡，帮助拜占庭帝国控制了卡拉布里亚的大部分地区。从9世纪80年代晚期开始，巴里被确立为郎格巴迪亚（Langobardia）瑟马塔的首府，成为拜占庭帝国管理南方地区的行政中心。拜占庭帝国是当时唯一一支可以对抗南方的阿拉伯军队的力量，这一点得到了当地所有势力——甚至包括罗马教皇的公认。

这种力量平衡直到意大利的奥托一世（Otto I）出现才被打破。奥托一世在一代人的时间里第一次把四分五裂的意大利重新统一起来。他在955年打败了马扎尔人（Magyars），成为一位出现在西方世界的强大人物。于962年在罗马加冕成为罗马帝国（后改为神圣罗马帝国）皇帝之后，这位皇帝就开始插手意大利的政治。拜占庭军队曾在964～965年间出征西西里岛，他们虽然在开始阶段取得了一些胜利，但最终还是被敌人打得落花流水。在这之后，奥托一世率军南进，征服了很多的伦巴第公国，并威胁到了拜占庭帝国在卡拉布里亚的领土安全。上述内容就是后面这件外交大事产生的历史背景：在遭受了多次拒绝之后，拜占庭帝国成功地将一名国内女子嫁给了奥托二世（Otto II），后者当时已经被提拔为共帝，与其父一起统治帝国。972年，罗马隆重地庆祝奥托二世和狄奥凡诺（Theophanu）的婚礼，虽然女方算不上身份显赫的娇贵公主，但毕竟是约翰·齐米斯西斯的侄女。次年，奥托一世去世，奥托二世继续父亲对意大利的侵略政策，但遭遇了人生中耻辱的一幕：在982年奥托二世被阿拉伯人大败，他本人也差点在这次战争中丧生。后来他的继承人奥托三世（Otto III）试图控制罗马和意大利北部，但却再也不敢打拜占庭南部地盘的主意了。相反，他与拜占庭帝国的关系相当友好。事实上，当1002年奥托三世在罗马去世之时，拜占庭帝国的一个代表团，包括公主佐伊，才刚刚抵达意大利，为即将到来的婚礼做准备。

拜占庭帝国要维持自己在意大利的统治显然代价高昂，因为它需要在亚得里亚海地区驻扎一支海军。一个解决办法就是将这个烫手的山芋交给一个与自己休戚与共的友邦，于是威尼斯作为一个理想的托付对象出现了。但威尼斯—拜占庭之间的关系也并非一直处于蜜月之中，例如在971年，约翰·齐米斯西斯就曾严厉斥责它将木材和钢铁卖给阿拉伯人建造舰船和武器的"资敌"行为。然而，到了922年，第一份（现存的）表明两个国家之间关系的文件出台了。该文件以单方受益的形式，授予威尼斯商人享有降低贸易关税以及享受行政特权等优惠待遇。作为回报，拜占庭帝国指望威尼斯能够对自己施以援手，例如帮拜占庭帝国把军队运往意大利。

虽然卡拉布里亚以及众多的希腊地区非常配合拜占庭帝国的统治，但阿普利亚——一个人口主要由拉丁语系民族组成且当地教会听命于罗马教皇的地区，经常出现反对拜占庭政府的叛乱活动。1014年，一个叫作梅洛（Melo）的伦巴第叛乱者，在攻占巴里失败之后，招募了一些诺曼人加入自己的队伍，这样就把诺曼人带上了意大利的政治舞台。虽然他们组成的联军在1018年仍然大败，但却让诺曼人意识到当时意大利的各个派系势力薄弱，正是他们在此大捞一把的绝好时机。不过拜占庭帝国并没有忘记西西里岛：因为在1025年，巴西尔二世于去世之前就已经做好准备要收复这座岛屿。事实上，拜占庭军队在11世纪30年代晚期就几乎重新夺取了西西里岛。当时拜占庭军队在英明的将军乔治·马尼克斯（George Maniakes）的带领下，势如破竹，眼看胜利在望，但拜占庭朝廷却由于担心乔治·马尼克斯功高震主而下令将其召回。梅洛的儿子阿吉鲁斯战败之后逃到了意大利。在1042年，他得到了伦巴第人和诺曼人的支持，而诺曼人自1029年之后就已经在阿韦尔萨（Aversa）建立了自己的永久基地。于是拜占庭政府再度派遣乔治·马尼克斯到意大利，准备使用武力镇压当地起义——但在1043年，眼看马尼克斯就要取得成功之际，拜占庭朝廷又把他召唤回去（这件事情促使他想阵前倒戈，讨伐拜占庭皇帝，但没有成功）。这时阿吉鲁斯改旗易帜，投入拜占庭帝国的怀抱，被任命为意大利军区将军，但这已经无法抑制诺曼人的扩张势头了。到了11世纪中叶，诺曼人对意大利部分地区的统治地位已经得到了德国皇帝的认可。罗马教皇认为只有拜占庭帝国才能遏制诺曼人的疯狂扩张，于是派出一群身份显赫的使者到君士坦丁堡去游说此事，但没有得到任何结果（后文将继续讲述）。

在北部边境，保加利亚人虽然皈依了基督教，但这并没有阻止他们继续侵袭拜占庭帝国，特别是当这一时期最强悍、最有野心的西蒙（Symeon）成为他们的首领之后，情况更是如此。西蒙原本是在君士坦丁堡长大的一名人质，并被拜占庭朝廷视为未来的盟友。但是，早在894年，他就开始侵略色雷斯和马其顿地区。当时拜占庭人向马扎尔人求助，而保加利亚人则向佩切涅格人（Pechenegs）请求支援，但最终还是保加利亚人赢得了这场战争。直到927年西蒙去世之前，保加利亚人经常成功地侵入拜占庭帝国的领土，甚至在913年以及10世纪20年代，他们直接对君士坦丁堡构成了威胁，导致拜占庭帝国和保加利亚人签订了很多和平协议，并答应给他们提供大量贡品。总之，西蒙取得了令人瞩目的成就。例如，他仿照君士坦丁堡修建了首都普雷斯拉夫（Preslav）；在913年迫使牧首尼古拉一世在君士坦丁堡城墙之外将他加冕为沙皇（皇帝）；还进一步要求拜占庭政府认可他的这一封号。西蒙支持教会在自己的领土上发展，坚持让当地人做神职人员，甚至筹划要把自己的女儿嫁给拜占庭帝国年轻的储君——君士坦丁七世，但是这个联姻愿望最终未能实现。927年，西蒙的儿子彼得登基继位，他随后就对拜占庭帝国发动了一场大规模战争。等到彼得最终撤军的时候，已经取得了比自己父亲生前更宏伟的功绩：他在普雷斯拉夫成功地设置了牧首的教职，获得了数量可观的进贡，并娶了当时在位的拜占庭皇帝罗曼努斯一世的外孙女。于是，在彼得整个执政期间（927~967），拜占庭和保加利亚的边境地带始终保持着和平状态。

然而拜占庭帝国在随后几十年间取得了一些胜利（见后文），它的信心开始膨胀，于是希望改写自己与保加利亚之间的关系。另一个重要的原因是此时拜占庭帝国与罗斯人建立了联盟，而拜占庭在这一地区的主要盟友可萨人，已经从8世纪时那种值得信任的伙伴变成了拜占庭帝国在9世纪末和10世纪时的头号大敌。可萨人中的精英分子在9世纪60年代皈依犹太教，这似乎标志着两国关系进入了一个分水岭。然而，拜占庭与罗斯人之间关系的发展并不总是积极正面的，例如罗斯人早在9世纪60年代就曾袭击拜占庭帝国；后来在10世纪早期，两国还签订了一系列商业条约；在957年对罗斯首领的遗孀奥尔加（Olga）进行洗礼……因此，当尼基弗鲁斯·福卡斯在966年决定停止向保加利亚进贡时，他就大肆怂恿斯维亚托斯拉夫（Svyatoslav）率领一群基辅罗斯人于次年攻打保加利亚。但事与愿违，因为这群罗斯人带着一对盟友——马扎尔人和佩切涅格人——重返此地时，他们其实已暗中决定要把保加利亚占为己有。在尼基弗鲁斯·福卡斯的继承者——约翰·齐米斯西斯执政期间，罗斯人第一次被击退到了哈伊莫斯山脉以北。后来在971年，约翰·齐米斯西斯率领拜占庭大军攻占了普雷斯拉夫，并击败了斯维亚托斯拉夫，然后才宣布双方停战。于是保加利亚的大片领土被并入了拜占庭帝国，其主教管区的地位也被剥夺，降为隶属于君士坦丁堡管辖之下的一个大城市。但在约翰·齐米斯西斯去世之后，保加利亚国内爆发了一场叛乱，其首领是来自今天索非亚地区的一位高官的四个儿子。在四兄弟中，最终萨穆埃尔（Samuel）胜出。由于他在保加利亚的权势渐增，于是巴西尔二世派兵征讨他，结果失败了。

但不管怎样，安娜公主和弗拉基米尔的联姻，加上后者在989年皈依基督教，使得拜占庭和罗斯人之间的关系在长达两代人的时间里保持了稳定态势。后来，罗斯人在拜占庭海军的支持下消灭了可萨人建立的政权。然而，拜占庭北部边境就远非一片和平景象了。早在10世纪90年代，保加利亚人就在军事上取得了一连串的胜利，并朝着拜占庭帝国的南部挺进，这种发展趋势直到997年才得到遏制。于是萨穆埃尔信心满满，并自封为保加利亚人的皇帝。拜占庭帝国和保加利亚人最后的冲突发生在11世纪早期。在1001~1005年间，在确保了帝国东部边境的和平之后，巴西尔二世对保加利亚发动了一系列攻势，夺取了其东部地区，并调整了它的军事组织和行政机构。但在经历了10年的休战之后，拜占庭帝国和保加利亚之间最后的决战在1014年拉开了帷幕，结果保加利亚军队在克雷迪昂（Kleidion，位于今天的北马其顿共和国）被击溃。据说巴西尔二世命令手下刺瞎了1.5万名保加利亚俘虏的双眼，但在每一百名俘虏中留下一人仅刺瞎一只眼睛，这样好让他把其他99名盲人带回家。看见这支归来的盲人大军，萨穆埃尔吓得心脏病突发，倒地而亡。据说保加利亚人并没有因此而屈服，而是在接下来的4年中继续英勇反抗拜占庭帝国的统治。不过，我们对此有一个疑问：难道他们完全抛开照顾如此庞大的盲人队伍所需的资源而不管不顾吗？因此，我们对上述说法应当持谨慎态度。不过，这个传说还是足以让巴西尔二世在历史上污痕万年，他被人们称为"保加利亚屠夫"。这场战役之后，保加利亚又一次并入了拜占庭帝国的版图，不过它的领土被划分成瑟马塔，并且领域内的和平只能靠驻扎军队才能维持。此外，它以前属于牧首教区的地位也被收回，并降级到隶属于奥赫里德（Ohrid）教区。

即使这样，和平也没能维持多久：从11世纪20年代晚期到1036年，佩切涅格人在北部边境发动了一系列袭击，一路抢劫掠夺，直到帖撒罗尼迦地区。面对这种严峻的形势，拜占庭帝国只能支付贡金，并放弃那些最易遭受袭击的地区，还把这些地方的人口迁移到防守严密的城市里面，这样一来，多瑙河和巴尔干山脉之间就变成了无人区。在遭受了一连串惨痛的军事失利之后，拜占庭在1050年签订了一份为期30年的和平协议，允许佩切涅格人居住在多瑙河和巴尔干山脉之间的地区。

在东部战线，拜占庭帝国通过扩张战争，把阿拉伯哈里发在几个世纪前占领的领土又夺了回来。但领土的失而复得并非一朝之功：其实早在巴西尔一世统治期间，拜占庭帝国就在自己和阿拉伯政权交界的地方夺取了很多属于保罗教派的堡垒据点。这些据点在9世纪70年代早期被摧毁，里面的大量俘虏被迁移到了巴尔干半岛。到了900年，拜占庭军队在西里西亚地区赢得了一些胜利，并成功地巩固了亚美尼亚部分地区和拜占庭帝国之间的联盟关系。但这一时期拜占庭帝国也遭受了一些严重的挫折，例如在904年，一支阿拉伯舰队攻陷了帖撒罗尼迦。此外，在911年，拜占庭帝国派遣自己的海军远征，前去解放克里特岛，结果被对方打败。到了927年，当巴尔干半岛实现和平的时候，拜占庭帝国得以把主要精力投入东部地区，并取得了初步成效。在30年代，拜占庭军团先是小心谨慎地进行试探，但是到了40~60年代期间则态度坚决地侵入叙利亚，并将战场向前推进到了美索不达米亚。阿勒颇（Aleppo）和摩苏尔（Mosul）之间有一片领土处于哈姆达尼布族（Hamdanids）的统治之下，该部族对拜占庭军团的进攻进行了顽强的抵抗，并取得了一些胜利。但总体而言，拜占庭帝国领土扩张的趋势并没有因此而停滞。尼基弗鲁斯·福卡斯几经失败之后，终于在961年攻占了克里特岛。次年他占领了阿达纳（Adana）、塔索斯和塞浦路斯，后来又征服了尼西比斯（Nisibis）和达拉。更引人注目的是，拜占庭军队在969年攻占了被阿拉伯人统治了三个多世纪的安提阿。约翰·齐米斯西斯继续往南推进到安提阿南部。在去世之前，他已经做好了攻打耶路撒冷的准备。巴西尔二世加强了对这些占领土地的控制，他还通过频繁与法蒂玛王朝（Fatimids）签订和平条约的方式（分别于1001年、1011年以及1023年），成功地加快了位于叙利亚的哈姆达尼布族的灭亡进程，因为那时哈姆达尼布族是拜占庭帝国和法蒂玛王朝共同的敌人。他在高加索地区尤其成功，在11世纪前20年的时间里，他通过同时采取外交和军事两种手段巩固了拜占庭帝国在格鲁吉亚和亚美尼亚部分地区的统治。1045年，巴格拉图尼王国（Bagratuni kingdom）的首都阿尼（Ani）宣布投降，这一事件具有重要历史意义，因为它意味着：到11世纪50年代，亚美尼亚的绝大部分地区都并入了拜占庭帝国的版图。此外，拜占庭帝国在11世纪最初的几十年里，在叙利亚的军事行动也取得了一些胜利。尤其是1032年，拜占庭占领了埃德萨；同年，与叙利亚的法蒂玛王朝签订了为期10年的停战协议，但该协议只维持到了1036年。实际上，拜占庭帝国在东部边境的危险来自塞尔柱人，他们是一个来自草原地区的突厥部族，在11世纪40年代出现在历史舞台上，并对亚美尼亚边境构成威胁。虽然当时他们被拜占庭军队击退，但在下一代人中，他们会强势回归，并永远改变了拜占庭的边境地区。

土地与商业

历史文献中有充分的证据表明，这一时期拜占庭的人口处于扩张状态。例如，在农村地区，对挖掘出来的花粉进行的研究表明，在850年之后，由于开发土地用于农业生产而导致森林面积有所减少。在希腊和土耳其几个地区进行的考古调查也发现，先是村庄，后来是小村落，它们在这一时期不断增加，同时很多城市中心也扩展了规模。君士坦丁堡在这方面的表现最为突出，它的人口不断增长，到12世纪的时候，君士坦丁堡的人口规模已经和发生瘟疫之前的人口水平大致相当。例如，城中的引水渠在11世纪最初的几十年里曾进行了两次修复，这表明依赖城市基础设施生活的人口变得越来越多。

人口的增长加上国家安全的加强，为经济的增长奠定了基础。例如，拜占庭帝国在961年从阿拉伯人手中夺回了克里特岛，这对希腊和安纳托利亚南部沿海居民的生活产生了积极影响，而这些地区过去由于海盗频繁侵扰而无法供人居住。此外，在这一时期，一些重要的地方逐渐被并入了拜占庭帝国的版图，帝国的瑟马塔数量从775年的11个增加到了867年的22个（虽然面积有所减少），而到了10世纪后期，这个数字则飙升到了40个。拜占庭帝国现在可以获得更多的农业生产和赋税收入，特别是因为它保留了新征服地区最有生产力的土地，并将它们划归为皇室土地，直接接受朝廷的管理。此外，有证据表明，城市贸易和制造业在11世纪初期进入了繁荣阶段。在希腊，雅典、底比斯（Thebes）和科林斯等城市都即将成为重要的丝绸工业中心。来自阿马尔菲（Amalfi）和威尼斯的意大利商人充当了连接东西方贸易的中间人，他们在君士坦丁堡和特拉比松购买商品，还与埃及以及北非建立了直接的联系。威尼斯商人将推动拜占庭地区之间的长途贸易，他们将昂贵的克里特奶酪进口到君士坦丁堡，同时还将令人垂涎的拜占庭丝绸出口到西方世界。罗斯人还与拜占庭人直接交易，他们利用连接拜占庭帝国远北边境和黑海地区的河道系统，出口皮草和奴隶。而拜占庭商人虽然同样参与贸易，但他们的活动范围较小，因而进行的交易更具地方性和区域性。

《市政官手册》（*Book of the Eparch*）一书出现于912年，其内容很特别，其中包括对君士坦丁堡的一些重要行会进行管理的规章制度，涉及食品杂货商、面包师和货币兑换商。书中明确规定，国家要对重要商品和服务的生产销售进行监督管理，并限定了最大利润幅度。书中还对丝绸纺织品特别进行强调，指出其中的某些种类严禁出口，不过也有证据表明它们偶尔也会被人设法偷运出国。总体而言，政府在拜占庭经济中发挥了决定性作用，但其中贸易活动肯定也产生了一定的推动作用。

大致说来，在此之前拜占庭帝国的社会矛盾表现为：太多的土地集中在太少的人手中（由于瘟疫横行以及政局不稳而导致人口出逃）。与之相比，现在情况正好相反：由于人力资源丰富，现在的关键问题是如何获取（更多的）土地。拜占庭政府需要筹集资金来养活军队、进行基础设施建设、发放官员的俸禄，以及维持昂贵的外交活动。因此，它需要人们按时足额地纳税，特别是要保证占人口占绝大多数、生活在乡下的农民能够缴纳税款。但是，拜占庭帝国在处理税款方面存在利益竞争，例如政府发现帝国的精英阶层就和自己作对。政府和社会精英之间的矛盾本来并不新鲜，但它们的冲突关系在10世纪变得非常尖锐。我们对此的了解主要是来自马其顿王朝的帝王们颁发的一些新法汇编，他们出台这些新法的目的似乎只有一个，那就是对付势力庞大的贵族集团。当时突发的一场自然灾害变成了导火索：927年年末，在经历了一个特别严酷的冬天（据说地面被冰雪冻结了100多天）之后，帝国暴发了一场严重的饥荒，大批人口为了活命，被迫只能选择低价出售自己拥有的土地。于是新法中把那些在如此恶劣条件下还有能力购买土地的人单独列举出来，其中包括元老院成员、瑟马塔官员、文武高官、主教、修道院院长以及其他一些精英人士。罗曼努斯一世在934年制定的第一部新法规定：所有从受灾人口手里购买土地的人们，将会被政府从这些土地所在的村落里赶走，并且他们不会得到任何补偿，除非他们在购买土地时支付了合理的对价。为了防止这种情况再次发生，外来者被禁止在村庄社区购买土地：如果有人需要出售或出租土地，那么他所在的社区享有优先购买权。后来的拜占庭皇帝，如君士坦丁七世和尼基弗鲁斯·福卡斯等人，都继续实行这样的新法。此外，君士坦丁七世还加入了一条新的规定：如果农民是在受到胁迫或其他不利条件下变卖了自己的土地，那他有权在未来40年内收回这份土地。而巴西尔二世推出的严厉措施则让这条规定达到了高潮（和终结）阶段：他取消了新法之中的时间限制，规定在928年暴发饥荒之后，凡在农村地区购买的土地都必须物归原主，并且买主得不到任何补偿。巴西尔二世采取的这些严厉的制裁措施，自然是同他与强大的军事家族——福卡斯和斯科莱鲁——之间长达10年之久的内战有关，不过他最终在这场较量中取胜，并没收了这两家军事贵族的所有财产。

在所有这些新法的条款规定中，皇帝都表现为穷人与弱者的拥护者和保护人，这无疑是拜占庭帝国的一个重要美德。但这不仅仅是一种道德态度。因为乡村社区代表国家的基本财政单位，它是计算并收集税收的基础所在。在各种各样的乡村社区中，居住着那些拥有军事土地的人，即他们现在继承的土地与兵役有关。在10世纪的某个时候，服兵役的义务从登记在册的土地所有人身上转移到了土地上面。这对国家产生了非常积极的影响。因为兵役逐步实现财政化，或者说就是把服兵役转化为交纳现金，意味着国家可以用这些财富来招募职业军人并支付费用给他们。虽然这一时期拜占庭军队的主体还是出身于农民，但可以肯定的是，拜占庭帝国在发动重要的攻击战时不会派他们上战场。相反，这些士兵主要用于防御性作战（从7世纪开始就这样）、发动突袭或参加小规模战斗，而包括雇佣军在内的职业军人主要用于进行激战和围攻。所以，势力庞大的贵族们由于把土地从乡村社区中抽离出去，势必会影响到政府征收财政和提供服务的功能。此外，之所以会发生这种情况，是因为那些强大的贵族精英们还拥有游说能力，他们可以凭此获得纳税豁免权，并享有其他一些特权。反大贵族的立法经过两代人的努力才最终出台，这一事实本身就表明要强制实行这条法令并不容易。一是这些大贵族可以找到方法规避法令；二是拜占庭帝国并没有大面积暂停给他们提供的特权和豁免待遇，而正是这些优惠政策才使他们变成了国家的威胁。因为拜占庭政府一方面没收了土地，另一方面又慷慨地把土地赐予那些重要的官员和机构组织。

这样做所造成的最终结果就是军事贵族必然会崛起。例如，福卡斯家族，在巴西尔一世统治期间就炙手可热。经过几代人的发展之后，其中一个家族成员甚至直接成为拜占庭皇帝。从9世纪后期起，这个家族变得更加显赫：该家族姓氏在文献和铅封（用于证明和验证文件）中的出现和广泛使用，证明贵族之间的关系与联络得到了加强巩固，并且社会越来越重视家族血统的影响作用。但马其顿王朝的历任皇帝对这种新兴的社会力量持模棱两可的态度。一方面，他们需要有能力的军事指挥官，但另一方面，这些贵族在军事上取得的成功，很多时候会与他们霸占的大量土地和强大势力结合在一起，从而导致他们敢于挑战皇权，争夺皇位。因此拜占庭会产生（有时又会尽力铲除）贵族家族；同时拜占庭政府也喜欢在贵族之间挑拨离间、制造分裂，如亚美尼亚-帕夫拉戈尼亚军区指挥官们（如斯科莱鲁）和卡帕多西亚贵族（如福卡斯）之间的尖锐矛盾就是这方面的典型例子。然而，两个贵族家族之间也有通婚现象（例如，奥托二世与狄奥凡诺的婚姻就是福卡斯家族和斯科莱鲁家族之间联姻的结果），甚至有时两个原本敌对的贵族家族会联起手来，共同对抗拜占庭朝廷，例如巴达斯·福卡斯家族和巴达斯·斯科莱鲁家族就曾经抱成一团，一起对抗巴西尔二世。这些军事贵族不是独立的军阀，他们是拜占庭帝国的军官，其权力主要来自他们所担任的职位。了解一下拜占庭帝国司空见惯的贵族叛乱就能明确一点：如果贵族在叛乱时指挥的是帝国的军队而不是自己的家丁，那这种形势是最为危急的。这一时期拜占庭军队中越来越多地出现了雇佣军的身影，其中大多数雇佣军士兵来自帝国的西部和北部。例如，维京人在拜占庭军队服役不但开阔了眼界、增长了见识，而且成就了他们的野心，这方面的典型例子是哈拉尔·哈德拉迪（Harald Hardradi），他跟随乔治·马尼克斯在西西里岛以及拜占庭帝国的东部地区进行征战，后来则成为挪威国王。

图5-2　雕刻着奥托二世和狄奥凡诺进行加冕画面的象牙牌匾，创作于982～983年。该图精仿拜占庭帝国的象牙雕饰。

皇帝、牧首和教皇

这一时期，皇帝与教会之间的关系虽然没有以前那么戏剧化，但特点是后者一直试图努力打破皇权对自己的严密控制。一些教会领袖在这方面表现得特别坚定，其中尤其以佛提乌斯为代表。他虽然在867年遭到罢免，但很快又重新获得了拜占庭皇帝的青睐：先是被召回朝廷给两位年轻的王子授课，后来在877年被重新起用为君士坦丁堡牧首，在那之后，他对巴西尔一世最后几年的统治产生了强烈影响。他在意识形态方面对巴西尔一世进行了完整的包装和详细的宣传，把他描绘成新时代的大卫、君士坦丁或查士丁尼，而实际上却以巧妙的方式对皇权进行了一些限制和削弱。例如，在885/886年，佛提乌斯在新颁布的一本法律汇编的前言中，特别强调了牧首在基督教中的地位。当利奥六世在886年上台之后，他再次罢免了佛提乌斯。后来这位拜占庭皇帝准备结第四次婚，却遭到牧首尼古拉一世·米斯提科思的激烈反对，于是他也将其牧首的职位罢免了。皇帝垄断了合法使用暴力的权力，并能立即对教会事务产生影响，但这并不意味着他们在做任何事情时都可以随心所欲。例如，当尼基弗鲁斯·福卡斯要求将阵亡士兵追封为教会烈士时，就遭到了牧首波里尤克托斯（Polyeuktos）的坚定回绝，后来这件事情也就搁置一旁，再也没有被提上议程。从长远来看，教会作为一个机构组织，具有与政府抗衡的能力。

罗马教会与君士坦丁堡教会相互开除对方教籍的闹剧，既标志着这场对抗的产生，也标志着这场对抗的结束。在佛提乌斯担任牧首期间，罗马教会与君士坦丁堡教会之间的裂隙得到了一定程度的修补，但他们之间的分歧和对抗仍然存在。造成他们之间的矛盾在11世纪50年代再次达到高潮的唯一原因，可能是教皇体系在10~11世纪早期的较长时期里一直处于衰落状态。在挺过这次教会危机后，教皇开始怀着锐意进取的精神进行教会改革，而最初的改革出现在位于勃艮第地区的克吕尼修道院（Abbey of Cluny）。这场宗教改革的目的是要回归到一个更纯净的教会，免于神职人员结婚以及其他污染，强调进行礼拜仪式和慈善行为，但最重要的是教会事务应当享有不受地方统治者或主教干涉的自由——而这些只是克吕尼改革思想的部分内容。教皇利奥九世（Leo IX，1049～1055年在位）成为教皇改革中的第一位代表人物。利奥九世和他的谋士们特别强调罗马教会的首要地位，坚决主张教皇高于其他所有主教，最重要的是，教皇地位也高于世俗领袖（皇帝）。在这样的思想指导下，罗马教会与君士坦丁堡教会之间不可避免地会发生矛盾冲突。实际冲突发生在1054年，当时在教皇改革的主要支持者之一 ——红衣主教洪贝尔（Humbert）的带领之下，一个教皇代表团（其真正使命是为了抵御诺曼人而与拜占庭帝国商议联盟）来到君士坦丁堡，把这些新鲜的想法展露在世人面前。教皇代表团遭到了极有声望的牧首米海尔·凯鲁拉里乌斯（Michael Keroularios）的激烈斥责，他特别反感在意大利南部采用罗马天主教的礼拜仪式，因为这些地区不久之前还一直处在拜占庭帝国的统治之下。两大教会对他们之间的分歧进行了辩论，包括"和子句"、在礼仪中使用无酵面包（拜占庭人认为这是犹太教的残余影响在起作用），以及神职人员保持独身，但双方都没有妥协，并且米海尔·凯鲁拉里乌斯似乎是在故意激怒对方，从而挑起了这场争端。结果发展为罗马教会和君士坦丁堡教会相互开除对方教籍。不过这在当时根本算不上新闻——本书前文已经介绍过这样的先例——但从长远来看，1054年发生的这场分歧在两大教会之间留下了明显的裂痕。只有到了1964年之后，罗马教会和君士坦丁堡教会才决定不再相互开除对方教籍。

"拜占庭联邦"

圣像破坏运动结束的时候，拜占庭经济形势出现好转。当时拜占庭政府以及一些精英人士把增加的收入都用于修建工程以及进行艺术创造。巴西尔一世统治时期出现了众多建筑，它们主要集中在首都里面。巴西尔一世不但对君士坦丁堡城内的地标性建筑进行维修和装饰（如索菲亚大教堂和圣徒教堂），还对大量现存的建筑进行修缮，此外还新建了许多教堂和修道院。"新"是这里的关键词，因为它可以用来形容巴西尔一世修建的那座奢华的、具有5个圆顶的新教堂，以及他新建的一座修道院，后来里面埋葬了很多他的家族成员。此外，使用"新"这个形容词是为了重点强调巴西尔一世在圣像破坏运动结束之后开创了一个新的统治时代。

在整个马其顿时期，帝国建筑成为纪念性建筑的趋势一直持续着，在君士坦丁堡出现了大量的修道院结构，如罗曼努斯一世修建的东正教米雷莱恩教堂

图5-3　具有浓烈古典风格的《巴黎诗篇》（*Paris Psalter*）中的微缩画（来自君士坦丁堡，创作于10世纪下半叶），图像显示大卫被智慧和先知的两位化身簇拥着。

（Myrelaion）、罗曼努斯三世修建的佩瑞博勒普陀斯修道院（Peribleptos），以及君士坦丁九世修建的曼加纳修道院（Mangana）。虽然这些修道院大多数都没有保存下来，但我们从文献资料中获悉，它们都是这些拜占庭帝国皇帝在原有建筑的基础上进行扩大和改建而形成的。这些修道院的主要教堂都是采用圆穹为顶、等边交叉的建筑形式，这种风格自当时出现之后，一直到拜占庭帝国灭亡之前，都是拜占庭的主要建筑风格。教堂装饰逐渐形成了一种普遍特征，即教堂圆顶正中刻画的是基督形象、拱点上是圣母玛利亚的画像，而教堂中殿的墙壁上则挂满了反映基督生平与追求的图像和各个圣徒的图像。这一时期在拜占庭帝国的其他地方也新修了一些教堂，它们保存至今。其中一些最重要的教堂位于希腊［如雅典的达夫尼教堂（Daphni）、维奥蒂亚（Boetia）的俄西俄斯罗卡斯修道院（Hosios Loukas）、希俄斯岛（Chios）的新修道院（Nea Moni on Chios），或者帖撒罗尼迦的帕纳伊亚·洽尔科恩教堂（Panagia Chalkeon）］。对教堂进行奢华装饰的习俗可以追溯到古代晚期，而拜占庭在这一时期社会经济的繁荣昌盛又导致设计者们在装饰教堂时经常夸张地大量使用精美的图像和艳丽的颜色。在这一时期更多的私人艺术品也表现出同样的装饰风格，如10世纪的许多著名手稿和当时的象牙作品，上面就雕刻着古典样式的人物和图案主题。

上面提到的许多教堂其实只是修道院的部分建筑。这一时期的建筑发展是最引人注目、同时影响也是最为持久的，当时举国上下都是新建的修道院。这些修道院成为拜占庭政府和帝国精英阶层最主要的投资对象，并且它们可以带来双重好处：修道院中的修士或修女们既可以接收送给穷人的慈善捐赠，又可以受托举行悼念寺院创始人的礼拜仪式。这些修道院数量增长如此之快，以至于尼基弗鲁斯·福卡斯在964年颁布新法，禁止建立或捐赠新的修道院（他将其视为一种满足虚荣心的行为）。相反，他敦促那些想做善事的人们设法帮助现有的寺院，特别是那些处境艰难的古老寺院。但尼基弗鲁斯并不是一概反对修建任何修道院设施，例如在同样的新法当中，他特别表扬了一种寺院社区结构，即拉瓦莱修道院（Lavra），这种修道院建在十分偏僻的地方，里面住的是苦行修士。尼基弗鲁斯其实是把钱投给了自己心仪的地方：他给自己的朋友以及精神导师亚他那修提供了大量资助，帮助他在离帖撒罗尼迦不远的偏僻地方——阿陀斯（Athos）半岛上修建了第一座重要的修道院。亚他那修修建的拉瓦莱在阿陀斯山上形成了第一个修道院社区，后来发展到包括二十几座重要的修道院以及数千名修士的规模，并在拜占庭帝国存在的最后几个世纪之中成为当时人们宗教生活的主导力量。

马其顿王朝时期的另一个重要文化表现是在皇室支持下，大量的文献资料被编纂和创作出来。这些作品都是在对以前资料进行整理汇编的基础上形成的，但它们的共同之处也就到此为止了。其中一些作品仅仅是复制了以前的内容，但另外一些作品则在以前内容的基础上进行了积极的编辑工作（通常是为了获得更精美的文体风格）。拜占庭帝国似乎要对各种知识领域的成果进行整理分析，例如这一时期出现了很多关于医药和农业的百科全书、大量关于圣徒生活和诗歌的收藏文集，还有难以归类的记载重要通识的大型词典——《苏达辞书》（*Souda*），以及关于军事策略的一些作品。拜占庭帝国重要的文化项目中还包括将查士丁尼一世出台的法律文件翻译成60卷的希腊文本——《巴西尔法律全书》（*Basilika*）、关于皇室庆典活动的文书资料、关于拜占庭帝国周边民族以及如何对其进行管理的论述作品——《帝国行政论》（*De Administrando Imperio*）。10世纪出现的原创文学相对较少，但是编撰工作本身（通过某种标准把资料集中到一起，从而产生一种统一意义的行为）不应被简单地视为只是一种具有从属性质的低劣劳动。今天我们拥有无数的信息资源、大量的参考书目和编译作品，也许更应当感谢当时拜占庭帝国在这方面做出的不懈努力。但拜占庭帝国的这场文化复兴还表现在另一个重要方面，那就是今天大部分现存的希腊作品都是来源于10世纪的手抄本。虽然拜占庭人显然用自己的审美，甚至还夹杂着政治观点对希腊文学进行选择性的保存工作，但没有他们当初的这番努力，今天我们能够看到的很多作品就不可能流传下来。保存作品并不总是意味着要对它们进行批判性的评价，虽然最早的拜占庭思想家们的确是这样做的。例如米海尔·普塞罗斯于11世纪40年代之后，在马其顿王朝后期的朝廷中起到了重要作用，显然他就是这方面最独特的文化人物之一，关于他的事迹我们在后面的章节中还要继续讨论。

这场文化复兴由不同的内容组成：在圣像破坏运动中创作的长篇文集、巴达斯统治时期君士坦丁堡城内教育的恢复，此外还包括马其顿皇帝们特意强调正是圣像破坏运动时期，以及这时期的君王们对文化事业的压迫限制，从而把拜占庭帝国带入了一个黑暗时代，并暗示通过马其顿王朝的努力，拜占庭民众从黑暗中被解放出来。另外，我们很难想象加洛林文艺复兴——其中出现了众多的学校和大量学者，创作了许多精美的手稿，发掘出了很多古典作品——对拜占庭帝国没有产生深刻影响（这一点很难证明）。或许马其顿文化复兴的一个作用是向他们自己以及其他国家表明：拜占庭作为一个充满自信的新帝国，有能力挑战西方世界在文化成就方面的核心内容。

从精神层面上看，情况确实如此。据说米海尔三世曾经称拉丁语为野蛮人的语言，于是教皇尼古拉一世取笑他说，既然拉丁人和罗马人差不多，那拜占庭人不说罗马语言，却自称为罗马人的做法实在是荒谬绝伦。显然，在拜占庭人看来，谁有权称自己为罗马帝国的居民还尚没有定论。此外，拜占庭帝国东西两边的态度显然变得越来越强硬。这方面的关键证据来自一份关于奥托王朝派人出使尼基弗鲁斯·福卡斯而遭遇失败的记录资料，它是由资深的外交官、克雷莫纳的利乌特普兰德（Liudprand of Cremona）创作的。当然叙事口吻是带有偏见的，但我们读到其中关于奥托究竟应当算一位国王还是皇帝的激烈争辩，以及利乌特普兰德不假思索地认定奥托的朝廷浅陋无知，并批评希腊人（他这样称呼奥托王朝的人们）背信弃义、欺软怕硬的时候，可以明显感觉出拜占庭帝国和奥托王朝之间的紧张关系。这种敌意促使两位帝国首领都希望通过宗教皈依的方式来扩大自己的势力范围。马其顿皇帝的努力集中在马扎尔人和罗斯人身上。但马扎尔人，连同东方的波兰人和北方的丹麦人都被奥托王朝所吸引，从而接受罗马教会作为自己的精神家园。不过在另一方面，拜占庭帝国还是成功地使罗斯人皈依了自己的宗教。这是被称为"拜占庭联邦"的开始，东欧的一些国家认为君士坦丁堡代表了他们的政治和文化理想，但这种精神上的认可并没有阻止他们攻击拜占庭帝国。

第6章

短暂的繁盛
公元 1056~1204 年

到了 11 世纪 90 年代，拜占庭帝国的发展形势逐渐好转：首先是巴尔干半岛的局势得以稳定；其次，无论是埃及的塞尔柱王朝还是法蒂玛王朝都出现了王位继承纷争，这就意味着帝国东部边境的形势不是那么紧迫了……

军事贵族

狄奥多拉选择的继承人是年长的米海尔六世（Michael Ⅵ），但后者几乎没有真正统治过帝国，因为他一上台就面临安纳托利亚军区的叛乱。这场叛乱的领导者是来自帕夫拉戈尼亚的军事贵族伊萨克·科穆宁（Isaac Komnenos），他后来在1057年加冕称帝。伊萨克出身于一个小贵族世家，他的家族由于在遏制福卡斯、斯科莱鲁以及其他一些强大家族的势力时，曾经有所建树而得到了巴西尔二世的青睐。他执政期虽然非常短暂（1057～1059），但是却标志着君士坦丁堡城内精英家族一统天下的局面（大致始于1028年，佐伊的第一任丈夫罗曼努斯三世统治时期）开始被来自地方行省的军事贵族集团打破。并且直到拜占庭帝国灭亡之前，地方行省的军事贵族将一直把控着拜占庭帝国的朝野大权。为了驾驭拜占庭朝廷的复杂局势，伊萨克不得不倚重两个重要人物，即君士坦丁堡牧首米海尔·凯鲁拉里乌斯和一位高级文官米海尔·普塞罗斯。伊萨克虽然采取了不少军事行动，但由于触动了太多贵族的利益，最终导致自己的垮台。当时是米海尔·普塞罗斯劝他主动退位，然后住进了斯道迪欧斯修道院（Stoudios），这样就把皇位让给了新的掌权者——来自帕夫拉戈尼亚地区的杜卡斯家族（Doukas）。于是在1059年，君士坦丁十世·杜卡斯（Constantine X Doukas）登基成为拜占庭皇帝，并把自己的弟弟约翰提拔为帝国的新恺撒。君士坦丁十世废弃了伊萨克统治时期采用的反贵族政策，相反，他采取了一些措施来获取君士坦丁堡贵族们的支持。但在拜占庭帝国周边地区，显然当时的政治力量正在发生重大的重组变化，例如塞尔柱人当时在安纳托利亚已经成为巴格达的主人，并开始征服拜占庭的核心地区，他们瞄准的目标是安纳托利亚的西南部和亚美尼亚地区，要么是自己直接发动进攻，要么是通过他们（或多或少）所控制的土耳其军阀进行侵袭。对于在意大利的诺曼人，教皇由于无力阻止他们的进攻，已经认可了他们对侵占土地的所有权。这些诺曼人在1059年之后开始派军征服南部地区，其中卡拉布里亚在1060年陷落，从而打开了从阿普利亚到北方以及从西西里岛到南方的通道。罗杰一世（Roger Ⅰ）和罗伯特·圭斯卡德（Robert Guiscard）两兄弟是这场征服战争的领导者。并且就在同一时期，巴尔干半岛不断遭到佩切涅格人的袭击。

君士坦丁十世在1067年去世，由于子女尚幼，导致拜占庭皇位的继承出现了危机。他的遗孀欧多西亚·玛克勒姆玻利提萨（Eudokia Makrembolitissa），是牧首米海尔·凯鲁拉里乌斯的侄女，当时被迫发誓不再嫁人，以此保证皇位可以传给其儿子米海尔。但不久之后，她就违背誓言嫁给了罗曼努斯四世·戴奥真尼斯（Romanos Ⅳ Diogenes），此人不但身世显赫，而且还是一位重要的军事指挥官，因此自然荣登大位。罗曼努斯四世很快就意识到，以拜占庭军队目前的状态，根本不可能同时在两条战线上作战。因为当时拜占庭军队主要由雇佣军组成，而常规部队已经被忽视了一代人之久——这是10世纪和11世纪早期频繁爆发的内战和进攻战所致。拜占庭帝国在军事上优先考虑的对象是安纳托利亚，这当然是因为它是皇帝以及很多保皇党人的家乡。然而这样一来，拜占庭帝国就没有余力遏制诺曼人的攻势，于是拜占庭帝国在意大利的所有领土都逐渐落入了诺曼人手中，其中最后陷落的是军事重镇巴里，它在1071年被诺曼人攻占。但罗曼努斯四世在安纳托利亚迎击塞尔柱人时取得了一些胜利，这让他获得了正面解决问题的信心：他打算动员一切可能的力量，把土耳其人赶出亚美尼亚。这场反击战役在1071年打响，但结局极其悲惨：在凡湖（lake Van）附近的曼齐刻尔特（Manzikert），拜占庭军队被土耳其人击溃，连罗曼努斯四世本人也沦为俘虏。据说这是因为约翰恺撒的儿子安德罗尼卡·杜卡斯（Andronikos Doukas）在拜占庭军队后方散布谣言，谎称皇帝被俘，造成军队恐慌，才导致了后来的失败。虽然实际伤亡不是非常严重，但人们普遍认为曼齐刻尔特之战标志着拜占庭帝国对安纳托利亚的统治开始走向灭亡。而事实上，这场战役产生的后果和影响才是最要命的。因为战败的消息一传入君士坦丁堡，杜卡斯家族又重新活跃起来，等到罗曼努斯四世被释放出来的时候，内战接踵而至，交战的士兵主要是亚美尼亚人和诺曼雇佣兵。在这场内战之中，罗曼努斯四世被击败并被刺瞎双眼，不久之后就于1072年去世了。于是米海尔七世·杜卡斯（Michael VII Doukas）在1071年登上了皇位。

在接下来的10年时间里，拜占庭帝国在灭亡的边缘苦苦挣扎。到了1073年，拜占庭帝国派遣了一支主要由诺曼人组成的军队，前往安纳托利亚对抗来自土耳其人的袭击，但它的军事领袖罗塞尔·巴利奥（Roussell Balliol）却抛弃了大军，带人在东北部开创了一片属于自己的基地。到了1075年，伊萨克皇帝的年轻侄子阿莱克修斯一世·科穆宁（Alexios Komnenos）带领大军打败了罗塞尔·巴利奥。不过米海尔七世仍然面临着严峻的考验，因为拜占庭帝国为了支付招募雇佣军的费用而决定提高赋税，结果造成物价猛涨，诺米斯玛（nomisma，当时通行的钱币）一再贬值，使拜占庭经济一下子陷入了困境。这种情况肯定动摇了米海尔七世的统治根基，于是其他贵族蠢蠢欲动，伺机挑战他的权威。例如在1077～1078年期间就出现了两次重大的叛乱活动，分别是由来自色雷斯的赫赫有名的贵族军事领袖尼基弗鲁斯·布里恩尼奥斯（Nikephoros Bryennios），以及来自安纳托利亚的尼基弗鲁斯·伯塔奈亚迪斯（Nikephoros

Botaneiates）领导发动的。结果尼基弗鲁斯·伯塔奈亚迪斯胜出，迫使米海尔七世宣布让位，躲进了修道院中，并在1078年和守寡的格鲁吉亚公主玛丽亚结了婚。由于尼基弗鲁斯·伯塔奈亚迪斯年近80岁高龄，他注定只能在皇位上成为匆匆过客，不久之后他就在一场血腥的政变中下台了。1081年4月，阿莱克修斯·科穆宁［3年前，他娶了君士坦丁十世的侄孙女伊琳娜·杜凯娜（Eirene Doukaina），他同时还是君士坦丁十世的堂弟、玛丽亚的儿子兼指定的王位继承人］在自己的兄弟、母亲玛丽亚以及杜卡斯家族的支持下，通过武力控制了君士坦丁堡。

　　虽然阿莱克修斯一世在年轻的军事贵族中表现得最有能力，但他刚开始统治的时候并不顺利。被拜占庭帝国忽视的诺曼人在罗伯特·圭斯卡德的带领下，在1081年横渡亚得里亚海，夺取了位于伊格纳提阿河口的重要港口狄拉奇乌姆，该港口是连接巴尔干海岸到君士坦丁堡的要道，从此之后诺曼人开始侵入希腊地区。当时阿莱克修斯一世不得不御驾亲征，匆忙赶去应付，并把朝廷留给自己的母亲管理。但他与诺曼人首次接触就遭受惨败，结果诺曼人乘胜挺进了希腊中部。后来，阿莱克修斯一世主要用没收的教会财产来招募土耳其雇佣军，才将他们驱逐出去，但显然诺曼人未来还会对拜占庭帝国形成更加严重的威胁。正是在这种历史环境下，阿莱克修斯一世才继续沿用了巴西尔二世曾经采用的政策，在1082年（或根据某些学者的说法，是1092年）赐予了威尼斯一些新的特权。这些优惠政策具有更加深远的历史影响，因为它不但免除了威尼斯商人的所有赋税，还允许他们享有在帝国全境进行贸易的自由，甚至可以在君士坦丁堡享有自己专门的居住区和商业区。

　　但阿莱克修斯一世时运不济。1087年，他在领兵试图阻止佩切涅格人入侵多瑙河以南地区时再度失败。后来拜占庭帝国只有靠巩固自己与新来的另一支突厥部族——库曼人（Cumans）——之间的联盟关系，才在11世纪90年代早期解除了佩切涅格人带来的威胁。阿莱克修斯一世在执政生涯的前10年里尽管历经坎坷，但仍成功地站稳了脚跟，这得归功于一系列原因：一是他在外征战的时候，他的母亲替他把朝廷管理得井井有条；二是因为阿莱克修斯一世的统治建立在他与一些重要的贵族世家组成联盟的基础之上，其中又以阿莱克修斯一世自己的家族和杜卡斯家族为核心，而其他一些贵族则通过联姻的方式也加入了进来。

"十字军东征"

到了11世纪90年代，拜占庭帝国的发展形势逐渐好转：首先是巴尔干半岛的局势得以稳定；其次，无论是埃及的塞尔柱王朝还是法蒂玛王朝都出现了王位继承纷争，这就意味着帝国东部边境的形势不是那么紧迫了。事实上，在11世纪90年代早期，拜占庭帝国还成功地重建了自己在海上的一些霸权，并首次向安纳托利亚西北部发动了进攻。但就是在这10年之中，发生了一件起源于西方世界，但对东方的伊斯兰世界和拜占庭帝国都产生了巨大影响的历史事件，那就是所谓的"十字军东征"。这是一个内容浩瀚的历史问题，关于它的研究资料与日俱增、极为繁杂，其中很多内容都不是本书所能涵盖的。因此，本书在本章和随后的章节中，都只会讨论十字军东征对拜占庭历史产生直接影响的那些事件和发展过程。当然，这样的阐述难免有以偏概全的嫌疑。我们主要讨论两个关键的具有内在联系的问题：一、拜占庭帝国在导致出现十字军东征（特别是第一次十字军东征）的事件中起到了什么作用？二、拜占庭帝国如何看待十字军东征事件，以及它因此对十字军东征活动作出了什么样的反应？当时的拜占庭帝国需要军队来对付安纳托利亚地区的塞尔柱人，而通常的做法是从西方招募一大群雇佣军：主要是诺曼人和盎格鲁-撒克逊人（特别是在1066年诺曼人征服英格兰，以及拜占庭人和罗斯人由于先前在1043年发生的一次突袭而关系恶化之后），当然也包括其他任何愿意对拜占庭政府频繁发出的报酬丰厚的招募令作出响应的人们。阿莱克修斯只是继续了在他之前就已经开始，并且实行了至少一代人时间的传统做法：一是通过与罗马教皇的书信往来，二是通过拜占庭各地的使馆，以这两种方式来招募雇佣军。正是在这种历史形势下，阿莱克修斯一世才在1095年派出代表团，向教皇乌尔班二世（Urban Ⅱ）求助，他通过强调基督教徒在朝圣场所、圣墓教堂等最圣洁的地方，以及其他一般圣地所遭受的压迫和悲惨处境来打动教皇，使之同意出兵对付异教徒。拜占庭帝国从未设想或期待过自己的这次请求会引发第一场十字军东征，这大大超出了阿莱克修斯一世的预期，并且事实证明，十字军东征事件也的确超出了他的处理能力。

第一批东征的十字军在隐士彼得（Peter the Hermit）的带领下，于1096年夏季到达了君士坦丁堡。阿莱克修斯一世立即把他们转移到了安纳托利亚，结果大批十字军士兵在那儿遭到了突厥人的屠杀。几个月之后，十字军的实际领导人开始抵达君士坦丁堡。这次阿莱克修斯一世无疑是在许多西方谋士的劝说下，在一定程度上成功地把十字军士兵和自己的军队绑在了一起，因为这些十字军将领们承诺，只要拜占庭皇帝同意提供军事和后勤支援，他们就会把先前属于拜占庭帝国的领土和城市（其实最多也只是一种模糊的概念）归还给他。他们之间的合作最初进行得相当顺利：1097年，塞尔柱人在面临法兰克王朝威胁的情况下把尼西亚归还给了拜占庭帝国，紧接着阿莱克修斯一世又取得了一次战役的胜利，巩固了拜占庭帝国对安纳托利亚西部和北部地区的统治。然而，安提阿是一座具有重要战略地位的城市，10年前就落入了塞尔柱人手中，十字军士兵在向它发动进攻时遇到了真正的考验，因为他们发现这座城市很难攻取。史料中对于进攻安提阿的记录出现了分歧：拜占庭方面的文献反复强调自己是在听说十字军士兵被歼灭了之后才撤军的；但法兰克人的文献记录则完全相反，认为是拜占庭人违反了先前达成的协议规定，在战斗中抛弃了他们。不过，安提阿最终还是被十字军攻克了，而诺曼人的一位首领、阿莱克修斯一世的主要对手罗伯特·圭斯卡德的儿子博希蒙德（Bohemond）宣布自己成为该城的新主人。十字军士兵继续向耶路撒冷进军，并在1099年攻占了这座城市，随后在城中开始进行血腥的大屠杀。

出乎意料的是，第一次十字军东征取得了广泛而迅速的成功，黎凡特地区随后建立了许多拉丁殖民国家，其中有的国家甚至顽强地存活了数世纪之久。然而现在，这些十字军士兵建立的国家只能设法和拜占庭帝国共同生存。由于大多数十字军士兵已经回到了欧洲，所以要求西方世界给它们提供大量帮助则显得永远遥不可及，而拜占庭帝国在这样的背景下最终还是最强大的地方势力。因此尽管拜占庭帝国和西方国家之间也存在战争和互为否定的宣传，但在接下来的几个世纪中，它们实际上还是在政治、经济和文化方面保持着交流和联系。

1107年，拜占庭帝国面临的博希蒙德和安提阿的紧迫问题终于有了第一个解决方案：当时博希蒙德效仿他父亲的做法，从意大利开始发动对拜占庭帝国的进攻，但这次阿莱克修斯一世早有准备，因此很快就取得了对自己有利的战果。这样一来，博希蒙德被迫投降，与拜占庭帝国签订了和平条约，宣布放弃占有安提阿。但博希蒙德在1111年去世了，导致安提阿没有被实际交付给拜占庭帝国。

阿莱克修斯一世执政的最后几年清楚地表明当时的现状很难改变：安提阿脱离了拜占庭的统治，这意味着通往十字军国家的通道已经被切断，并且他企图把拜占庭领土扩大到安纳托利亚中部地区的努力也化为了泡影。鉴于这种趋势，阿莱克修斯一世在1115年和塞尔柱人签订了一份和平协议，同意把拜占庭人口迁出塞尔柱人所在区域，其用意可能是希望加强沿海地区的安全。

阿莱克修斯一世家族尽管表面上关系和睦，但皇位继承却并不顺利：阿莱克修斯一世希望儿子约翰能够继承大统，但约翰的母亲却希望皇位能够传给约翰的姐姐安娜和姐夫尼基弗鲁斯·布里恩尼奥斯，后者是11世纪70年代一名叛乱贵族的儿子。1118年，约翰二世登基称帝，尽管如此，此时他的母亲和姐姐也没有停止打争权夺利的如意算盘，于是约翰二世将母亲和姐姐全都软禁起来，关在自己先前修建的蒙大恩者修道院（Kecharitomene）里。后来，约翰二世娶了匈牙利公主皮罗什卡（Piroska，在君士坦丁堡改名为伊琳娜）为妻，他在拜占庭帝国统治得较为成功，并且运气甚好，在有生之年没有遇到第二次十字军东征，这样他就可以站在自己父亲取得的成就之上，将拜占庭疆土往东扩张。约翰二世在12世纪20年代化解了库曼人带来的威胁，并在这10年之中击退了匈牙利人的进攻，还成功地保住了拜占庭帝国对塞尔维亚和达尔马提亚的控制。在12世纪30年代，他成功地在安纳托利亚击退了来自北方的丹麦人，以及西里西亚的一些亚美尼亚公国和十字军国家——特别是其中还包括了安提阿，但拜占庭帝国仍未能成功地夺回这座城市。到了12世纪30年代，当诺曼人在罗杰二世（Roger Ⅱ）的带领下重新生龙活虎地出现在历史舞台上时，约翰二世已经事先做好了应对准备：他和一些国家建立了联盟关系，其中最重要的是和神圣罗马帝国皇帝康拉德三世（Conrad Ⅲ）结盟，并且还通过让自己的小儿子曼努埃尔（Manuel）和神圣罗马帝国皇帝的小姨子柏莎（Bertha）订婚来巩固两国之间的联盟关系。但约翰二世于公元1143年在西里西亚打猎时不幸身亡，在他去世后，他对拜占庭领土采取的巩固加强并适度扩张的政策也戛然而止。

图6-1 索菲亚大教堂画廊里的马赛克镶嵌画，显示的是约翰二世·科穆宁和他的妻子伊琳娜（匈牙利公主皮罗什卡）一起伺立在圣母玛利亚身旁。

约翰二世幸存下来的最小的儿子曼努埃尔一世继承了他的王位。新皇帝在叙利亚和西里西亚继续沿用父亲制定的政策，虽然没有获得重大突破，但也取得了一些成功。当曼努埃尔一世听说十字军为了夺回埃德萨即将进行第二次东征（1145～1149）时，他成功地把罗杰二世排挤出去，不让他加入十字军队伍。康拉德三世带着他的军队到达君士坦丁堡，朝着安纳托利亚进军，结果被击败并撤回到拜占庭帝国。曼努埃尔一世组织十字军士兵（德意志人与法国国王军队的联军）从海路转移到叙利亚，但他们在那里又·次遭遇失败，没有完成既定目标。拜占庭帝国本身在军事上没有遭受多少损失，但十字军士兵将这次东征的失败归咎于拜占庭帝国，认为后者不肯给他们提供实质性的援助，既没有意识到这次东征产生的重要意义，也没有真正采取措施支持十字军的东征活动。

在十字军东征期间，罗杰二世于1147年在希腊袭击了很多岛屿和海岸地区，还从底比斯劫持了一些专业的丝绸织工，把他们带回了西西里岛。曼努埃尔一世和威尼斯以及康拉德三世的联盟产生了效果，打得诺曼人不能在拜占庭领土上立足，但直到1154年罗杰一世去世之前，诺曼人始终是一个造成拜占庭领土不稳定的威胁来源。12世纪50年代早期，塞尔维亚爆发叛乱（后来叛乱活动在12世纪60年代以及70年代早期再度爆发），加上在1155年，腓特烈·巴巴罗萨（Frederick Barbarossa）在德意志加冕称帝，这一切变故都使得拜占庭领土显得越发动荡不安。诺曼人首领更替（王位传给了罗杰二世的儿子威廉一世）之后政局不稳，曼努埃尔一世迅速抓住时机，在1155年成功收复巴里地区，但未能在此基础上继续深入。面对意大利地区在政治和外交方面所涉及的复杂形势，拜占庭帝国采取的应对措施是尽力建立起更多联盟关系，例如，它和威尼斯以及罗马教皇结盟对付腓特烈·巴巴罗萨，又与腓特烈·巴巴罗萨结盟对付诺曼人，然后再与诺曼人结盟对付腓特烈·巴巴罗萨。这样做的原因众所周知：在意大利地区没有哪种势力希望某个特定政权能够左右这里的局势，因此它们的结盟很不稳固，只要其中涉及的利益关系发生明显改变，这种联盟就会土崩瓦解。到了12世纪60年代，拜占庭人尽管极不情愿，但最终还是清楚地认识到，在意大利地区没有哪个西方政权能够容忍它的存在。

不过曼努埃尔一世在东方的成就要辉煌得多。例如，他用武力巩固了拜占庭帝国对奇里乞亚亚美尼亚王国的控制，而那些在12世纪50年代幸存下来的十字军国家也继续处于拜占庭政府的统治之下。后来，曼努埃尔最终实现了自己父亲和祖父未竟的心愿，在1159年以胜利者的姿态进入了安提阿城。当然拜占庭帝国和西方统治者之间照例会继续发生战争，例如在1169年，拜占庭军队就曾经对埃及的达米埃塔港口（Damietla）发动攻击（但未能成功）。拜占庭帝国以前的一位大臣萨拉丁（Saladin）在当时是一颗冉冉升起的新星，他在1171年就已经成为埃及的统治者，并对十字军在叙利亚和巴勒斯坦的军事据点构成了严重威胁，当时的萨拉丁风头正盛、势不可当。

就在这10年之中，威尼斯和拜占庭之间的关系发展到了一个高潮阶段。然而，虽然拜占庭是威尼斯的重要盟友，并不断给它提供越来越多的优惠条件，但威尼斯在不断追求自身利益的过程中，往往还是会与拜占庭帝国发生冲突，并损害拜占庭政府的利益。后来，当拜占庭政府决定调整战略重点，把比萨和热那亚也作为自己的盟友时，威尼斯选择以暴力方式进行报复。但是曼努埃尔一世对此作出了精明的反应，他在1171年下令立即扣押威尼斯人在拜占庭境内所有的货物和资产，当然这一事件也反映出拜占庭政府机构具有极高的运行效率。虽然威尼斯人的反应强烈，但曼努埃尔一世在有生之年没有对它再做出过任何妥协。

然而，曼努埃尔一世执政的最后几年却并不怎么成功。1176年，他带兵试图解除塞尔柱人对安纳托利亚中部地区的威胁，结果遭到了对方的沉重打击。拜占庭军队损失惨重，并且从此之后，拜占庭帝国再也无力阻止塞尔柱人向自己的海岸线挺近。此外，当曼努埃尔一世在1180年去世的时候，拜占庭帝国形势再度变得严峻，因为他指定的皇位继承人阿莱克修斯二世还未成年。曼努埃尔一世的第二任妻子玛丽亚（安提阿十字军亲王的女儿）在婆家一位侄子的支持下上台摄政，但统治不力，于是另一位家族成员趁机在1183年登上了皇位，此人就是安德罗尼卡·科穆宁（Andronikos Komnenos，安德罗尼卡一世），他是伊萨克·科穆宁的儿子、约翰二世的兄弟以及重要对手。但就在他进入君士坦丁堡之前，拜占庭帝国爆发了一场叛乱，导致城中的拉丁人惨遭屠戮，但当时的受害者主要是比萨人和热那亚人，因为威尼斯人早在10年以前就被曼努埃尔一世驱逐出去了。安德罗尼卡一世上台伊始就充满血腥，年轻的王子阿莱克修斯二世和他的母亲都被杀害，而法兰克国王的女儿、当时年轻的皇后阿格尼丝（Agnes）则成了新皇帝的夫人。此外，安德罗尼卡一世试图改变曼努埃尔一世制定的大部分国内外政策。但这种做法不得人心，原本支持他的人就少得可怜，其中主要是那些被科穆宁朝廷排挤出去的人员，而现在他很快也丧失了这点支持。于是周边邻居和敌人趁火打劫，例如在1185年，诺曼人发动进攻占领了帖撒罗尼迦；而塞尔维亚人借着匈牙利人的帮助，在新首领斯特凡·尼曼雅（Stefan Nemanja）的带领下摆脱了拜占庭的殖民统治。并且就在同一年，拜占庭首都爆发了一场大规模起义，人们抓住并处死了安德罗尼卡一世，从而终结了科穆宁王朝长达百年的统治时代。

接下来的20年时间里发生的情况表明：科穆宁王朝的统治以及它的核心特征——一个基于贵族联盟的强大中央集权政权，并且以发展并利用拜占庭帝国西部的政治资源为明确目标——在拜占庭历史上不过是昙花一现。1185年伊萨克二世·安格洛斯（Isaac Ⅱ Angelos，1185～1195年在位）登基，他的祖母就是阿莱克修斯一世最小的女儿。短暂的安格洛斯王朝（1185～1204）开始了。但拜占庭帝国的形势不久就开始向更糟糕的方向发展。由于萨拉丁于1187年在哈丁（Hattin）击溃了多个十字军国家的王公，随后还攻占了耶路撒冷，这就激起西方世界组织了第三次十字军东征（1189～1192）。十字军在腓特烈·巴巴罗萨的带领下从陆路进攻，而英格兰的"狮心王"理查一世（Richard the

Lionheart）和法国国王菲利普二世（Philip Ⅱ）则从海路进攻，但他们最终未能收复耶路撒冷，反而对拜占庭帝国产生了恶劣的影响。当有迹象表明伊萨克二世可能和萨拉丁议和时，腓特烈·巴巴罗萨就转而进攻君士坦丁堡。虽然君士坦丁堡幸免于难，并且腓特烈·巴巴罗萨在1190年——早在抵达圣地之前就葬身大海了，但是前面发生的这些事件却使拜占庭帝国在外交上陷入了孤立无援的境地。这也可以解释为什么理查一世会在1191年攻占塞浦路斯，然后将其交给一个反对拜占庭帝国的科穆宁王朝后裔统治。最后，塞浦路斯王国也落入了在外流亡的耶路撒冷前王族吕西尼昂家族（Lusignan）的手中，而吕西尼昂王朝在塞浦路斯的统治一直持续到1473年。

当时拜占庭帝国的弱点是显而易见的，而周边的邻居也发现了这些弱点，于是赶紧趁机脱离了它的统治。例如尼曼雅领导的塞尔维亚人以及卡罗赞（Kalojan）领导的保加利亚人都是这样获得自由的。后来阿莱克修斯三世（Alexios Ⅲ，1195~1203年在位）取代兄长伊萨克二世的帝位并将其双眼刺瞎，然而这样做的效果只是将事情弄得更糟。伊萨克二世的儿子阿莱克修斯四世（Alexios Ⅳ）前往意大利寻找支持力量，希望他们能帮助自己恢复父皇的帝位。他企图拉拢教皇，许诺让拜占庭教会听从教皇的管辖，并与教皇领导下的教会团结一致、不生异心。他还向西方国家的统治者们求助，答应给他们支付大笔贡金。不幸的是，他做出这番承诺的时机不对，当时这些西方国家正在筹备进行又一次十字军东征，并准备从海路进攻埃及，因为这被视为是唯一能够打破阿尤布王朝（Ayyubid）对十字军领土进行封锁的途径。而威尼斯在优厚报酬的诱惑下，同意为十字军提供交通工具。但后来的事实证明，集结到威尼斯的军队数量没有先前承诺的那样多，并且他们也没有按约定把钱付给威尼斯。由于出现了上述变故，加上拜占庭帝国本身存在的弱点和阿莱克修斯四世先前的承诺，以及十字军发动之后所释放出来的巨大力量，这些因素共同导致了一个结果：这些十字军临时决定改变方向，转而进攻君士坦丁堡。十字军的到来，吓得阿莱克修斯三世仓皇出逃，然而阿莱克修斯四世和他的父亲伊萨克二世无力兑现他们先前做出的承诺，并且当时君士坦丁堡局势危机重重——它的城外被一支具有相当规模的军队围困，而城内又爆发了骚乱。在这样人心惶惶的形势下，阿莱克修斯四世父子被人杀死，而另外一位统治者——阿莱克修斯五世·杜卡斯·慕特索夫洛（Alexios V Doukas Mourtzouphlos）被拥立为帝，人们也指望他能抵御拉丁人的进攻。当时的十字军士兵极为绝望，他们在获得了首领们（主要是法国将领）和威尼斯人的同意之后，在没有征求教皇许可的情况下，就自己把拜占庭领土给瓜分了。在1204年4月，在一次尝试失败后，他们攻陷了君士坦丁堡。他们一连数日烧杀洗劫城中居民，在此留下一片狼藉，甚至住在君士坦丁堡城中的拜占庭皇后最后也沦为俘虏。

经济的重构

令人惊讶的是，在1025年巴西尔二世统治末期，强大的拜占庭帝国居然在不到两代人的时间里就濒临崩溃的边缘。同样值得注意的是，在科穆宁王朝前三位帝王统治时期能够成功复兴的拜占庭帝国，在曼努埃尔一世去世之后不到一代人时间里就如此轻易地土崩瓦解了。当然其中有非拜占庭帝国所能控制的外部因素在起作用，但如果我们因此就不从拜占庭帝国自身寻找原因，也会有失偏颇。

由于没有流行病的侵袭，加上帝国的核心区域相当安全，不受战争的影响，所以当时的人口继续维持增长的趋势。希腊的城市以及安纳托利亚西部沿海地区和君士坦丁堡一样，仍然一片繁荣：当时新建的许多教堂，以及在拜占庭境内的考古勘察和发掘中找到的很多价值贵重的上釉餐具，都能证明这一点。总的来说，这意味着君士坦丁堡处于一个经济繁荣发展的时期，事实上，当时拜占庭帝国的许多其他地方情况也是如此。但拜占庭帝国毕竟遭遇了严重的社会问题，这可以从它的货币不断贬值中得到明显证明。这种贬值开始于11世纪40年代，在1081年阿莱克修斯一世登基的时候达到了顶峰（当时通行货币诺米斯玛中的黄金含量只有8克拉，相当于它的面值的三分之一）。导致货币贬值的原因至今仍备受争议，一些学者认为这是由于黄金的短缺，加上需要投放更多资金到市场和贸易中而共同导致的，但另一些学者认为这是由于当时拜占庭政府急需大量货币作为贡金支付给敌方。不管实际上出现的直接原因到底是什么，但重要的一点就是，拜占庭经济必须找到不像过去那样依赖黄金的运作方式。

阿莱克修斯一世执政期间对拜占庭帝国的货币和财政进行了改革（从11世纪90年代到1109年得以实施），遏制了货币贬值的势头，让社会恢复了稳定，并且持续了至少100年左右。拜占庭帝国有几种不同类型的货币，其中主要的货币是一种超纯正金币，但贬值至黄金含量只有20.5克拉左右（大致和君士坦丁九世统治时期，即货币开始贬值时的情况差不多）。使用货币，可以让交易显得清晰可行；而降低货币中的黄金含量，则给拜占庭帝国积累了大量财富。此外，阿莱克修斯一世简化了国家的财政结构，并更新了税收的计算方法。实施这些措施，使得人们对货币流通和经济体制有了信心，有望提高拜占庭经济的货币化程度，但此时拜占庭政府采取的其他一些措施却抵消了这种发展趋势。此外，阿莱克修斯一世同样还改革了拜占庭的官僚制度。在他执政之前的那套官僚体系虽然被广泛使用，但饱受诟病，因为它允许人们卖官鬻爵，并且上任之后每年就能回收大约10%的买官成本。虽然这样拜占庭帝国很快就积累了大量钱财，并让这些平时无法跨入精英阶层的人们（如商人和工匠）能够借助自己的财富实现心愿，但这种做法一旦泛滥成灾，买官之后能够得到的回报就越来越少，以至于最终完全捞不回当初为加官晋爵而进行的投资。于是阿莱克修斯一世在执政期间废除了这套官僚制度。相反，他对拜占庭帝国的整套官职和头衔都进行了改革，精心创建了一些新的头衔名称，其中至尊者

（sebastos，即奥古斯都）是专属于他自己家族的名号。例如，他的兄弟伊萨克就先后被封为至尊统治者（seba-stokrator）、至尊者以及统治者（autokrator，即皇帝），这些是当时级别最高的称号。这些名号的称呼对象构成了拜占庭帝国的最高统治阶层，他们还可以得到大量的土地封赏。后世的人们批评阿莱克修斯一世在统治期间简直把拜占庭帝国当成自己的私人家庭对待，但他这样做可能是为了向手下的臣民表明，与其和自己作对，不如加入自己的圈子才更有利可图。不管怎样，科穆宁王朝前三位帝王统治的明显特征表现为政治动乱相对较少，但这种政治动乱从公元10世纪起就非常普遍，虽然它们都来自科穆宁家族自身的成员。

科穆宁王朝标志着拜占庭晚期开始的一个重要发展趋势，即出现了更多更频繁的捐赠、赏赐和减免政策。那些和皇帝关系密切的人们当然得到了最大的封赏，例如皇帝把整片地区赐给手下，或连同该地的财政收入也一并赏赐，并且往往同时慷慨地免除他们的赋税。主要的寺院也以同样的方式得到皇室的恩宠。但地位更低下的人们也可以从国家获得好处。这一时期出现了"普罗尼亚"（pronoia），如果它不是首次出现在拜占庭帝国，那也肯定是在此期间得到了更广泛、更频繁的应用。普罗尼亚就是把土地或者连同该土地的财政收入（有时甚至包括依附这片土地进行耕作的佃农）赏赐给人们，但赏赐对象必须在有生之年向拜占庭朝廷提供相应服务——通常是指服兵役。采用普罗尼亚制度，意味着拜占庭帝国很大一部分经济收入可以不用传统的方式进行转运，即不用再以赋税的形式收取并以薪酬的形式发放。但普罗尼亚也产生了另外一种作用——人们对这种作用在多大程度上属于拜占庭政府的刻意选择而争论不休——它可以释放更多的钱财投入市场，进行经济交易。而拜占庭政府则能通过征收海关关税和商品交易税，获得大量利益。然而最大的赢家并不是拜占庭商人，而是那些意大利商人，特别是其中的威尼斯人。威尼斯在992年从拜占庭帝国获得了重要的特权，而后来的阿莱克修斯一世更是给他们提供了巨大的优惠待遇。当时拜占庭帝国的各个地方都有威尼斯商人定居，他们通过刺激当地的生产需求并大力投资各种商品生产，为拜占庭帝国乡村经济的繁荣发展做出了很大的贡献。例如，在12世纪的塞浦路斯和位于伯罗奔尼撒半岛东南部的拉库尼亚地区（Lakonia），威尼斯商人先是和当地的商业巨头们商议好橄榄油的价格，然后把它们运往亚历山大进行销售。尽管拜占庭政府损失了部分财政收入（虽然它为了规避威尼斯商人享有的优惠政策，而向涉及他们的交易全额征收赋税），但地主阶层的很多商人却从中获取了丰厚的利润。其他一些意大利沿海城邦（例如比萨和热那亚）通过游说拜占庭政府，通常也能获得优惠待遇（比萨在1111年，而热那亚是在1155年），不过它们享有的优惠肯定不能和威尼斯相提并论。但威尼斯还不满足，它先是积极地设法巩固自己已经享有的特殊待遇，然后尽力争取将其进一步加强扩大，有时还威胁要采取武力措施，甚至直接动用暴力手段。而拜占庭政府一般最终都会做出让步，于是威尼斯享有的优惠政策分别在1126、1147、1187、1189和1198年再度得到确认，这种情况一直持续到了1204年，威尼斯本身也成为拜占庭帝国的征服者之一。

各自为政

在科穆宁王朝前三代帝王强大而有力的领导下，拜占庭的朝野统治卓有成效。土地的积累创造了大量地产，从而生产力得到了提高，经济也繁荣发展，这主要是因为富裕的地主把余钱用于投资生产，并形成了新的创收渠道。尽管货币实际有所贬值，但商品价格还是保持相对稳定。不过拜占庭社会还是出现了一些不好的迹象。当时拜占庭政府越来越普遍地采用包税制（tax farming），即根据具体的区域来确定税收的数额，并把收税的任务摊派到具体的个人身上。虽然基本的土地税是固定的，但其他税收以及强制劳务却具有弹性，这显然就给腐败现象大开方便之门，特别是在安格洛斯王朝统治的动荡年代，情况更是如此。此外，地方经济的发展壮大，以及君士坦丁堡作为国家主要的消费中心而对地方各省产生的巨大需求（这也激发人们对它产生了反感情绪），都对拜占庭帝国的政局稳定产生了负面影响。这种负面影响分为两个发展阶段。它首先起因于拜占庭政府把大量的田地奢侈地赏赐给了那些因血缘或联姻关系而产生的皇室家族成员。这样一来，一些地方渐渐在行政甚至财政方面都可以独立于中央政府。到了12世纪，拜占庭帝国对瑟马塔的军事管理多少显得有些松懈，这就相当于削弱了把地方和中央捆绑在一起的另一个重要因素（通过君士坦丁堡委任的军区将军和行政长官进行管理），从而让地方省份同中央政府的联系比以前要松散得多，这种发展趋势强化了他们的地区身份意识。地方各省的这些职责可能在某些情况下被当地主教承担起来，因为他们是饱学之士，通常来自君士坦丁堡的贵族家庭，可以凭借自己的主教之职，在从首都辐射出来的权力关系和保护网络中进行操作。这样，拜占庭各个行省开始涌现出的一批地方精英阶层"阿肯提斯"（archontes，意即执政官）——其中有人和君士坦丁堡贵族有着联系——就构成了这一时期拜占庭帝国的发展特色，他们在经济和社会地位方面的上升进一步强化了他们对自己地方身份的认同感，同时弱化了他们对中央政府的归属感。科穆宁王朝对中央政府权力的行使非常频繁，并且往往采取高压手段，曼努埃尔一世统治时期这一点表现得尤为明显。但如果皇位不是被像他那样极具个人魅力并牢牢把控着中央政权的皇帝所占据，拜占庭帝国就会出现后院起火的情况。这一事实，加上前文所述的原因，导致拜占庭帝国出现了一个十分新颖的历史现象。虽然在10世纪也有贵族叛乱，但他们并非为了改变拜占庭的政治体制，而只是为了争夺皇位而已。然而到了12世纪晚期，拜占庭帝国的很多行省都发生了叛乱，但这些叛乱的目标与以前的叛乱活动大不一样，因为他们是想争取属于自己的独立政权。到了1204年，拜占庭帝国很多地方都不接受住在君士坦丁堡里的拜占庭皇帝的直接统治了，我们在此略举数例，其中包括塞浦路斯（伊萨克·科穆宁）、特拉比松（大卫·科穆宁）、费拉德尔菲亚［（Philadelphia），塞奥多利·曼加法斯（Theodore Mangaphas）］、罗得岛［利奥·加瓦拉斯（Leo Gabalas）］，以及希腊中部和伯罗奔尼撒半岛［利奥·斯古罗斯（Leo Sgouros）］。这些地方贵族当然是利用了拜占庭中央政府统治无力的弱点，但一些学者还将其视为受到了当时西方国家政权发展趋势的影响，即保留一个中央政府（通常只具有象征意义），下属许多地方政权，并且都可以各自为政。造成这种现象的另一个原因是拜占庭帝国控制之下的很多周边国家（例如塞尔维亚、保加利亚和奇里乞亚亚美尼亚王国）相继通过发动民族解放运动获得了独立，以及周边敌对势力的重新崛起（例如匈牙利在曼努埃尔一世去世之后就急不可待地抢夺达尔马提亚地区）。这些行为背后隐藏的动机和造成拜占庭帝国内部纷争的原因并不相同，但都导致拜占庭帝国失去了更多的领土和权力。

遏制措施与人文主义

这一时期文化历史的特点通常表现为遏制措施与人文主义——这两个看似矛盾的表现形式之间的动态发展。拜占庭帝国从巴西尔二世统治以来的常年战争终于稍有消停，加上后来——特别是从11世纪50年代到70年代晚期——拜占庭帝国实力变弱，使得拜占庭的社会和文化方面表现出一派相对开明的景象。例如，这时有了从阿拉伯语翻译过来的作品，并且对异端学说也采取了更为容忍的态度。此外，拜占庭帝国还举办教育，培养出了一代新的学者，他们从11世纪40年代末期就开始在文化领域占据主流位置。其中最出名的是米海尔·普塞罗斯，他毫无疑问是当时最有才华的拜占庭作家，同时也是一位极为成功的政治家。普塞罗斯一生的成就主要体现在他的教育知识、个人素质以及善于在错综复杂的时局中长袖善舞、左右逢源的政治才能。但更多的读者知晓米海尔·普塞罗斯是因为他写了一部历史作品——《编年史》，虽然米海尔·普塞罗斯当初写这本书仅仅将其当成一部纯粹的历史文献，但这部作品问世之后的影响远远超出了普通历史作品的效果范畴。《编年史》的内容是关于十四位拜占庭帝王们的生平传记，但其中很少关心具体的时间和战役，相反，作者不但大胆地对帝王本人，而且对整个君主制度都进行了直接批判，在此基础上，米海尔·普塞罗斯对几位主要的拜占庭皇帝进行了详细而深刻的心理分析。书中几乎涉猎到了当时所有的知识体系，其丰富浩瀚的知识内容充分反映了作者的博学多才。此外，米海尔·普塞罗斯兴趣广泛，尤其喜爱哲学——特别是柏拉图的作品，但他试图超越拜占庭解读古典作品的传统做法（即认为古典著作内容有用、令人钦佩，但对读者又具有非常危险甚至翻天覆地的潜在影响），使得他和教会宣传的教义之间产生了矛盾冲突，致使他一度失去了教会的宠爱。

科穆宁王朝开始之后，拜占庭政府强调的是一套完全不同的文化价值观，即虔诚（最初是用于宗教宣传）、纯洁、信仰正统以及血统高贵，并提倡要有尚武激情，而这就意味着人们在社会生活中的选择面受到了极大的限制。这时的拜占庭帝国开始向人们展示对异端学说的审判，而在这一时期出现了近30个这方面的例子。第一个例子发生在1082年，针对的是约翰·伊塔罗斯（John Italos），他是米海尔·普塞罗斯的一名学生，可能是一位更激进（对自己的观点表现得不那么隐晦）的柏拉图主义者，因此被视为异端者，并遭到流放，从此就杳无音讯。值得注意的是，后来"正统的胜利"这份文件的内容也进行了相应修改，把约翰·伊塔罗斯作为反面例子添加了进去。"正统的胜利"在科穆宁时代一共修改了4次，目的是对那些敢于挑战官方确定的正统教义的行为永远进行谴责和诅咒。在阿莱克修斯一世执政后期，君士坦丁堡城内的波各米勒教派（Bogomils）也归属于拜占庭政府管理。波各米勒教派来源于巴尔干半岛，可能和先前在小亚细亚的保罗教派（其中很多教派在9世纪70年代迁移到了巴尔干半岛）之间存在某种联系，并且可能还和当时以及后来的一些教派（例如法国的清洁派）存在联系。波各米勒教派由于在当时极为流行而充满了危险性，因为它拒绝举行圣礼，也不认可教会的制度化。波各米勒教派在君士坦丁堡的领袖是巴西尔，他在被人设计认罪之后就身陷囹圄，后于1100年被当众烧死在竞技场上。几年之后，阿莱克修斯一世颁布法令，开始着手改革教会神职人员，并希望借此能够进一步改革整个社会。阿莱克修斯一世在这一阶段的统治生涯之中，淡化了自己和教会领袖之间的关系——这是他早期统治生涯的一个明显特征，因为他的母亲是一名虔诚的基督教徒，总是监视着他对教会的干涉行动。但阿莱克修斯一世和教会中的神职人员建立了一种联盟关系，而这些神职人员属于饱学的青年才俊，并且心怀大志，他们支持皇帝，反对任何人阻挠皇帝，甚至认为包括牧首本人或任何地方主教都不能对皇帝稍有微词。这道法令旨在规范传教内容并在传教士之间建立起一种秩序，让他们不但能够传播正统教义，而且可以监督和报告任何异议——承担某种类似道德警察的职责。然而君士坦丁堡教会并不愿意看到科穆宁王朝的帝王们总是插手教会的事务。其中当然也有反对的声音，例如有人就反对阿莱克修斯一世在11世纪80年代没收教会的金银器皿，并且好几位牧首都曾试图违抗皇帝的旨意，但总体而言，君士坦丁堡教会慑于皇权，只能顺从或忍气吞声，这一时期教会中没有产生特别强硬或喜欢大声疾呼的牧首，就像以前的佛提乌斯、尼古拉·米斯提科思或米海尔·凯鲁拉里乌斯。

　　科穆宁帝王们确实采取措施支持教育，但他们可能对基督教经文情有独钟。拜占庭朝廷和精英阶层资助了很多学者［包括西奥多·普罗德罗莫斯（Theodore Prodromos）］，并雇人创作了很多文艺作品，其中尤以修辞学和诗歌非常有名，因为二者都可用于公众场合的表演，只是前者通常是为王侯将相歌功颂德，尤其是宣扬他们的赫赫战功；而后者主要用来歌颂珍贵的物品和其他的艺术作品。这一时期的拜占庭人继续保持着对古典作品的研究热潮，并且创作了很多模仿古典文体或在古典文体基础上进一步加工的作品，例如模仿文学或传奇文学，其中一些是用方言创作而成，并没有使用当时备受推崇的具有仿古风格的希腊语言。虽然这些创作看起来非常新颖，但总体上只是在古典文体的基础上衍生出来的作品而已，并没有和古典文体完全决裂。拜占庭帝国在科穆宁时期至少产生了两位特别有才华的历史学家。第一位是安娜·科穆宁娜（Anna Komnene），身为阿莱克修斯一世的女儿，她是一位名副其实的受过优秀教育的知识女性。她对医学和亚里士多德哲学甚感兴趣，也是众多学者的一位重要赞助人。她为了纪念自己父亲的统治生涯，创作了一部史诗作品［《阿莱克修斯传》（*Alexiad*），容易让人想起荷马的《伊利亚特》（*Iliad*）］，其中重点描写了阿莱克修斯一世在第一次十字军东征中的事迹。第二位历史学家是尼克塔斯·蔡尼亚提斯（Niketas Choniates），他是雅典大主教的兄弟，也是一位朝廷高官，创作了一部关于12世纪历史的皇皇大作，其中重点记录了发生在1204年的那场灾难。我们现在知道，事实上他曾多次重审并校订自己的这部作品。而君士坦丁堡的陷落让尼克塔斯悲愤不已，他曾多次故地重游，并深深谴责那些他认为给拜占庭帝国带来这场灾难的人，其中尤其强烈地批判了曼努埃尔一世。

前面提到伊塔罗斯被流放后就杳无音讯，但这并不意味着哲学就从此销声匿迹，只是这一时期的哲学研究发生了转向，人们倾向于研究亚里士多德，因为他的思想不像柏拉图那样深奥、神秘且充满危险。由于亚里士多德也写过许多关于自然历史的书，所以人们在研究他的作品时一般也就学会了欣赏自然界，特别是喜欢对人性进行深入的探索。当时的文学作品无论讨论的主题有无生命，都倾向于采用详尽深入的手法进行描写，这就清楚地反映了当时的哲学倾向。可能正是这种对何为人性进行探讨的浓厚兴趣，才让科穆宁王朝在进行艺术创作和精神探索的过程中如此重视通过图画和文字来激发观众的感情共鸣。

此时的东西方距离越来越近——特别是在发生了十字军东征事件之后——但距离上的接近并没有促使他们更好地理解对方。这一时期出现了30多种反拉丁的神学思想，虽然我们能够从中觉察到拜占庭神学家对拉丁人的立场了解得更加清楚，并相应地完善了自己的辩论依据，但他们总体上仍然对西方国家采取了高高在上、自以为是的傲慢态度。但拜占庭人这样做已经不合时宜了，因为12世纪西欧的文化复兴产生了很多作品，它们已经不再只是对过去的作品进行简单的整理合成，而是朝着一种崭新的、繁杂的、令人兴奋的创作阶段发展，而拜占庭帝国却没有产生类似的运动可以与之相提并论。

在1204年之前，参观君士坦丁堡的人们禁不住会对它的富饶壮观惊叹不已，这座城市成功地展现了拜占庭君王们的权力和威严。城中的这种辉煌外观在很大程度上归功于当时修建的许多大型的寺庙结构，这些寺庙附近往往建有慈善机构和特定贵族的墓地。例如阿莱克修斯一世和他的母亲、妻子、儿子以

图6-2　游行仪式中使用的双面图像，来自卡斯托里亚（Kastoria），创作于12世纪晚期。左边的图像反映的是耶稣被钉在十字架上，这种拜占庭式的主题在西方国家被冠以"悲伤之人"而极为流行。图像往往能唤起人们内在巨大的情感共鸣，这也是科穆宁艺术的特色。

及孙子们都曾在君士坦丁堡城中大兴土木，积极地进行修建活动。君士坦丁堡城中面对金角湾的西部地区由于保存着这些帝王的陵墓而显得尤为尊贵。其中有两个建筑群尤其值得一提。第一个是位于阿克罗波利斯［Acropolis，即雅典卫城，今天的托普卡帕宫殿（Topkapi Palace）所在地］的圣保罗孤儿院，曾被阿莱克修斯一世重建并扩大，就像安娜在作品中所描述的那样，它是一座城中之城，可以给孤儿以及其他穷人和有需要者提供照顾。第二个是潘托克拉托尔修道院（Pantokrator），它是约翰二世及其妻子在12世纪30年代修建的，由三所教堂组成（至今仍在），其中一所教堂是为皇室家族成员准备的墓地，配有一所在中世纪最专业、医疗化程度最高的医院，此外还有一家老人院和一个治疗麻风病的场所。虽然这些设施都已经不复存在，但我们从潘托克拉托尔教堂的奠基文件中找到了充分的证据，可以相信它们的存在确有其事。

图6-3　从潘托克拉托尔修道院三所教堂的西部所见风景。该修道院位于君士坦丁堡，从12世纪20年代到30年代早期由约翰二世·科穆宁建造，它在12世纪曾经是皇家陵墓所在之地。

　　从11世纪晚期，再贯穿12世纪与13世纪，君士坦丁堡散发出的迷人魅力激起了人们对拜占庭帝国的无限向往。不仅从西西里岛（切法卢教堂、巴拉蒂娜小教堂、蒙雷阿莱教堂、马托拉那教堂）到威尼斯（圣马可教堂）以及基辅和诺夫哥罗德（这两个地方都像君士坦丁堡一样，建有献给索菲亚的大教堂），而且即使远在北方的冰岛和瑞典，在修建重要教堂时都会仿照拜占庭的建筑风格，在上面用马赛克镶嵌画（即使低一个级别也要用壁画）进行装饰。我们在此并不在乎这些马赛克图案到底是否由拜占庭帝国培养的工匠艺人负责加工装饰而完成，尽管这方面的答案在很多时候都应当是肯定的，因为最重要的一点是，我们知道这种装饰风格反映了拜占庭的文化魅力无论对盟友还是对敌人都产生了深刻的影响。然而具有讽刺意味的是，上述的一些教堂早已习惯了君士坦丁堡的建筑风格和建筑魅力，甚至在修缮重建时也希望在自己身上设法再现拜占庭建筑昔日的荣光，因为它们当初就是从拜占庭建筑上面获得了创作灵感，不过自此之后，那些辉煌的建筑就从历史舞台上消失得无影无踪了。

第 7 章

分裂、陷落与复建
公元 1204～1341 年

1204 年，君士坦丁堡的陷落成为拜占庭历史上具有决定性意义的一刻。尽管该城在 1261 年被收复了，但先前发生的这些历史事件所激发出来的离心力量将对这一地区的政治、经济、人口和文化产生深刻影响，并且这种影响极为持久，远远超出了中世纪的历史范畴……

破碎的帝国

　　1204年4月君士坦丁堡的陷落成为拜占庭历史上具有决定性意义的一刻。尽管这座城市在1261年被收复了，但先前发生的这些历史事件所激发出来的离心力量将对这一地区的政治、经济、人口和文化方面产生深刻影响，并且这种影响极为持久，远远超出了中世纪的历史范畴。

　　在1204年之后，由于拜占庭的领土已经被分割成了十几个国家，因此区分它的边界变得十分困难。我们可以把它们粗略分成两个大类：一类是由拉丁人统治的国家，主要是参加第四次十字军东征的法国人和意大利人；一类是拜占庭人自己开拓并统治的国家，它们至少在开始阶段由于以前就属于拜占庭帝国的臣民而具有了一定的合法存在性。这些国家尽管都试图巩固和扩大自己的地盘，但它们的奋斗目标各不相同，那些由希腊后裔统治的国家则把主要目标锁定为收复君士坦丁堡。

　　然而后来发生的事实证明，尼西亚才是其中最成功的国家，因为它真正完成了收复君士坦丁堡的历史使命。尼西亚的第一任统治者是提奥多雷一世·拉斯卡利斯（Theodore Ⅰ Laskaris），他是阿莱克修斯三世的女婿，在1203年逃到小亚细亚，然后在尼西亚地区集结起了一批力量对抗拉丁人。1207年，尼西亚选举产生了一位新的牧首，他宣布加冕提奥多雷一世为皇帝。此后提奥多雷一世的朝廷吸纳并加入了大批君士坦丁堡以前的贵族。先前一些希腊贵族曾在安纳托利亚建立了一些半独立的小国，但后来提奥多雷一世逐渐击败了他们，并决定只要他们宣布向自己效忠，就可以继续统治这些国家。提奥多雷一世统治期间，虽然偶尔也会遭遇失败，但尼西亚的领土总体上得到了巩固和扩张。此外，他的统治标志着拜占庭人开始采取措施与教会完成统一，并且通常是通过方济各会修士在中间进行斡旋。这样做的原因是多方面的，例如拉丁人统治的国家对正统教人口（就他们属于拜占庭教会这一点而言）进行了保护，需要结盟的现实需要，以及从宗教意义上对普世大公教会内部出现分裂局面的由衷担忧……这些都是其中可能的原因。1222年，提奥多雷一世的女婿约翰三世·杜卡斯·瓦塔特泽斯（John Ⅲ Vatatzes）继承了他的皇位，并将一直统治尼西亚到1254年。在约翰三世统治之下，尼西亚军队成功地把拉丁人从安纳托利亚地区赶了出去，并于1235年在色雷斯获得了一片立足之地，此外，尼西亚军队曾围困君士坦丁堡（分别在1235年和1236年），并攻占了帖撒罗尼迦（1246年）和马其顿的大片地区。继承约翰三世皇位的是他的儿子提奥多雷二世（Theodore Ⅱ）。

在希腊后裔统治的国家中，第二重要的就是伊庇鲁斯（Epiros）。伊庇鲁斯的第一任统治者是米海尔一世·科穆宁·杜卡斯（Michael Ⅰ Komnenos Doukas），他是伊萨克二世和阿莱克修斯三世·安格洛斯的堂弟。他最初在蒙费拉的博尼费斯（Boniface of Montferrat）军队之中服役，后来逃往阿尔塔（Arta），并以此为基地，于1205年在希腊西北部创建了一个独立王国。米海尔一世先是向居住在君士坦丁堡城中的拉丁皇帝称臣并与之结盟，然而他于1215年去世之前，一直发兵征服希腊的东北部地区和科孚岛。米海尔一世的兄弟提奥多雷继承了王位，他继续了伊庇鲁斯王国的扩张政策，在1217年发动了他一生之中最大的一场政变活动，俘虏了君士坦丁堡指定的加冕皇帝科特尼的彼得（Peter of Courtenay）。在1224年，提奥多雷攻下帖撒罗尼迦，于是他让赫瑞德大主教（因为尼西亚牧首和其他的希腊主教都拒绝这样做）为自己加冕，从而成为皇帝。这样，伊庇鲁斯成为有望收复君士坦丁堡的最佳选择，但保加利亚国王约翰·阿森（John Asen）在1230年给伊庇鲁斯带来了一记重击，毁灭了它的这份奢望。提奥多雷被刺瞎了双眼，伊庇鲁斯在马其顿和色雷斯的据点也相继坍塌了。提奥多雷的侄子米海尔二世以伊庇鲁斯新统治者的身份出现，并在收复被尼西亚夺去的希腊领土和城市方面取得了部分成功。

在希腊后裔统治的国家中，第三个值得一提的就是特拉比松帝国，它是在格鲁吉亚皇后塔玛（Tamar）帮助之下，由阿莱克修斯五世和大卫·科穆宁在1204年建立起来的，二人是安德罗尼卡一世的孙子。特拉比松和君士坦丁堡之间可以说是彼此隔离的，因为前者位于黑海东南海岸，其后方的领土处于庞廷山脉的保护之中。这一时期特拉比松的政治影响可谓非常微弱，因为自从大卫在1212年去世之后，尼西亚帝国的统治者吞并了帕夫拉戈尼亚地区，割断了特拉比松与君士坦丁堡之间的连接通道。但这种相对隔绝的状态也带来了一种好处：它使得特拉比松的政局一直非常平稳，并且可以从与格鲁吉亚以及位于安纳托利亚的塞尔柱政权的贸易往来中受益匪浅。在1258年之后，特拉比松成为丝绸之路的西部终点，因此这里的商业活动非常繁荣。它在拜占庭帝国灭亡之后还继续生存了几年，最终于1461年被奥斯曼土耳其人征服。

然而周边地区出现的一些拉丁国家，在语言和宗教上就和拜占庭帝国显得格格不入。我们在此必须优先考虑位于君士坦丁堡的拉丁帝国，它是在这座城市沦陷之后就立即建立起来的一个政权。来自佛兰德斯的鲍德温一世（Baldwin Ⅰ）是这个帝国的开国皇帝，他于1204年5月在索菲亚大教堂加冕称帝。他建立的这个帝国占领了拜占庭帝国四分之一的领土，包括君士坦丁堡及其腹地色雷斯、安纳托利亚大部分领土和爱琴岛的大片地区。拜占庭帝国剩下的领土被威尼斯和其他一些十字军首领瓜分，各方占领了拜占庭帝国八分之三的面积。事实上，除了君士坦丁堡之外，他们瓜分的领土只是纸面文章，因为这些地方并没有被征服。鲍德温一世可能是这些诸侯国家的盟主，但他能够实际发号施令的权力肯定十分有限。这位拉丁帝王最初在希腊和安纳托利亚攻城略地时取得了一些胜利果实，但与尼西亚以及伊庇鲁斯领土的快速扩张比较起来，他的这些作为就显得黯然失色了。大约在1235年之后，鲍德温一世就只剩下君士坦丁堡这样一座孤城，并且常年面临人口下降和经济下滑等困难的考验。这种情形促使帝国的统治者们只能向西方国家求援，但西方从来没有以任何实质性的方式来实现对它的援助。于是鲍德温二世（Baldwin Ⅱ，1237~1261年在位）不得不先把那慕尔地区（Namur）作为抵押，后来还把自己的儿子菲利普送到威尼斯做人质，以此换取对方的经济援助。

　　蒙费拉的博尼费斯是十字军的首领，他虽然希望能够加冕称王，但当时也只能打帖撒罗尼迦的主意，并于1204年在当地百姓的拥戴下成为国王。博尼费斯后来扩大了自己的地盘，他占领了希腊中部的大片领土，其中包括雅典和埃维厄岛（Euboia），但他把这两个地方作为采邑，分别赏赐给了勃艮第人奥顿·德·拉·罗什（Othon de la Roche）和阿韦讷的詹姆斯（James of Avesnes）。后来博尼费斯在1207年征战保加利亚的时候去世。接下来必然又是一段政局混乱的时期，并且一直持续到后来帖撒罗尼迦被伊庇鲁斯的军队攻占，当然这也就宣告了王国的正式终结。

　　奥顿·德·拉·罗什控制了希腊中部的大片区域，他的征服活动没有遇到任何有力的抵抗。他所建立的政权后来被称为雅典公国，但政权的驻地却位于旁边的底比斯。他还获得了自己先前帮忙攻占的伯罗奔尼撒半岛的爵位。奥顿·德·拉·罗什在1225年宣布退位，把王位留给了自己的侄子盖伊。到1308年之前，雅典公国一直处于奥顿·德·拉·罗什家族的统治之下，并且它的领土一度扩展到了北方以及伯罗奔尼撒半岛区域。埃维厄岛在拉丁文献中又叫作内格罗蓬特（Negroponte），在1205年被3名伦巴第贵族控制。它是威尼斯的一个重要的战略要地，而当时威尼斯人以哈尔基斯（Chalkis，也叫作内格罗蓬特）为首都。

或许当时在希腊地区最重要的拉丁国家应当是亚该亚（Achaia）或摩里亚（Morea）公国，它包括了伯罗奔尼撒半岛的大部分地区，最初由吉约姆一世·德·香普利（Guillaume Ⅰ de Champlitte）和杰弗里一世·维尔阿杜安（Geoffrey Ⅰ Villehardouin）在1204年夏季攻占（但政权在1209年之后完全由杰弗里一世控制，这种情况一直持续到1228年杰弗里一世去世为止）。而他们的征服活动也几乎没有遇到任何有力的抵抗，并且经常与当地的"阿肯提斯"合作进行。杰弗里一世的后裔们继续统治亚该亚，他们的统治一直持续到1278年。亚该亚公国由12个采邑组成，被教皇形容为"就像是一个新的法国"。整个公国被一连串的城堡包围，就像堡链一样给它提供了一道保护屏障，而法兰克少数民族也出于安全考虑，喜欢住到这些城堡里面。

然而，在这一地区生存得最长久的拉丁国家当属威尼斯人创建的政权，他们占领的领土虽然没有直接连接成片，但相互之间通过政治、经济和行政方面的联系与中央政府组合在一起。威尼斯人不但在东方已有的贸易地位得到了确认，而且还获得了一些旨在加强长途贸易控制权的新的优惠政策。除了拥有君士坦丁堡八分之三的面积之外（以及选举一名威尼斯人为牧首的权力），威尼斯人还占有阿德里安堡、希腊西部从狄拉奇乌姆到勒班陀［Lepanto，位于希腊的纳夫帕克托斯（Naupaktos）］的一片地区，此外还包括爱奥尼亚海岛、内格罗蓬特的部分区域、伯罗奔尼撒从西海岸一直到莫顿（Modon）和科伦（Coron）的地区，以及其他一些岛屿。此外，作为一个重要举措，威尼斯还从蒙费拉的博尼费斯手中购买了克里特岛，以此进一步把自己的主要对手热那亚从该地区的贸易领域中赶出去。但它首先是要征服克里特岛并对其进行殖民统治，不过这笔投资回报丰厚，因为克里特岛在1669年之前一直处于威尼斯人的统治之下，而那时其他所有的拉丁国家和拜占庭帝国都早已被奥斯曼土耳其人征服了。在爱琴海地区的威尼斯人当中，最有名的是马可·萨努多（Marco Sanudo），他是总督的侄子，从13世纪最初10年开始，攻占了几座岛屿并建立了政权，例如位于爱琴海群岛的萨努多公国，其首都是纳克索斯（Naxos）。

这样，一个曾经的中央集权帝国现在已经被分割成了很多小国。周边的邻居趁着混乱之机，抢占了拜占庭帝国更多的领土，其中值得一提的是保加利亚人，他们尤其是在沙皇约翰·阿森二世（John Asen Ⅱ，1218~1241年在位）统治期间，以及塞尔维亚人宣布并捍卫自己的民族独立期间，趁机征服了马其顿和色雷斯地区。而安纳托利亚的塞尔柱人，虽然成功地从特拉比松帝国手中夺取土地，但并没有给尼西亚构成严重威胁，可能是由于他们当时正陷入争夺苏丹位置的内战之中。蒙古人只是从外围影响了这一地区的政治发展：从13世纪30年代晚期起，他们征服了基辅罗斯，侵入了匈牙利，并控制了保加利亚的沙皇以及塞尔柱人的埃米尔，此外格鲁吉亚和亚美尼亚的部分地区也沦为了他们的附庸。

当时这一地区政权林立，彼此拥有不同的利益追求，造成该地的权力更替频繁，国家之间的联盟关系也在不断地迅速改变。上述所有国家相互之间在某种程度上都通过军事联盟和家族联姻的方式产生了联系，但争权夺利的战争不仅在拉丁国家和希腊国家之间展开，而且希腊国家彼此之间也存在着这方面的矛盾冲突。例如，尼西亚和伊庇鲁斯两国为了争夺皇帝称号而在军事和意识形态方面展开的激烈较量，让这个位于君士坦丁堡的弱小拉丁国家有了喘息之机，得以苟延残喘地一直坚持到1261年。

帕里奥洛格斯王朝

1258年，这一地区权力的动态平衡开始发生变化。那一年，提奥多雷二世去世，留下一个7岁的儿子约翰四世（John Ⅳ）作为王位继承人，而摄政则由他生前最信任的几位大臣，即穆扎隆（Mouzalon）兄弟担任。穆扎隆兄弟不是出身贵族世家，他们作为朝廷中出现的新面孔，受到了来自贵族阶层的仇视。在安葬完先皇不久之后，帖撒罗尼迦行政长官之子米海尔·帕里奥洛格斯（Michael Palaiologos）——一个与科穆宁王朝有血缘关系的人——掀起了一场宫廷政变，杀死了穆扎隆兄弟等人。身为拉丁雇佣军的最高首领，米海尔·帕里奥洛格斯很快就成为尼西亚朝廷中崛起的一支新生力量，他最初是作为年幼的皇帝的保护人，不久之后干脆直接登上了皇帝的宝座，成为新的皇帝米海尔八世（Michael Ⅷ）。在接下来的一年里，米海尔八世的军队在佩拉冈尼亚（Pelagonia）击溃了由摩里亚、伊庇鲁斯、雅典和西西里岛组成的联军。在这场战役中很多骑士阵亡了，摩里亚的威廉二世也成了俘虏。后来摩里亚公国通过把伯罗奔尼撒半岛上的重要堡垒，例如莫奈姆瓦夏（Monemvasia）、米斯特拉斯（Mystras）和马伊纳（Maina）等献给尼西亚朝廷，才把他赎了回去。但拜占庭帝国从此之后就开始有计划地逐步恢复自己对这片地区的统治权。伊庇鲁斯公国则从佩拉冈尼亚一战之后放弃了攻入马其顿和色雷斯的计划，而退守到了伊庇鲁斯和塞萨利（Thessaly），这两个地方后来发展得越发独立，彼此之间就像周围的法兰克政权一样，只是保持着一种松散的联系。

现在，从拉丁人手中重新夺回君士坦丁堡的时机变得越来越成熟了。1261年，为了对付威尼斯舰队的海上霸权，米海尔八世和热那亚签订了尼姆法昂条约（treaty of Nymphaion），把先前赐予威尼斯的特权——包括在君士坦丁堡建立永久基地的待遇——都赏赐给了这个威尼斯的对手，以此换取热那亚海军对自己军队的支持。但后来发生的事情证明这纯属多此一举，因为在1261年7月下旬，君士坦丁堡城内的希腊人暗中通敌，透露出威尼斯舰队不在城中的消息，于是一位尼西亚将军不费吹灰之力就攻占了这座城市。先前君士坦丁堡朝廷的官员们纷纷逃之夭夭，但尼西亚政府允许城中的拉丁人口可以留下来继续居住，其中很多人属于噶斯牟罗伊（Gasmouloi）——不同民族之间通婚而生出的后代，并且保证不会让他们受到伤害。而米海尔八世则一直等到圣母安息日，即1261年8月15日，才通过一场精心策划的盛大仪式进入了君士坦丁堡城中。米海尔八世进城的时候，前面开道的人举着圣母赫得戈利亚画像（Virgin Hodegetria），据说是圣徒路加生前照着圣母本人的形象创作出来的。举行进城仪式后不久，米海尔八世就带着他的妻子狄奥多拉——约翰三世·杜卡斯·瓦塔特泽斯的侄孙女，以及他们年幼的儿子安德罗尼卡，在索菲亚大教堂接受了加冕仪式。

在1261年圣诞节那天，米海尔八世命人刺瞎君士坦丁堡城中具有合法皇位继承权的约翰四世，这样就可以永远剥夺他继任皇位的权力。但米海尔八世没有预料到这样做所产生的后果：牧首阿申尼欧斯（Arsenios）宣布开除他的教籍。这标志着宗教和政治领域开始出现重大分歧，并且这种分歧一直持续到了1310年才得以化解。米海尔八世罢免了阿申尼欧斯的牧首职位并将其流放，但这位牧首的支持者们既有教士又有教外人士，他们团结起来要求米海尔八世恢复正常的政教秩序，并且已经在实际上威胁到了帕里奥洛格斯王朝存在的合法性。于是米海尔八世对这些阿申尼欧斯的追随者们进行了迫害，同时通过大规模赐予特权待遇的方式来为自己的统治争取支持率。

尽管君士坦丁堡朝廷心怀大志，但在经过了两代人的发展之后，事实上他们已经不可能收复在1204年失去的所有领土了。例如，米海尔八世试图征服伊庇鲁斯和塞萨利的努力均宣告失败，但他在控制爱琴海区域以及对付海盗侵扰方面却很成功。

在与其他国家交往的过程中，米海尔八世被证明是一位精明的政治家和外交官。他通过联姻方式来建立或巩固自己的联盟关系：他把自己的几个嫡女分别嫁给了保加利亚、伊庇鲁斯和特拉比松的统治阶级成员，而两个私生女则分别嫁给了蒙古和伊卡哈尼德王朝（Ilkhanid）的首领。此外，米海尔八世还得采取措施保证国内的拉丁人会支持自己的统治。可能这就是他向教会妥协的原因之一。他从1262年开始就和教会商议统一教义的事宜，然而事与愿违，虽然当初在举行尼西亚宗教会议期间，人们在讨论教义统一时没有遇到阻碍，但这次情况正好相反。对教义统一的抗拒——对此早已不满的阿申尼欧斯追随者们同样表达了自己抗议的声音——在随后的几十年中变得越来越强烈，而反对者也遭到了来自朝廷的迫害。与此同时，米海尔八世面临着自己统治生涯中最严重的 一次威胁，因为法国国王圣路易九世的兄弟安茹的查理（Charles of Anjou）在1266年征服了西西里岛，后来连先前那位从君士坦丁堡被赶出去的拉丁皇帝都听命于他。查理宣布自己已经做好准备，要发动十字军去重新夺取君士坦丁堡，并且伊庇鲁斯和摩里亚也加入了他的联盟，而米海尔八世不可能击败这么多敌人组成的强大阵营。为了对抗这种威胁，他采取了两种不同的方法：一是加强教义统一的谈判工作，最终导致皇家代表团于1274年在里昂召开宗教会议，并接受了教义统一的内容。这就让查理想通过发动十字军来惩罚宗教分裂的说法不攻自破了。这个措施的成功之处在于它给米海尔八世赢得了时间，从而可以实施他的第二手准备，即秘密外交手段。米海尔八世不但煽动，而且资助阿拉贡王朝渗透并颠覆了安茹王朝统治下的西西里岛。随着查理备战活动的加强，米海尔八世对宗教统一异议人士的迫害活动也在升级。宗教迫害活动进行得相当厉害，被迫害的对象不仅包括普通百姓，其中也有很多贵族——甚至包括米海尔八世的直系亲属。"西西里晚祷"（The Sicilan Vespers）指的就是1282年在西西里岛对法国人进行的一场屠杀事件，这一事件毁灭了安茹王朝在这个区域的存在希望。几个月之后，米海尔八世去世。他在世时，为了消除来自西方的危险曾花费了几乎10年的时间。米海尔八世之死，无论是对他自己的家族还是对于整个国家而言，代价都十分惨重。阿申尼欧斯追随者们的宗教分裂活动，以及约瑟夫追随者们（牧首约瑟夫的追随者，约瑟夫由于反对教义统一而辞掉了牧首的职位）反对教义统一的活动都还继续存在，而此时帝国财政已经陷入了困境，其中很重要的原因是米海尔八世把大量钱财拿去筹办和维持他颠覆西西里的政策了。而米海尔八世是在教堂之外去世的，一开始教会甚至不肯按基督教的仪式为他举行葬礼。

米海尔八世的儿子安德罗尼卡二世（Andronikos Ⅱ）在位的时间很长，近40年（1282~1321），他在很多方面的做法都和自己的父亲大相径庭。安德罗尼卡二世上台之后立即终止了追求教义统一的努力（但他在自己父亲生前却对此表示支持），并召回了那些因受迫害而在外流亡的人士。其中就有西奥多·梅托齐特斯（Theodore Metochites），他回来之后成为安德罗尼卡二世的股肱大臣。安德罗尼卡二世费了大量的精力来修复朝廷与阿申尼欧斯派系和约瑟夫派系之间的裂痕，虽然直到1310年拜占庭朝廷才正式对阿申尼欧斯教派解除迫害，但是这两个派系的领袖人物后来都被追封为"圣徒"。在整个这一时期，担任君士坦丁堡牧首的重要人物是亚他那修，他坚持苦行生活，致力于保护穷困人群。亚他那修制定了分配政策并严格执行，由于这套政策主要触动了教会神职人员和主教们的既得利益，因此他在深受下层人民爱戴的同时，也受到了教会内外特权阶层的仇视，甚至两次被逼下台（分别发生在1293年和1309年）。

米海尔八世执政期间没有重视小亚细亚地区，因为这儿的人们不但缅怀拉斯卡利斯家族的统治，而且现在还把他们当成英雄来纪念，于是他们被米海尔八世课以重税以作惩罚。米海尔八世直到统治的最后几年才试图扭转这种趋势。而安德罗尼卡二世曾尽力采取措施阻止这些地方从自己的领土上流失出去，但由于一系列的原因而最终未能如愿。安德罗尼卡二世首先采取的一种措施是为了节约国库开支而解散了帝国海军部队，并减小了陆军的规模。于是从这时候开始，拜占庭帝国对雇佣军的依赖性就呈指数级增长，但这样发展下去的后果往往是灾难性的。此外，拜占庭军队在13世纪90年代所取得的一些战果却由于当地权贵的联合抵制——他们不愿动用当地资源支援中央部队，以及在这一时期一些势力强大的军事指挥官发动的叛乱活动而被抵消了。这方面的另一个原因更加重要：在1258年蒙古人攻陷巴格达之后，一直到1300年，塞尔柱人在罗姆建立的苏丹国已经完全消失。这就导致在蒙古人政权和拜占庭帝国的安纳托利亚之间所形成的权力真空地带，涌现出了一大批新兴的小型土耳其酋长国，其中就包括在西北部出现的奥斯曼王国，它注定会发展壮大并在下一个世纪征服拜占庭帝国。此外，艾丁酋长国（Aydin），一个定都于士麦那（Smyrna）的海边国家，同样对爱琴海区域构成了一种威胁，因为到14世纪早期，拜占庭帝国对爱琴海地区的有效统治已经消失殆尽了。

为了应对土耳其人在1303年取得的成功，安德罗尼卡二世雇用了大约6500名加泰罗尼亚士兵，交给罗杰·德·弗洛尔（Roger de Flor）带领，并授予他很高的官位，甚至还把皇帝的侄女嫁给了他。这支加泰罗尼亚军队最初在小亚细亚取得了一些成功，但很快他们就开始抢劫当地希腊居民的财产。到了1304年，罗杰被人谋杀（据说是在皇帝的授意下进行的）之后，这群士兵开始抢劫色雷斯（他们原本是被派到这里对付保加利亚人的）；在随后几年之中他们转到马其顿和塞萨利，于1311年消灭了雅典公国的军队，并在此地建立了自己的政权。

大批难民为了躲避土耳其人对小亚细亚的进攻而逃到君士坦丁堡，但是该城的产粮腹地作物歉收，引起了饥荒，而富人阶层的投机行为使得灾情更加严峻。牧首亚他那修在危机中积极地组织救援工作，建立了很多粥场进行赈灾，并严惩官员趁机剥削穷苦百姓的腐败行为。到了1307年，拜占庭皇室同保加利亚在土地问题上同意退让并和对方建立联姻关系，这样才从保加利亚买来粮食，从而缓解了君士坦丁堡城内严峻的灾情。早在几年以前，塞尔维亚人入侵并占领了马其顿地区，当时拜占庭皇室也是采取了类似方法才得以解决危机。在1299年，安德罗尼卡二世把自己的女儿西莫尼斯（Simonis）嫁给了塞尔维亚国王米卢廷（Milutin），并把对方在马其顿已经占领的领土作为嫁妆，但当时新娘年仅5岁，而新郎已经46岁了，这场婚事自然令人侧目，人们对此议论纷纷。

安德罗尼卡二世统治的最后几年政局尤其动荡，其特点是赋税沉重、政府高官腐败横行。在1320年，据说皇位继承者米海尔九世在得知他的儿子安德罗尼卡三世的手下无意间杀死了他更小的儿子曼努埃尔之后，因悲伤过度而去世。这样皇室祖孙之间的矛盾冲突加剧了，他们之间似乎出现了一条不可逾越的代沟。但小安德罗尼卡身边有好友约翰·坎塔库泽努斯（John Kantakouzenos）——一个拥有大量地产、富得流油的家伙，以及其他一些贵族家族的成员，他们形成了自己的利益集团，认为老安德罗尼卡以及他的手下已经日薄西山，没有能力应对当前的危机，因此不应当再管理拜占庭朝廷的事务。另一方面，安德罗尼卡二世和他的手下则认为小安德罗尼卡少不更事、举止轻浮，不能担当国家大事。祖孙之间的冲突很快就演变成一场内战，这是这个皇族内部首次爆发战争，并且带来了灾难性的后果，因为从此之后，拜占庭帝国就一步步走向了命运的终点。其间进行了一次休战，但这只是让拜占庭帝国分裂成了（面积不等的）两部分，接着战争在1323年再次爆发。在这之后直到1327年之前，拜占庭帝国度过了一段不稳定的停战时期。就是在此期间，奥斯曼土耳其人攻占并定都于布尔萨（Bursa），如此一来他们的首都离君士坦丁堡就只有200千米的距离。拜占庭帝国这场内战发展到最后阶段，小安德罗尼卡胜出，把自己的祖父赶下台，并将其关进一所修道院中了此残生。与此同时，新皇帝掀起了一场没收财产和驱逐流放的浪潮（西奥多·梅托齐特斯是其中最有名的受害者），从而使得一批新人进入朝廷享受高官厚禄。

就在安德罗尼卡三世相对较短的统治期间（1328~1341年在位），奥斯曼土耳其人攻占了拜占庭帝国位于小亚细亚的一些据点，并在1331年占领了尼西亚，1336~1337占领了尼科米底亚和帕加马（Pergamon），1341年占领了克里索波利斯。塞尔维亚和保加利亚在塞尔维亚国王斯蒂芬·杜珊（Stephen Dusan）的领导下组成联盟，开始逐渐征服希腊北部地区。相对而言，安德罗尼卡三世在征战伊庇鲁斯时显得更为成功。他在1337年，率领一支主要由艾丁酋长国雇佣军组成的军队，征服了伊庇鲁斯。

社会与经济的多样性

1204年之后的帝国政局分裂必然会导致不同的社会和经济实践共存。拉丁国家不仅把自己母国的社会习俗带了过来，还对其进行调整，以适应当地的实际情况。例如，由于缺少人力以及依赖征服活动的进展情况（有无遇到抵抗），拜占庭的"阿肯提斯"，也就是精英阶层被留存下来。但是，其他人口反而变得不自由了，这和以前拜占庭农村多姿多彩的生活场景形成了鲜明的对比，同时也表明这一时期的社会等级制度变得更加森严。而常年发生的征服战争和海盗活动导致奴隶的数量增多。政治分裂这一事实本身就意味着这一地区以前那种中央集权程度更高的社会制度已经结束：经济领域的垄断现象基本已经废除，而土地私有化和分散耕种的现象更为普遍。这一时期贸易也非常繁荣，因为威尼斯人在爱琴海区域的各个据点已经进行了动态整合，形成了一个完整的商业网络。此外还出现了一些新的城市［例如伯罗奔尼撒半岛上的克拉闰特亚（Clarentza）和米斯特拉斯］，一些先前的城市中心［例如雅典、佩特雷（Patras）、科林斯和莫奈姆瓦夏］也焕发出了新的活力。然而，即使在拜占庭原有的体制里面，这些行省的地位以及它们制造的产品的作用也大幅下降了，因为它们现在不是直接加工商业成品，而是只限于生产一些原材料，然后把这些原材料转运到意大利去加工成成品，并且这些成品往往会再运回当地销售。蒙古人从13世纪20年代晚期开始，将掠夺来的大片领土一直到地中海东部的这片地区统一起来，创造了"蒙古和平"时代（Pax Mongolica），给贸易带来了极大的便利。因为这样一来，商业条件的谈判变得更加容易，并且贸易出行的安全也更有保障。蒙古帝国倾向于将西方的商业利益渗透到亚洲内部区域，从而让包括黑海地区和特拉比松帝国在内的一些地方成为沿途重要的商业据点。

　　至于在希腊后裔统治的国家中，我们从史料中得到的最多信息是关于尼西亚的发展情况，但它的历史并不具有代表性。在经济规模和政治格局缩水的情况下，保持社会结构的延续性肯定是当时尼西亚帝国最明显的发展趋势，但尼西亚王朝的帝王们（特别是约翰三世）并没有将重点放在调整社会和经济政策方面。由于政局动荡，皇室的财产得以积累增加，这样才可以通过赏赐土地来奖励那些对自己忠心耿耿的臣民。尼西亚政府采取措施促进农村经济的繁荣，于是尼西亚朝野的贵族们只能跟着仿效。其中政府势力强大，实施了一套具有经济保护主义色彩的政策，例如约翰三世颁布了一项限制令，禁止进口意大利的纺织品，从而促进当地的生产制造业。尼西亚政府推崇自给自足，并将它作为保证社会公平的经济政策而大力推行，其主要内容是惩治政府官员和社会权贵们的腐败行为。但这就将统治者们摆放到了贵族阶层的对立面，因为尼西亚政府在前一个世纪中统治软弱，使贵族的利益可以大行其道，而现在的贵族们显然已经习惯了过这样的好日子。但约翰三世以及他的继承者提奥多雷二世（采取了更为公开也更为激进的方式）已经做好准备要限制贵族的权力，他们提拔了一批新人担任朝廷里的重要官职，并且为了展示皇权威严而不惜惩戒贵族（体罚、没收、强迫他们与社会下层阶级通婚）。贵族阶层早已对此极为不满，所以一等到提奥多雷二世去世，他们就掀起政变，拥立自己的代表人物米海尔八世·帕里奥洛格斯登上皇位。在接下来的几个世纪里，贵族阶层牢牢控制着帝国朝野，统治地位没有再受到挑战，因为以后的权力争夺都发生在统治阶级内部，并且往往是在同一家族成员之间爆发冲突。这些贵族阶级内部频繁地建立联姻关系——当然理想的婚姻对象是来自帕里奥洛格斯王室的成员。要了解贵族家族之间的这种复杂婚姻关系，只要看一眼当时贵族姓氏前面的一长串组合名词就有了初步印象（例如安格洛斯·杜卡斯·科穆宁·帕里奥洛格斯）。此外，这种现象也说明当时拜占庭帝国的贵族阶级已经发展成了一个封闭式的社会群体，把其他阶层的人们排除在外了。

然而拜占庭帝国一旦在1261年收复了君士坦丁堡，就废除了尼西亚政府制定的政策，统治方式也回到了以前中央集权的传统模式。尽管如此，历史发展趋势也已经不可逆转。在中央集权的外表下，拜占庭帝国的统治权力实际上被分割成了几处。其实早在帕里奥洛格斯家族上台之前，拜占庭政府就把特权地位授予一些重要城市，其中包括帖撒罗尼迦、贝罗伊亚（Berroia）、莫奈姆瓦夏和约阿尼纳（Ioannina）。不过这种情况在1261年之后表现得更加明显。在这种制度下，政府保证对城市内部以及城市周围的特定区域里面的土地，人们可以无偿占有。此外，这种制度还提高了城市精英的社会地位，虽然对于居住在君士坦丁堡的人们而言，这些人算不上社会的顶层阶级，但至少他们在当地社区算得上大富大贵、有权有势。并且在许多情况下，这种制度让当地经济发展得越来越独立，也让当地民众对自己的家乡形成了强烈的归属感。这样，拜占庭社会变得越来越羸弱，而一些地方城市以及个体家族变得越来越富有和强大。可以表明拜占庭经济衰退的一个简单证据体现在它的货币上面：一枚金币其中黄金的含量在尼西亚王朝统治时代还有18克拉，但到了14世纪中叶左右，就已经下降到了12克拉。货币贬值导致人们对它失去信心，从而造成意大利和法国货币在当地得以使用并逐渐占据主导地位。

这一时期拜占庭政府和国家土地之间的关系主要体现在普罗尼亚这种土地制度上。普罗尼亚起初只是偶尔使用，针对的是个体情况，并且不允许继承。但历史发展到了这个时期，拜占庭政府越来越无力用现金支付朝廷官员的俸禄，于是普罗尼亚就逐渐成为拜占庭帝国的一种常规费用。在某些特殊情况下，拜占庭政府甚至允许人们把通过普罗尼亚获得的土地继承下去，例如在米海尔八世执政期间，他就把土地赐予一些枪骑兵并允许他们可以享用两代人的时间。而后来在安德罗尼卡祖孙内战期间，为了让军队听命于朝廷并保持忠心，拜占庭政府把土地赐予越来越多的枪骑兵并允许他们可以永久享用。但如果因此就认为拜占庭政府已经完全丧失了对土地的控制权，那就大错特错了，因为这一时期土地的所有权交换得十分频繁：事实上政府可以随意赐予、交换或收回土地，这就表明普罗尼亚的受益者们在很大程度上仍旧受朝廷的摆布和控制。为了掌握土地以赐予更多的普罗尼亚，拜占庭政府经常使用没收财产这种方式，甚至连教会的财产也不放过。

这一时期的农民人口还在增加。阿陀斯山区修道院的文献资料对马其顿地区的情况做了详细记录，它指出拜占庭的人口一直到14世纪中叶都保持着增长势头，当然也不排除某些地区——例如在14世纪最初几十年中由于遭受了加泰罗尼亚人的侵袭——出现了人口萎缩的现象。此外，由于在这一时期拜占庭政府也认识到自己国内的经济生产扩大了，于是就提高了施加在人民身上的赋税负担。然而事实上，农民的地产正在减少。这是人口增长和继承制度共同影响而造成的结果：因为所有的孩子都要平等地继承自己父母的地产，必然出现单独个人占有的土地越来越少的局面。同样，这一时期小佃农的数量也在继续减少，因为自由民和佃农都得寻求大地主的保护，并把自己的田地卖给他们。特别是在安德罗尼卡二世统治时期，沉重的赋税压得民众简直喘不过气来。此外，拜占庭帝国为了增加国库收入，扩大了包税制的使用范围，造成朝廷官员和税务人员的腐败现象极为猖獗。虽然安德罗尼卡二世为了节约国库开支而解散了帝国舰队，暂停发放官员俸禄，降低了货币含金量，甚至对所有枪骑兵都征收什一税，但一些身份显赫的朝廷官员，例如与安德罗尼卡二世关系密切的圈子成员，包括西奥多·梅托齐特斯和尼基弗鲁斯·科姆诺斯等人，却可以通过卖官鬻爵积累大量财富。

虽然国库最大的收入还是来自土地（以赋税和农业生产的形式），但商业贸易日渐成为这一时期经济整体中的一个重要因素。尤其是威尼斯和热那亚，利用自己享有的特权地位把拜占庭帝国积累起来的财富转移到了其他地方，例如，它们通过港口设施吸引了更多的国际贸易，从而夺去了拜占庭政府的潜在收入。简而言之，虽然意大利人以及后来的其他一些西方商人充分利用了君士坦丁堡和其他重要港口的经济和战略地位，但拜占庭帝国本身却没有从贸易的繁荣中分得一杯羹。这并不是说没有拜占庭人从中获利。我们在历史文献中发现，在这一时期，拜占庭帝国新出现了一个被称为"梅索伊"（mesoi）的社会群体，他们是当时拜占庭社会的中间阶层。梅索伊是一个城市群体，需要注意的是，这一时期的拜占庭帝国拥有很多人口稠密的城市中心，它们日益增加的财富来自商业活动（特别是在粮食方面）、货币借贷和生产制造，而不是像以前的传统贵族一样，只是通过土地来发家致富。但我们不能把"梅索伊"和"阿肯提斯"搞混了，因为前者是作为意大利商人在本地的中间商或代理人，并且和西方国家的情况不一样，他们同时也是地产贵族在本地的中间商或代理人，因为他们把这些贵族富余的农业产品买来运到市场上进行销售。但这并非就意味着他们和地产贵族之间没有了差别：因为贵族阶层仍然表现出顽固的封闭性。其实"梅索伊"就像当时拜占庭帝国其他的社会群体一样，没有形成自己群体共同的利益和奋斗目标，这也是造成他们在接下来的几十年中迅速消失的原因之一。

于是教会——特别是在像亚他那修这样的牧首领导之下时——成为一个比拜占庭政府更值得信赖的社会机构，不但拥有越来越多的司法权，而且成为穷人和弱者对来自皇室财库的剥削，以及他们与有权有势者之间越来越大的社会、经济鸿沟表达反抗的一道精神屏障。此外，来自帖撒罗尼迦的一群知识分子开始创作关于经济活动的作品，内容是捍卫私有财产不受政府干预的权力（例如没收财产），并且呼吁政府对放高利贷的人们施以刑罚（不同于西方国家的情况，放高利贷这种做法在拜占庭是合法的）。他们的行为表明经济因素已经开始引起人们对帝国社会生活情况的关注了。

文化的复兴

1204年之后，拜占庭的文化生活完全由各个地区的政治地理因素所决定。例如，法兰西骑士和威尼斯贵族及其家人定居在帝国先前的领地上，把他们的习俗和书籍也带了过去，并开始以当时西方流行的方式修建生活房屋和教会建筑。在他们修造的这些建筑之中，一些数量极少的地中海哥特式建筑保留至今，它们主要位于希腊大陆，特别是在克里特岛和塞浦路斯两地。在这些领土被征服之后，或许是各个民族混合通婚以及定居时间漫长的原因，很多拉丁人都开始学习希腊语，并在口语表达和书面写作中使用这种语言。这一时期，拜占庭也出现了一些用希腊方言编撰的极为有趣的编年史作品，描写的主角是那些定居于此的拉丁贵族。

在这些希腊后裔统治的国家中，特别是在尼西亚帝国，统治者们的精力显然放在了重塑——虽然规模小了很多——失去的那个帝国的形象，特别是要恢复这个帝国首都的文化背景。尼西亚的帝王们注重发展教育事业，这不仅是为了彰显帝国的声誉，同时也是因为政府的管理阶层亟须知书识礼的青年才俊加入。尼基弗鲁斯·伯勒米德斯（Nikephoros Blemydes，1220~1270）是这一时期最为杰出的代表：他是一位多产的作家，他的作品不仅反映世俗生活，而且也针对宗教领域，甚至还包括一部珍贵的自传。虽然他本人不是一位特别标新立异的思想家，但他作为一位导师，影响的学者超过了一代人（他的一名学生后来成为尼西亚王朝的皇帝）。

不足为奇的是，君士坦丁堡的陷落在流亡的拜占庭贵族中引起了一种对拉丁人的强烈反感之情，这种情绪成为区分他们身份的一种重要标志。此外，他们身上还有另外一个特别标志，那就是崇尚古希腊文化，尽管其产生的影响可能并不大。他们对希腊文化的迷恋和尊崇（例如对小亚细亚和尼西亚腹地的古城遗址）掺杂着一种渴望民族统一的思想以及捍卫正统教的昂扬斗志，从而出

图7-1　索菲亚大教堂画廊中马赛克镶嵌画的一个细节，显示的是基督的画像。这是米海尔八世·帕里奥洛格斯为了感谢基督保佑自己从拉丁人手中重新夺回君士坦丁堡而雇人创作的一部作品。

现了原始民族主义的萌芽时期。

　　因此，这些流亡的拜占庭贵族们一旦在1261年重新夺回君士坦丁堡，其主要的精力会首先用于恢复和修缮这座饱受蹂躏、满目疮痍的城市上。米海尔八世虽然被誉为是君士坦丁"转世"，但他实际上只是对君士坦丁堡城中绝对必要的那部分设施进行了维护。虽然如此，但索菲亚大教堂画廊中那幅让人过目难忘的马赛克镶嵌画就是在这一时期被创作出来的。米海尔八世的儿子安德罗尼卡二世上台之后，君士坦丁堡开始大兴土木：在贵族阶层的资助下（其中

图7-2　来自卡里耶博物馆（以前的柯拉修道院）的马赛克镶嵌画细节，展示了西奥多·梅托齐特斯的形象，因为他在14世纪20年代扩修了这所教堂并为它增添了许多豪华的装饰。

很多人是女性），城中新建了大约10座修道院，并维修了22座以前的修道院。其中一些修道院保存至今，特别是柯拉修道院（Chora）。柯拉修道院是西奥多·梅托齐特斯出资修复的，被认为是拜占庭后期艺术风格的典范代表。修道院的主教堂用马赛克图画以及昂贵的大理石护墙装饰，用作墓地的小礼堂也在四壁刻满了壁画。这座修道院不仅是一个特别精美的建筑物，也从一个侧面反映出修建它时花费了大量的财力、物力。但对此不容忽视的一个事实就是：贵族大

图7-3　阿莱克修斯·阿普卡柯斯在14世纪30年代雇人创作的一部手稿，其中包含希波克拉底（Hippocrates）作品。此处的插图显示阿莱克修斯·阿普卡柯斯穿着拜占庭皇家舰队指挥官的服装。

量修建这些建筑物所需的财政收入，是建立在残酷压榨拜占庭帝国农民的基础之上的。这一时期同样壮观的建筑物还出现在帖撒罗尼迦（牧首尼蓬一世资助修建的圣徒教堂）以及阿陀斯山（齐兰达尔、瓦托佩蒂和普罗塔顿修道院）。

　　但这一时期的艺术创作不只局限于这些著名的绘画作品以及马赛克镶嵌画。一些奢华的礼拜物品，如刺绣织物、镀金的图案内衬、便携式图标、绘图手本，以及微型马赛克图画等也出现了，它们主要是在君士坦丁堡的手工作坊里面被创造出来的。拜占庭艺术风格不仅体现于当时在塞尔维亚和保加利亚出现的一些正统教的建筑物，以及威尼斯圣马可广场的马赛克图案，而且出人意料的是，连13世纪末期锡耶纳的绘画作品中也折射出了拜占庭艺术的光辉。显然，尽管拜占庭帝国政局分裂并且经济形势日趋紧张，但它仍然能够创作出许多反映帝国威望并令人向往的艺术精品。

从尼西亚王朝开始，拜占庭帝国醉心于研究希腊文本的热情得以继续，尽管一些来自帕里奥洛格斯王朝的学者们试图向世人表明：帕里奥洛格斯王朝之前的拜占庭帝国在文化上几乎没有什么建树。这一时期涌现出了一大批杰出的学者，他们热衷于发掘古代文本，对其进行临摹、注释，并将它们用于教育之中。其中一些人可被称为"绅士学者"，因为他们能够自食其力，另外一些学者则多少依赖于来自皇室或其他贵族的资助。这些学者绝大多数都生活在君士坦丁堡，但当时的帖撒罗尼迦同样拥有丰富的文化生活。这些学者通过文学以及各自学生和支持者所形成的圈子而彼此产生联系，他们相互阅读并经常评论对方的作品。他们通常在剧院聚会，其中也包括皇室和贵族举办的文学沙龙，学者们在这里会表演用优美绝伦的希腊语言创作的华丽作品，因为这种风格的作品至少在13世纪后半叶又重新得到人们的青睐。在这样的聚会当中，有人声名鹊起，也有人颜面扫地，并且这种聚会也给学者们进入朝廷谋一份美差提供了便捷通道。一直以来，人们认为无论是这些作品还是它们在剧院的表演，都反映了作者逃避现实的行为举止，因为他们躲在象牙塔里面，习惯在回忆过去的辉煌历史以及专研语言的文学风格中麻醉自己。但现在这种观点受到了质疑，因为如今人们发现这些学者其实是一群很有影响力的团体，他们可以通过自己的作品让统治者意识到教化国民的重要性。然而这种文艺新风尚已经曲高和寡、无力回天，当时的历史潮流已经不允许再进行这样的文学追求了。不过其中一些学者对日常生活中涉及的政治现象并不陌生。例如托马斯·马格斯特罗斯（Thomas Magistros，14世纪上半叶）将他对希腊诗人及悲剧作家埃斯库罗斯（Aeschylus）的《波斯人》（Persians）的评论同当时正在不断骚扰自己家乡（帖撒罗尼迦）的土耳其人联系起来。此外，他还写了很多的演说词，主张要形成一种强烈的本地公民身份认同感，并对没收土地等世俗事务表达了自己的关切之情。马克西莫斯·普拉努德斯（Maximos Planoudes，1260~1300）可能是这些学者当中最有名的一个代表。马克西莫斯·普拉努德斯是君士坦丁堡城中一名深受敬重的教师，他的一些学生也像他一样从事教育，但只是研究成果没有他那样丰硕而已。他对当时所有的知识领域几乎无不涉猎，包括托勒密的地理学（他宣传并传播了托勒密重新发现的成果）、数学、修辞学、语法和诗歌。他最杰出的一个成就表现在：他是古代晚期以来，将拉丁文本（哲学、神学和诗歌）翻译过来的第一人。这样拜占庭人获得的关于西方的知识越来越多，于是他们不再可能像以前拜占庭帝国处于更为强盛的时代时一样，将拉丁基督教作家的成果简单地视为野蛮落后或与自己毫不相干。拜占庭人甚至对意大利北部的一些国家也有所了解，例如约翰·坎塔库泽努斯以及西奥多·梅托齐特斯曾经在讨论了威尼斯和热那亚的统治情况之后，对它们的做法完全嗤之以鼻并加以全盘否定。

第 8 章

末日来临
公元 **1341~1453** 年

1453 年 5 月 29 日，星期二，君士坦丁堡终于被攻占，这标志着拜占庭帝国的千年文明之火终于熄灭，并且这一重大的历史事件对世界各地都产生了深远的影响……

内战又至

安德罗尼卡三世（Andronikos III）于1341年去世后不久，拜占庭帝国两个争夺权力的派别之间发生了一场内战。其中一派以约翰·坎塔库泽努斯为首，他是已故皇帝的好友，也是支持老皇帝的朝廷中坚力量。约翰·坎塔库泽努斯原指望自己能够替年轻太子（即约翰五世）摄政，因为老皇帝曾在1330年以为自己大限将至，当时就钦定他将来为继位的太子摄政。但朝廷中暗潮涌动，已经形成了一股反对约翰·坎塔库泽努斯的势力，其中包括丧偶的皇后萨瓦的安娜（Anna of Savoy）、牧首约翰·卡勒卡斯（John Kalekas）以及一位让人意想不到的人物——阿莱克修斯·阿普卡柯斯（Alexios Apokaukos），他虽然身居百官之首，但他所获得的权势和财富主要得益于约翰·坎塔库泽努斯对他的赏识和提拔。这个所谓的摄政集团本身没有任何明确的宏伟政治目标，只不过是希望让拜占庭朝廷摆脱约翰·坎塔库泽努斯无处不在的阴影的笼罩，从而能够保持并扩大自己手中的权力。可能以前米海尔八世对尼西亚王朝后人约翰四世的处理方式给人们留下了太深的印象，让他们产生了警觉，不希望自己也步其后尘并重蹈覆辙。这场冲突在1341年下半年开始出现，当时摄政集团趁约翰·坎塔库泽努斯回到他在色雷斯的季季莫蒂洪斯（Didymoteichon）大本营时，宣布罢黜他的职位并剥夺了他手中的权力。摄政集团还逮捕了他的追随者和亲朋好友，把他的母亲投入大牢，并没收了他的家庭财产。作为回应，约翰·坎塔库泽努斯让部下拥立自己为帝，于是拜占庭帝国的内战正式爆发了。摄政集团力求人们将这场内战当成一场发生在达官贵族和社会经济低层人士之间的利益之争，其中还涉及虽然日益富余但在政治上深受排挤的中产阶级。支持约翰·坎塔库泽努斯的包括大多数贵族阶级成员、军队士兵、教会高级神职人员。但是城镇人口，其中也包括中产阶级，支持的是阿普卡柯斯。内战双方都尽力培养一种促进现有社会分化的仇恨氛围，从而导致了严重的社会后果。位于欧洲大陆的省份成了双方的战场，结果农业生产大幅减少，造成军队的粮草供应只能依靠包括塞尔维亚在内的周边国家提供，并且从长远来看，他们几乎不可能去除奥斯曼土耳其人对拜占庭帝国构成的威胁。在那些双方都布局了势力的拜占庭帝国城市之中，暴力冲突和意见纷争愈演愈烈。不过总体来看，这些城市还是以支持约翰·坎塔库泽努斯为主。但在大城市中的情况却完全不一样。先是在阿德里安堡，接着是在帖撒罗尼迦，贵族阶层先后成为人们攻击的目标。1342年，帖撒罗尼迦在近乎被约翰·坎塔库泽努斯攻陷时，爆发了一场特殊的叛乱活动。一群主要由普通百姓、城市中的职业人士（特别是水手和码头工人），甚至一些贵族成员组成的人发动起义，把约翰·坎塔库泽努斯以及他的追随者们赶了出去。阿普卡柯斯的儿子约翰成了这群人的早期领袖之一，他们被称为"奋锐党"（Zealots），并且在1349年之前一直控制着这座城市。城中的贵族遭到屠杀，他们的财产也被没收。甚至连寺院和教堂的财产也被征收，用于公共事业，例如加强城市的防御工事等。

正当越来越多的人开始认可约翰·坎塔库泽努斯的皇帝地位时，塞尔维亚国王斯蒂芬·杜珊趁机朝拜占庭帝国南部大肆进军，并在那里加冕称帝，成为塞尔维亚人和罗马人的实际统治者，控制了从多瑙河到科林斯、从亚得里亚海到卡瓦拉的大片土地。这些土地就位于帖撒罗尼迦附近，而帖撒罗尼迦成功地抵制住了塞尔维亚人的攻势。摄政集团意识到自己没有选择的余地，于是赋予阿普卡柯斯更大的权力，结果贵族对他的反抗变得愈加强烈，特别是在君士坦丁堡城中，情况更是如此。在这种形势下，阿普卡柯斯最终沦为暴力活动的牺牲者：他在1345年被人杀害。而在这之前，约翰·坎塔库泽努斯已经开始朝着首都进军，并于1347年最终入驻君士坦丁堡。在他入城前的几个月，索菲亚大教堂东面的半个穹顶突然垮塌，这让人们惊慌失措，以为这是世界末日来临的"先兆"。而几个月之后，黑死病随着热那亚商人的船只从黑海地区传染到了君士坦丁堡，在该城造成惨重的伤亡之后，又传染到了意大利，并从意大利进一步传染到了整个欧洲，造成世界人口大幅下降。而在君士坦丁堡陷落之前，黑死病还会在拜占庭帝国境内来回肆虐十余次。

约翰·坎塔库泽努斯在其短暂的统治期间（1347～1354年在位），试图建造一支新的帝国舰队，但当时的威尼斯和热那亚为了不断谋求和巩固自己的特权待遇，以及追求政治、经济方面的利益——特别是希望控制回报丰厚的连接黑海的通道——而经常与拜占庭帝国开战，从而使他的心愿化为了泡影。在14世纪50年代的战争初期，热那亚军队就设法捕获并摧毁了这支新舰队。相比之下，约翰·坎塔库泽努斯在巴尔干半岛的征战活动更为成功：他一开始就通过发动一系列战争收复了被斯蒂芬·杜珊占领的领土（当时杜珊正在北方与匈牙利人作战），并把奋锐党从帖撒罗尼迦赶了出去。

虽然约翰·坎塔库泽努斯努力缓和与约翰五世之间的关系，甚至把自己的女儿嫁给了他，但他们之间的关系还是变得越来越紧张。一方面，约翰·坎塔库泽努斯努力消除年轻的皇帝对自己的疑心；但在另一方面，他又通过在朝廷制定各种政策让自己的子女从中受益。1349年，曼努埃尔·坎塔库泽努斯（Manuel Kantakouzenos）被提拔为摩里亚君主并被派往米斯特拉斯。他在这一地区一直统治到1380年，使当地经济得以繁荣发展。约翰五世得到了帖撒罗尼迦，但后来和季季莫蒂洪斯地区进行了交换，而季季莫蒂洪斯在这之前一直处于约翰·坎塔库泽努斯的大儿子马修的控制之下。约翰·坎塔库泽努斯在1353年宣布将马修加冕为共帝，对此约翰五世断然采取了反抗行动。在不到一年的时间里，约翰五世就在热那亚人的帮助之下占领了君士坦丁堡，迫使约翰·坎塔库泽努斯宣布让位并出家。在修道院，约翰·坎塔库泽努斯的教名是乔斯福（Joasaph），但他直到在1383年去世之前，一直躲在幕后进行操控，在政治和意识形态方面支持外面的几位皇帝，因为当时他们全都是约翰·坎塔库泽努斯家族的成员。至于马修，他被迫正式宣布放弃对帝位的任何非分之想，然后到了米斯特拉斯，同自己的父亲和兄弟住到了一起。

奥斯曼土耳其的侵袭

就在约翰五世发动政变前不久，一场地震摧毁了加里波利（Gallipoli）的重要堡垒。奥斯曼土耳其人在苏莱曼（Suleiman）——其父是奥尔汉（Orhan），曾娶坎塔库泽努斯的女儿为妻——带领之下，越过海峡，占领了具有重要战略意义的一些地区，并在沿途劫持了百姓作为俘虏带走。人们通常认为在加里波利出现这样一个土耳其人的前哨阵地，就意味着奥斯曼土耳其帝国迈出了征服巴尔干半岛的第一步，但要实现对这一地区的完全征服则几乎需要整整100年的时间。随着奥斯曼土耳其帝国势力的增强，塞尔维亚的势力开始逐渐削弱。等到斯蒂芬·杜珊在1355年去世之后，他创下的这个辽阔帝国很快就分化成了一些规模很小的公国，并且彼此之间常年征战不休。

接下来几十年的历史发展表明，奥斯曼土耳其帝国的不断进军，已经对地中海东部的所有国家——无论是希腊人、拉丁人，还是斯拉夫人创建的政权——形成了一个最大的威胁。由于此时拜占庭帝国已经指挥不动任何有力的军队，所以外交手段就成为这些国家处理自己和奥斯曼土耳其帝国关系的唯一手段。他们只能期待西方世界可能会提供帮助，而教会在这方面将扮演重要作用。于是实现教义统一的问题再度变得非常实际。这样做的最终目的是希望再组织一次十字军东征，以此对付奥斯曼土耳其人。此时他们前进的势头锐不可当，例如季季莫蒂洪斯和阿德里安堡（它不久之后就成为奥斯曼土耳其帝国的首都）在1362年陷落，而普罗夫迪夫（Plovdiv）也在1363年落入土耳其人手中。因此一场十字军东征运动便应运而生了。这次十字军的领袖是萨瓦的阿马迪厄斯（Amadeus of Savoy，约翰五世母亲的侄子），队伍中包括匈牙利人和来自热那亚的莱斯博斯岛（Lesbos）的士兵，他们在1366年成功地收复了加里波利。但这只是十字军与奥斯曼土耳其人交战中取得的唯一一次胜利。

拜占庭皇帝约翰五世在1369年到了罗马并皈依了罗马教会，但这被视为只是他的个人行为，因此没有在拜占庭帝国引起震动。但约翰五世在回归拜占庭时却由于未偿还先前欠下的债务而被威尼斯扣押，他只得留下自己的小儿子曼努埃尔二世作为人质，这样对方才允许他回国。即使在回国之后，约翰五世执政的最后20年仍然不断遭受奥斯曼土耳其帝国的侵袭，并且家族内部也纷争不断。此外，早在1372/1373年，约翰五世沦为了奥斯曼土耳其帝国新皇帝穆拉德一世（Murad Ⅰ）手下的诸侯，这就意味着拜占庭帝国不但要上缴一大笔贡金，并且在战时还得派军随着奥斯曼土耳其帝国的部队一起出征。约翰五世的长子安德罗尼卡四世（Andronikos Ⅳ），由于当时被剥夺了皇位继承权，于是勾结奥斯曼土耳其帝国王公一道起兵反叛自己的父皇。他可能是习惯了在其父皇亲征期间代行统治大权，因此不愿交出手中的权力。但这次叛乱被镇压下去，安德罗尼卡四世本人也被关押起来，而他的兄弟曼努埃尔二世则被提拔为共帝。1376年，安德罗尼卡四世在奥斯曼土耳其帝国的帮助之下，发动了另一场政变以反对自己的父亲和兄弟。这次政变取得了成功，并且他的两位亲人都被监禁起来。作为对奥斯曼土耳其人的回报，安德罗尼卡四世把加里波利返还给了他们。但约翰五世和曼努埃尔二世在1379年设法逃走，向穆拉德一世求助，并承诺给土耳其人提供比安德罗尼卡四世许诺的更好的回报——包括把安纳托利亚最后一座属于拜占庭帝国的基督教城市费拉德尔菲亚献给对方。于是在稍后的战役中，曼努埃尔二世被迫跟随奥斯曼土耳其人一起去攻打这座城市。这几个内讧的家族成员后来在1381年达成和解，安德罗尼卡四世重新成为约翰五世的皇位继承人，并获得了希吕姆波里安（Selymbria）作为封地。曼努埃尔二世在1382年占领了帖撒罗尼迦，并在攻占几座马其顿城市的战役中取得了一些小小的胜利，于是他顶着奥斯曼土耳其帝国的重重压力继续统治着帖撒罗尼迦。1386年，阿陀斯山社区和奥斯曼土耳其人签订协议，其中允许教会社区保留自己在这一地区的重要资产。1387年，曼努埃尔二世眼看帖撒罗尼迦即将不保，于是逃往莱斯博斯岛。帖撒罗尼迦的陷落等于打开了奥斯曼土耳其人进一步进攻拜占庭帝国的大门，于是在1388年，保加利亚沦为奥斯曼土耳其帝国的附庸；到了1389年，塞尔维亚和土耳其人在科索沃战场上兵戎相见，尽管双方都死伤惨重，但塞尔维亚最终还是落入了奥斯曼土耳其人之手。

1380年，米海尔·坎塔库泽努斯在米斯特拉斯去世，皇位由他的兄弟马修继承。这时，帕里奥洛格斯家族为了和坎塔库泽努斯家族争夺皇位继承权而发起了战争，结果前者胜出，并由约翰五世的儿子提奥多雷在伯罗奔尼撒建立了政权。他在1407年去世之前，一直执掌着拜占庭帝国的管理大权。他在位期间，拜占庭帝国成功地收复了伯罗奔尼撒半岛，并从摩里亚公国剩下的领土中夺回了自己失去的土地。

安德罗尼卡四世在1385年去世，接着在1391年他的父亲约翰五世也去世了。为了防止奥斯曼土耳其帝国新苏丹巴耶济德一世（Bayezid Ⅰ，1389~1402年在位）的反对，曼努埃尔二世加冕称帝，匆匆上台。巴耶济德一世无奈之中只得承认这个既成事实，但大幅度地提高了拜占庭帝国进献的贡金数量，还要求在城中建立一个土耳其人的自治社区。巴耶济德一世继续推进奥斯曼土耳其帝国的征服政策。在14世纪90年代早期，塞萨利被奥斯曼土耳其人征服，保加利亚也并入奥斯曼土耳其帝国成为其中一省，并且土耳其人还开始经常性地进攻摩里亚地区。此时奥斯曼土耳其人已经做好了攻占君士坦丁堡的准备，于是奥斯曼苏丹在1394年下令开始对君士坦丁堡进行长期围困。为了便于进攻，奥斯曼土耳其人在博斯普鲁斯海峡的亚洲区域修建了一座壮观的城堡——安纳多鲁堡垒（Anadolu Hisar）。当时人们估计拜占庭首都坚持不了多长的时间，基于这种认识，欧洲国家大为恐慌，因为君士坦丁堡一旦陷落，将会在政治上和经济上威胁到这些国家在黎凡特地区的商业利益，虽然到14世纪80年代晚期为止，威尼斯和热那亚都曾和奥斯曼帝国签订了一些商业条约。由此，这些西方国家的统治者们逐渐意识到，保加利亚、塞尔维亚和拜占庭的相继陷落无疑是为奥斯曼土耳其人铺平了进攻自己的道路，于是他们自然想到要组织一场旨在反抗奥斯曼土耳其人的十字军东征运动。随后，一支勃艮第贵族在讷韦尔的约翰（John de Nevers，"无畏者"）以及医院骑士团[①]在大团长约翰·布西科（John Boucicaut）的率领下，决定响应号召，组成了十字军军团，后来威尼斯也派军加入进来。1396年，这支威风凛凛的十字军在多瑙河的尼科波利斯（Nikopolis）附近遭遇了巴耶济德一世的部队，结果被对方一举击溃。匈牙利国王西吉斯蒙德（Sigismund）逃进了君士坦丁堡，但绝大多数勃艮第士兵沦为俘虏，后来付了高额赎金他们才被释放回去。在这次战役中，大部分十字军士兵都阵亡了。巴耶济德一世获胜之后，又重新对君士坦丁堡展开围困。曼努埃尔二世觉得这种绝境只有依靠西方国家的援助才可能得以扭转，于是他效仿自己父亲以前采取的措施，准备只身前往欧洲求助。他心怀忧虑地留下自己的侄子约翰七世在约翰·布西科的辅助下掌管城中大事。此外，他还把自己的家人迁往伯罗奔尼撒半岛上处于威尼斯人控制之下的莫顿地区，并派遣一支使团向

　　[①]医院骑士团（Knights Hospitaller），全称"耶路撒冷圣约翰医院骑士团"，是马耳他骑士团的前身，成立于第一次十字军东征之后，是历史上著名的三大骑士团之一。其主要目的是照料伤患和朝圣者，后来发展成为一支军事力量。——编者注

莫斯科大公求援。这样安排之后他才在1400年踏上了前往威尼斯的旅程。曼努埃尔二世在西方待了两年多的时间，先后去过威尼斯、帕多瓦、米兰、巴黎和伦敦。这位东方皇帝以及他的随从们尊贵而略带怪异的容貌和服饰，引起了这些地方人们的普遍同情，于是他们大都慷慨地承诺会给这群东方人提供帮助，不过这些诺言最后都流为一口空言。据说曼努埃尔二世和这些西方国家首领们打交道依靠的是医院骑士团高官提供的帮助，而他和医院骑士团这些人在东方就已经建立了关系，因为他们都敏锐地意识到当地形势的严重性。

但后来发生的一场意外事件拯救了拜占庭帝国，当时强大的蒙古首领帖木儿赶到安纳托利亚来救援就要被巴耶济德一世征服的土库曼公国，并于1402年在安卡拉战役中给了奥斯曼土耳其人致命的一击。巴耶济德一世本人在战斗中被对方擒获，于是他的儿子们为了抢夺苏丹之位而大打出手，结果安纳托利亚的当地势力趁机起兵反抗土耳其人的统治，从而使奥斯曼帝国在长达10年的时间里处于群龙无首的混乱局面中。

残喘与陷落

在同一年，曼努埃尔二世回到君士坦丁堡，他现在统治的是一个支离破碎的小国，这个小国包括围绕君士坦丁堡和色雷斯腹地的一些土地、爱琴海北部一些小岛以及位于伯罗奔尼撒半岛上的摩里亚君主国的领土。此时的拜占庭几乎不再适合用"帝国"这样的字眼来作为自己的称呼。周边的邻居和敌人当然也注意到了拜占庭帝国的衰落。在巴耶济德一世包围君士坦丁堡的时候，莫斯科大公巴西尔一世就声称信奉正统教的基督徒只认可教会的领导，而不接受皇帝的统治，但他的这番言辞遭到了牧首的强烈谴责："基督教徒们不可能眼中只有教会而没有国家。"

在从这里撤军之前，帖木儿攻陷了士麦那并解散了医院骑士团，从而有效地结束了拉丁人对安纳托利亚形成的威胁。巴耶济德一世的儿子苏莱曼、艾萨、穆罕默德和穆萨在欧洲和安纳托利亚为争夺皇位而彼此混战。曼努埃尔二世最初支持实力强大的苏莱曼，并获得了对方奖赏的帖撒罗尼迦。于是曼努埃尔二世授予约翰七世一个皇家封号，并派他到那儿进行统治。约翰七世在1408年去世，而他的儿子安德罗尼卡五世比他还要早一年（1407年）去世。从这时起，曼努埃尔二世和他的儿子们就开始独掌大权。最后穆罕默德（1413～1421年在位）在皇位争夺战中胜出，这样所谓的"奥斯曼帝国大空位期"终于在1413年宣告结束。当时地中海地区的所有基督教国家一定都清楚自己当前所面临的困境。于是曼努埃尔二世加固了伯罗奔尼撒入口处的防御围墙，并且为了促进拜占庭帝国和其他势力之间的联盟关系，他还安排自己的子女和很多贵族联姻［联姻对象包括莫斯科大公，以及意大利的蒙费拉和马拉泰斯塔（Malatesta）家族］。但是到了1421年，穆罕默德去世之后，拜占庭转而支持先

图8-1　米斯特拉斯的潘塔纳萨女修道院（Pantanassa），建于15世纪20年代。北面饰有鸢尾花组成的花环，表现出明显的哥特式建筑风格。

前争权失利的穆斯塔法（Mustafa）。然而获胜上台的却是穆拉德二世（Murad Ⅱ），他当然对此怀恨在心，于是在1422年就已经把君士坦丁堡和帖撒罗尼迦团团围困起来。虽然君士坦丁堡的抵抗活动取得了成功，但帖撒罗尼迦在1423年却向威尼斯投降了。威尼斯尽管不是很情愿，但还是接受了这座城市（尽管帖撒罗尼迦是一个重要的港口，但过去威尼斯从未利用过它）。威尼斯一直统治着帖撒罗尼迦，直到1430年，它自己也被奥斯曼土耳其人征服并占有。

1425年，曼努埃尔二世的儿子约翰八世（John Ⅷ）继承了他的王位。约翰八世将拜占庭剩下的领土分封给了自己的兄弟们：其中君士坦丁和托马斯得到了摩里亚（他们的兄长提奥多雷已经在那里进行统治），季米特里奥斯（Demetrios）则得到了希吕姆波里安。摩里亚采邑在这期间一是通过联姻关系，二是通过发动军事战争，蚕食剩下的一些拉丁领土，从而扩大了自己的版图。于是到了1430年，整个伯罗奔尼撒半岛自1204年以来，第一次重新回到了拜占庭帝国的怀抱。但就在同一年，帖撒罗尼迦遭到攻击并最终沦陷，而约阿尼纳居民则通过谈判向奥斯曼土耳其人投降，从而保住了自己的一些特权。

此时的形势已经变得相当明朗：如果再无法得到外部支援，那么拜占庭帝国将迅速走向灭亡。而这种援助只能来自西方国家，并且一般是以派遣十字军东征的形式进行。而西方教会自1378年之后出现的分裂局面，让拜占庭很难集中精力来进行这项工程，但后来于1414~1417年期间在康斯坦茨（Constance）召开的宗教会议解决了这种分裂状况，让事情的发展有了转机。当时拜占庭代表人士被邀请去参加这次会议，并在会上重新讨论教义统一以及从西方获得军事援助等问题。以前拜占庭虽然一直呼吁要召开一次基督教的普世大公会议讨论这一问题，但一直遭到罗马教皇的拒绝，因为教皇觉得没有必要，他认为所谓的教义统一只不过意味着拜占庭教会回归罗马教会而已。现在，可能是考虑到双方都已经实力大衰，罗马方面答应了拜占庭的要求，决定于1438年在费拉拉（Ferrara）召开一次宗教会议。拜占庭方面是由约翰八世和君士坦丁堡牧首约瑟夫带队，其队伍阵容庞大，包括很多主教和饱学之士，一共由700人组成。在会上，罗马和君士坦丁堡之间的许多差异一下子就清楚地凸显出来，例如在宗教礼仪方面（约瑟夫显然不会同意去亲吻教皇的脚），当然更主要体现在他们开会准备讨论并解决的宗教事务方面。由于会议期间又暴发了一场瘟疫，他们只好在1439年把会议转移到佛罗伦萨。双方无休止的争论也让他们尝到了苦头，例如庞大的拜占庭代表团本来就资金紧张，而会议的拖延导致他们的物资供应告罄，并且参会代表也出现了疲惫、厌倦的情绪。最后通过某些强迫手段，会议才通过了方案，拜占庭代表团除了一人之外都在所要求的文件上签字表示同意。但拜占庭代表团回到君士坦丁堡之后，出于对这一方案的普遍反感，多数人在皇帝的兄弟季米特里奥斯的带领下撤回了自己先前的签名。

教皇尤金四世（Eugene Ⅳ）于1443年开始进行宣传工作，准备组织一次新的十字军东征。这次十字军主要由匈牙利人、瓦拉几亚人（Wallachians）和一些具有独立地位的塞尔维亚贵族们组成，同时由威尼斯、热那亚和勃艮第提供海军支援。虽然十字军最初在特兰西瓦尼亚地区（Transylvania）取得了一些胜利，但到了1444年，他们在保加利亚的黑海沿线一处叫作瓦尔纳（Varna）的地方附近，遭到敌方沉重的打击。这样，拜占庭帝国一点好处都没捞着。不久之后，奥斯曼土耳其人对拜占庭帝国剩余据点的攻击活动又开始了：1446年，他们远征摩里亚，摧毁了防御围墙，并把6万俘虏作为奴隶。第二年，约翰八世去世了，尽管他的其他兄弟们有所反对，但他的弟弟君士坦丁十一世（Constantine Ⅺ）还是继承了王位。君士坦丁十一世是拜占庭帝国的最后一位皇帝，并且值得注意的是，他也是自1204年之后，唯一一位没有在索菲亚大教堂加冕的皇帝。君士坦丁十一世的两个兄弟——季米特里奥斯和托马斯——被留下来统治摩里亚。当穆拉德二世在1451年去世时，他的儿子穆罕默德二世（Mehmed Ⅱ）继承皇位，并表示自己一定要拿下君士坦丁堡。穆罕默德二世在博斯普鲁斯海峡的欧洲区域修建了一座新的城堡——鲁梅利堡垒（Rumeli

Hisar），正好在他的曾祖父修建的另一座城堡的对面，从而可以控制进入海峡的通道。并且，他还在城堡中布置了大量火炮——其中包括一门笨重不堪但气势非凡的超级大炮，这些炮口都对着君士坦丁堡的城墙，而君士坦丁堡的城墙显然禁不住这些火炮的轰击。于是为了避开拦在金角湾入口处的铁链，拜占庭的船只只能从博斯普鲁斯海峡通过陆路——从君士坦丁堡对面的佩拉（Pera）后面——转运过来。君士坦丁堡的守军寥寥无几，尽管其中包括一些人数虽少但很受欢迎的西方援军。虽然所有身强力壮的公民都尽其所能保卫家园——例如搬来砾石修补墙壁上的裂缝，但城市巨大的城墙仍然无法构建起有效的防御。1453年5月29日，星期二，君士坦丁堡终于被攻占，这标志着拜占庭帝国的千年文明之火终于熄灭，并且这一重大的历史事件对世界各地都产生了深远的影响。

贵族企业家

在内战的社会和经济维度上，以约翰·坎塔库泽努斯为代表的拥有土地财富和贵族血统的旧族，与以阿普卡柯斯为代表的通过非常规方式发家致富的新生阶级之间形成了对立。阿普卡柯斯本人可能是由于时局艰辛而落难的一名贵族，但他通过垄断国家的食盐买卖而获得成功。处于社会经济的下层阶级对富有贵族的不满情绪已经转化成了一种阶级仇恨，例如奋锐党在帖撒罗尼迦的统治情况就是这方面的一个证明。因此，我们不难看出，约翰·坎塔库泽努斯所取得的胜利对于这个新兴的活跃社会阶级具有重要意义。总体而言，内战结束之后，"梅索伊"从我们掌握的历史文献中消失了，但这并不能说明他们已经从社会实际生活中消失了。相反，当时出现了另一种社会发展趋势：一群新人正在强力崛起，他们就是所谓的"贵族企业家"。虽然他们曾经就已经出现在历史舞台之上，但直到此时，这些人才开始主宰拜占庭的经济生活。

由于奥斯曼土耳其人和塞尔维亚人发动的征服战争，贵族们失去了大量的财产，他们再也不能依赖土地带来的收入维持自己的生活方式了。此外，拜占庭朝廷的官位有限，自然也就竞争激烈。于是，这些贵族日益倾向于采取梅索伊的挣钱之道，开始把富余的收入投资于意大利人开办的工厂和银行之中。我们发现离君士坦丁堡陷落的时间越近，这些贵族企业家就发展得越是兴盛。他们中的一些人变得极为富有，例如尼古拉斯·诺塔拉斯（Nicholas Notaras）和他的儿子劳卡斯（Loukas），乔治·戈德利斯（George Goudelis）和他的儿子约翰以及孙子弗朗西斯科·德拉佩瑞欧（Francesco Draperio），他们都是其中的代表人物。此外，一些人虽然仍在朝廷中供职，但他们取得了威尼斯和（或）热那亚的国籍，并且在意大利银行中有大笔的存款。总之，拜占庭帝国的最后一百年见证了这个国家如何走向灭亡——特别是它的经济实力和它对地方行省的控制能力都变得越来越弱。但对于一些贵族企业家来说，这却是一个难得的黄金时代。因此，与帝国那时的衰落背景相映成趣的是，拜占庭的主要财政收入来源于贸易，虽然其中最大的利润实际上是流入了意大利人之手。

拜占庭帝国积弱积贫，这表现在许多方面。当约翰·坎塔库泽努斯在内战结束之后加冕称帝时，他和妻子所戴的王冠上面的装饰都只是一些彩色玻璃，因为王冠上真正的珠宝已经被典押给了威尼斯。几年之后，拜占庭帝国停止发行金币，结束了从4世纪就开始的传统。而君士坦丁堡城中现在是满目疮痍，几乎只有一些破败不堪的建筑，以前魏峨壮观的房屋周围空空如也，连巨大的蓄水池都已经变成了一片菜园。鉴于贸易对它的重要性，君士坦丁堡完全可能在15世纪演变成一个满是商人的小型城邦国家，即变成一个博斯普鲁斯海峡上的威尼斯。可能正是意识到了这一点，曼努埃尔二世才会忍不住悲叹，拜占庭已经不再需要一位皇帝来进行统治，而只要一名商业管家就可以了。

几个世纪以来一直作为拜占庭帝国经济支柱的农村地区，现在也一片混乱。由于在14世纪40年代发生了内战，以及第一次瘟疫暴发，农村地区的人口分布也出现了变化。一些非希腊人口（例如马其顿地区的塞尔维亚人）的数量较少，而其他种族的人口开始大批地殖民这些地区。其中最主要的是阿尔巴尼亚人（最初是居住在希腊北部和伊庇鲁斯，后来逐渐蔓延到了希腊中部和伯罗奔尼撒半岛）以及土耳其人（主要居住在色雷斯、君士坦丁堡的腹地，以及塞萨利，并且他们在拜占庭帝国灭亡前的最后几十年也居住在伯罗奔尼撒半岛），但人口的主体部分还是希腊人。这种人口流动不仅仅是战争的结果。拜占庭内战和瘟疫暴发可以被视为农业人口发展的分水岭。由于瘟疫引起的死亡率以及为了躲避敌人掠夺而朝安全地带进行的人口转移，马其顿和色雷斯两地的农业生产遭到了严重破坏。此外，由于害怕海盗袭击，人们不敢在一些岛屿和沿海地区继续居住。在军事行动过程之中，大批居民沦为俘虏并被带离拜占庭领土（例如转移到安纳托利亚）。此外，在那些处于奥斯曼土耳其人控制之下的地区，由于赋税制度简化且实际上缴的税收只有拜占庭帝国的一半左右，人们毫无疑问地与新统治者达成和解，不再进行激烈的抵抗行动。

拜占庭政府虽然名义上继续采用中央集权统治，但实际上政局已经四分五裂，并且中央政府对这种结果难辞其咎。因为在这一期间，一些仍然属于国家的土地被作为封地赐予政府的低级官员，他们几乎可以完全独立地管理这些封地而不受国家的任何干涉。帖撒罗尼迦和米斯特拉斯是封赏土地最多的两个地方，以至于这里都形成了它们自己的精英阶层和文化环境。此外，各个城市（一般认为是由当地执政官们为代表的社会团体）之所以继续朝自治方向发展，其中最根本的原因是它们和君士坦丁堡之间的直接联系被切断了，例如帖撒罗尼迦和米斯特拉斯只能通过水路才能抵达首都。很多城市都在商议是否要向奥斯曼帝国投降。那些投降的城市［帖撒罗尼迦、塞尔雷（Serres）以及约阿尼纳］能够得以保存并享有一定的优厚待遇；而那些不愿投降的城市则被土耳其人用武力征服，其市民沦为奴隶或者遭到驱逐，从而可以腾出位置让土耳其人进来居住。例如根据奥斯曼土耳其帝国的资料显示，拉里萨（Larissa）在1453

年之后的几十年中，城中的土耳其人口已经超出全部人口的百分之八十。关于伯罗奔尼撒半岛的文献资料表明了类似现象，在新建的村庄里面，阿尔巴尼亚人和希腊人分开居住。

虽然拜占庭社会的基本结构没有改变，但贫富差距却大大增加了。贫富阶层的紧张关系已经显露出了种种迹象：在君士坦丁堡城中的一些富裕的拜占庭人修建了坚固的房子和城楼，似乎是为了保护自己免受暴徒的侵害。

先前就已经发展得相当明朗的趋势还在继续，那就是和摇摇欲坠的拜占庭政府相比，教会是当时最稳固的社会机构，因此其地位也就发展得更加稳固了。为了至少能够保住自己的一些财产，越来越多的人选择把财富转移到教会里面，而事实也证明他们的选择是对的，奥斯曼土耳其人在征服战争中还是相当尊重教会的产权的。

阿陀斯山修道院就是这方面的一个典型例子：山上的主修道院通过和土耳其人交好，成功地保住了自己的大部分财产，并能够继续正常运行下去。阿陀斯山修道院社区收到了大量慷慨的捐赠，不仅来自拜占庭境内，而且也来自塞尔维亚、保加利亚和瓦拉几亚。

那些把保存正统教视为这一时期核心任务的人们，甚至认为这比牺牲宗教身份而活下去更重要，这样他们就形成了一股力量，坚决反对帕里奥洛格斯王朝和西方教会修复关系。

君士坦丁堡的教会高层人员在推动这场反对和解的运动中起到了重要作用，因为他们非常清楚，如果东西教会得以统一，那他们现在享有的特权地位就会受到威胁。但反对他们的不仅包括皇帝，也包括贵族企业家，因为贵族企业家的经济利益存在于西方世界，此外反对者中还有新近皈依西方教会的知识分子，因为他们希望西方国家组织一场十字军东征运动，从而解除奥斯曼土耳其人对拜占庭帝国构成的威胁。但历史证明他们都错了。

文化交流与发展

内战结束之后以及黑死病的首次暴发标志着拜占庭文化发展进入了一个特别动荡与艰难的时期。帝国的资助已经不足以供养数量众多的学者了。当然，学者们仍旧有机会获得皇室的赞助，例如通过写文章为皇帝以及皇室家族成员们歌功颂德，但这样的机会十分有限。文献资料中还是可以找到文人群体的身影，其中最重要的证明方式就是他们之间大量的交往信函，在整个帕里奥洛格斯王朝统治期间，我们找到了6000多封这样的信件。贵族企业家的大量兴起以及他们积累的巨大财富似乎使人们的教育理念发生了改变。显然，当时社会不再像以前那样鼓励年轻人通过漫长而艰辛的学习去掌握纯粹、高雅的古希腊文化，相反，他们把教育的重心转向商业方面。如果说以前社会上的一些最有权势和最富有的人是因为他们同样重视自身的教育和文化水平而出名（例如梅托齐特斯、科姆诺斯，甚至包括阿普卡柯斯），那么现在掌握了关于诺塔拉斯或者戈德利斯的知识却根本不值得炫耀。这种内省的视角导致人们把当前所犯的罪恶归咎于人类僭越了自己的本分，而并非责备某个特定对象，例如谴责富人剥削压榨弱者、不履行为国分忧的责任，这就像其他思想家们的惯常做法一样。但这并不是说这一时期就没有产生卓越的知识分子，或者说这一时期的文学作品就全是关于神学研究的。例如，约翰·科塔斯梅诺思（John Chortasmenos，15世纪上半叶）就是一位兴趣广泛的教会人士，他所涉猎的领域包括几何学、天文学、亚里士多德哲学、修辞学以及诗歌，此外，他还热衷于收集和抄写前人的手稿。

人们对社会感到越来越绝望，于是出现了一些极端行为。一些拜占庭人，其中绝大多数是知识分子，皈依了罗马教会，其他一些人则在巫术活动中寻找慰藉，这就致使教会的管理阶层决定派人进行搜查，结果发现了一大群巫术从事者及支持者，其中还包括一些贵族、牧师和教士。当时社会上还出现了这样的发展趋势：既然拜占庭国内前途暗淡，并且还时常面临外敌入侵的威胁，于是一些拜占庭知识分子就到意大利寻找出路——去那里教授希腊语，因为在14世纪中期，意大利人对这种语言的需求十分旺盛。巴拉姆（Barlaam）是教授希腊语的首批教师之一，而薄伽丘就是他的一名学生。大约在1396年的时候，拜占庭贵族、外交官曼努埃尔·赫里索洛拉斯①被邀请到佛罗伦萨教授希腊语。为了帮助人们学习希腊语，他编写了一种新的语法，这种语法深受人们的欢迎。那些于1438~1439年间参加费拉拉/佛罗伦萨宗教会议的学者们对希腊语的热情表现得更加明显。他们丰富的学识，以及他们记满了西方人数个世纪以来都未曾见过的作品的珍贵手稿，尤其让别人艳羡不已。据说当时听了普莱桑（Plethon）在佛罗伦萨举办关于柏拉图的讲座，美第奇才决定要在城中出资修建一所柏拉图学院，而这所学院后来聚集了在意大利文艺复兴活动中出现的一些最重要的人物。许多迁居到意大利的人都皈依了罗马教会，其中有从14世纪50年代的政治家兼学者季米特里奥斯·科多尼斯（Demetrios Kydones），也有15世纪30年代的贝萨里翁②。他们掀起了第二波翻译拉丁文的热潮，但这次的重点是翻译神学作品，尤其是经院哲学的重要思想家圣托马斯·阿奎纳（Thomas Aquinas）的极具影响力的作品，这表明人们在理解神学问题方面已经持有一个比较开明的态度了。

与此同时，意大利人蜂拥到拜占庭帝国来学习希腊语，同时也收集名人的手稿。例如在1423年，乔凡尼·奥里斯帕（Giovanni Aurispa）从君士坦丁堡带回了248本书籍。弗朗西斯科·菲莱尔福（Francesco Filelfo）于15世纪20年代在君士坦丁堡学会了希腊语，娶了一位拜占庭贵族女子，并成为一名外交官，

----

①曼努埃尔·赫里索洛拉斯（Manuel Chrysoloras，约1355年~1415年4月15日），西方研究希腊古典文学的先驱。——编者注

②贝萨里翁（Bessarion），希腊学者，在文艺复兴期间，对希腊问题研究的传播起了重要作用。——编者注

后来又在意大利做了一名教师。他创作了很多作品，其中包括一些希腊语写成的信件（有点奇怪的是，他在写给其他意大利人的信件中用的也是希腊文，这就表明当时掌握这门语言是一件让人自豪的体面事情）以及诗歌（包括在1453年之后，弗朗西斯科·菲莱尔福为了请求穆罕默德二世释放自己的希腊岳母，给对方写了一首谄媚的诗歌）。弗朗西斯科·菲莱尔福后来成为意大利政界的一位重要人物，他在1453年前后都支持那些流亡到西方的拜占庭人，并骄傲地

图8-2　来自君士坦丁堡的一幅图画作品，创作于14世纪后半叶。图画右边是皇后狄奥多拉和她的儿子米海尔三世。中间的"画中画"描绘的是赫得戈利亚"圣图"，是君士坦丁堡最珍贵的画作之一。

宣称："我是一个地道的希腊人。"在这场文化交流中出现的另一位重要人物是安科纳的西里亚克（Cyriac of Ancona，15世纪上半叶），他是一位从商人转变过来的学者，他在东方游历时学会了希腊语。西里亚克的信件和日记是一个特别重要的史料来源，因为他精心记录了（有时甚至提供了临摹图本）自己曾经参观过的碑文和古董遗址，而很多这样的原物后来都没能保存下来。虽然西里亚克写作的口吻和一名异教徒差不多，内容中充满了关于仙女的描述和献给异教女神的诗篇，但他同时也孜孜不倦地四处游说，呼吁先召开基督教普世大公会议，然后发动十字军东征，从而把拜占庭帝国从奥斯曼土耳其人的踩踏下解救出来。虽然到他去世的时候，西里亚克的这两项心愿都实现了（但实际效果差强人意），但他最终未能目睹君士坦丁堡是如何落入土耳其人之手的。

但是，事情的发展也存在着另一面，即一些人在与西方的拉丁人以及信奉伊斯兰的土耳其人产生更多接触之后，选择了与之对抗的立场，他们在一些相当狭隘的领域形成了自己极为鲜明的身份特征。帕里奥洛格斯王朝晚期的作品中体现的一个主题思想就是排除异己。

这一时期的艺术创作自然会随着拜占庭帝国的政治、社会和经济发展而开展，可惜君士坦丁堡给今天留下的遗迹很少。我们只知道在14世纪中期发生了那场可怕的地震之后，索菲亚大教堂进行了维修工作，但其他任何世俗的或宗教的建筑却几乎没有幸存下来。但是，当时最好的艺术品、"圣像"和珍贵物品仍在这座城中被制造出来。拜占庭生产的物品继续吸引着西方的观众们。拜占庭人在这一时期同样可以有机会参观西方的艺术作品，例如在国外旅游时，或者就在拜占庭境内的西方教堂。但对于那些在今天被我们视为杰作的文艺复兴艺术作品，拜占庭人即使没有持断然否定的态度，他们的反应也往往是晦暗不明的。例如，当拜占庭代表团在参加费拉拉/佛罗伦萨宗教会议时，在惊叹圣马可广场上的昂贵艺术品之余，也会注意到其中最精美的东西是在1204年从君士坦丁堡抢劫来的。拜占庭代表团中的一名成员格里高利，曾冷冰冰地说自

图8-3 圣季米特里奥斯的"圣像"图，创作于1300年左右。

己既不认识也不崇拜西方教堂中的图像作品。不过，当时也有证据表明，西方的视觉元素已经逐渐渗透进了拜占庭帝国的艺术领域。例如，在位于君士坦丁堡城中的柯拉修道院中有一幅壁画残片，它采取透视的方法来显示一个人坐在基座上面，而这种绘画技法和拜占庭描绘空间的手法完全不同。此外，拜占庭贵族们捐献给阿陀斯山修道院社区的很多珍贵物品中也出现了来自西方的物品和图案主题。

这一时期一些最重要的文化发展出现于那座仿照君士坦丁堡而修建的王宫里，它离斯巴达古城遗址不远，位于伯罗奔尼撒半岛南部的米斯特拉斯地区。这是一座坚固的城镇，最初由十字军士兵修建，到了13世纪末期已经成为一座完整而独立的宫殿，由帕里奥洛格斯王朝年幼的王子们进行统治。米斯特拉斯经历了拜占庭帝国在艺术和文化方面最后50年的繁荣期。这个地方保存良好，到处都是教堂和生活建筑，其中包括帕里奥洛格斯王朝修建的宫殿设施。这些教堂，大多数都是在15世纪修建的，里面用壁画装饰得富丽堂皇，而马赛克图画和彩色大理石的使用更是让这些教堂造价不菲，因此这也只能是在过去的时代中才可能这么铺张浪费。在思想方面，这里的王宫要比君士坦丁堡的限制更少，因为它远在君士坦丁堡教会的监视之外。在这儿生活和工作过的最著名的学者当属普莱桑，虽然他曾研究普塞罗斯以及伊塔罗斯的哲学思想，但他确实可谓是一位特立独行的人物。除了其他一些地方之外，普莱桑还曾经在奥斯曼帝国当时的首都阿德里安堡求学。他的作品充满激进的思想，对当时国家和社会中许多棘手的问题都给出了自己的解决方案。普莱桑毫无顾忌地对巴拉姆一派制定的所有重要救国方案全盘否定，包括抨击当时的修道生活以及它在拜占庭帝国中所产生的作用。他由于知识渊博以及积极地加工整理古代哲学知识（他为了纪念柏拉图而给自己取名为"普莱桑"）而被称为"最后的希腊人"，然而我们最好将他视为是一名激进的思想家，因为他对于拜占庭帝国未来发展的预想极为超前。普莱桑致力于创造一种希腊文化，在这个目标的激励下，他把摩里亚采邑改革为心目中的理想国度，并详细阐述了对它的社会、政治以及经济结构的见解和看法，希望以此为基础复兴希腊文化。毋庸多言，他在这方面的理想从未付诸实践，但他的这套激进思想却在当今的哲学和政治领域中引起了广泛的讨论。普莱桑的最后一部作品《法律篇》（*The Laws*）没有写完，书中涉及大量对异端学说的褒扬之词，以至于这本书唯一的手稿在拜占庭帝国陷落之后，被君士坦丁堡的首席牧首烧毁了。接下来可能发生了这样一件事情：西吉斯蒙多·潘多尔福·马拉泰斯塔（Sigismondo Pandolfo Malatesta）——一位里米尼的大军阀，同时也是罗马教皇的主要反对者，由于极为钦佩普莱桑的学识和为人，就把普莱桑剩下的作品转移出去，放进了埋葬他的教堂墓地（位于马拉泰斯塔教堂里面），于是普莱桑的这些遗作才得以保存至今。

第9章

余波未了

君士坦丁堡的陷落标志着拜占庭帝国的终结，但并不是所有与之相关的事物的终结……不但有拜占庭的遗民，更重要的是它所留下的社会结构，它们都挺过了那个时间节点并持续甚久……

帝国的最后时刻

君士坦丁堡的陷落标志着拜占庭帝国的终结，但并不是所有与之相关的事物的终结。1453年仍然有许多未被占领的拜占庭领土，还有一些处于拉丁人控制之下的政权，其主要人口还是拜占庭人。如果我们说拜占庭帝国的存在于1453年就戛然而止了，这对它漫长的历史而言就显得不够公正。因为不但有拜占庭的遗民，更重要的是它所留下的社会结构，它们都挺过了那个时间节点并持续甚久。我们在本章中通过探究他们的命运，就能够知晓发生在拜占庭历史上最后一幕的情形，并了解拜占庭帝国给当地以及整个世界带来的深远影响。

根据惯例，君士坦丁堡作为一座被武力攻取的城市，要遭受土耳其人长达三天时间的烧杀掳掠。但当时发生的实际情况究竟怎样，在那些现存的情绪色彩浓重的记述中却语焉不详。不过考虑到城中百姓对这场遭遇的痛苦体验也是可以理解的，因为烧杀掳掠不管是实际进行了三天，还是被提前阻止，君士坦丁堡都已经遭到了严重破坏。毋庸置疑，那些在交战中被俘虏的士兵都被屠杀了，所有百姓都沦为奴隶，并且城中的设施结构——特别是城墙一带以及周边地区——可谓损失惨重。而搬不动的资产则属于国家，因为奥斯曼苏丹曾经下令，明白无误地告诉自己的手下不得侵犯这些东西。穆罕默德二世宣布把君士坦丁堡作为奥斯曼帝国的新首都，但实际上到了1460年君士坦丁堡才真正成为奥斯曼帝国的中央政府驻地。

至于发生在拜占庭末代皇帝君士坦丁十一世身上的命运则不甚详赅。据绝大多数希腊文献记载，末代皇帝阵亡了，并且死得非常英勇。一些资料甚至还记载道，他摘下自己身上的王室徽标，以免在死后被人认出真实身份。而土耳其人的资料中则说他的尸体被人找到，头颅也被砍了下来，并被带进王宫献给帝王查看。鉴于皇帝的特殊地位，很难想象他死之后不会被人认出身份。然而，不管这位拜占庭皇帝到底是怎么死亡的，可以肯定的是，他没有得到公葬，因为史料中没有关于他墓地位置的任何记载。这肯定会导致众说纷纭，民间就曾出现了这样的传说：一位天使下来拯救君士坦丁十一世，把他变成一块大理石，并藏在一个山洞里面。如果哪天上天觉得时机成熟了，这位石化的皇帝就会复活并解放自己的城市。

奥斯曼苏丹亲自下令释放了所有幸存下来的拜占庭朝廷高官，尤其是那些位高权重的官员，其中就包括极品文官卡斯·诺塔拉斯（Loukas Notaras）和他的几个儿子。卡斯·诺塔拉斯被命令把幸存贵族及其家人的名字写在一张名单上，从而方便帮助他们团圆，因为他们是被不同的土耳其士兵和官员俘虏的，彼此之间失去了联系。曾经有几天，人们以为卡斯·诺塔拉斯会被奥斯曼苏丹任命来替他管理君士坦丁堡。但意想不到的事情发生了。据一些史料透露，这是由于卡斯·诺塔拉斯没有服从奥斯曼方面下达的某些命令，但最可能的原因是奥斯曼帝国的统治阶层（包括土耳其人和希腊人）认为，如果把如此重要的责任赋予一个与旧政权关系密切的人员，实在是有点不可想象。结果，卡斯·诺塔拉斯和他的两个长子以及几个女婿，连同其他一些拜占庭政府的男性高官，一起被奥斯曼朝廷处决了。他的妻子和两个女儿沦为了苏丹的奴隶，并被转移到了奥斯曼帝国的首都阿德里安堡。卡斯·诺塔拉斯的另外两个女儿海伦娜和安娜，开始辛苦地筹集资金，准备赎回自己健在的亲人们。但当时等待赎回的只有她们的两个姐妹了，而她们的母亲在前往阿德里安堡的路上已经去世了。虽然她们的父亲曾在威尼斯人和热那亚人开办的银行中存入了大笔财富，但由于首都陷落之后城中情况极度混乱，所有的银行账户都被暂时冻结，等待确认身份合法的继承人出现。然而海伦娜最终成功地筹集到了穆罕默德二世所要求的高额赎金，赎回了自己的两个姐妹。她们在1453年之后的几年之内获得了自由，但她俩后来都做了修女。

一份残存的关于1455年人口普查的资料显示，当时君士坦丁堡城中大部分地方都被破坏且被废弃了。奥斯曼帝国需要把它恢复成一个可以正常运转的城市中心。此外，以前拜占庭帝国的居民也需要能够融入这个新帝国的社会结构之中。为了补充这座城市的人口，穆罕默德二世颁布了优惠待遇（这和4世纪时君士坦丁一世采用的措施如出一辙）以吸引人们进城居住，其中包括赋税减免政策。他还强迫难民们回到君士坦丁堡，并保证给他们提供住宅，这对于那些原本就在城里居住的人口来说当然就是多此一举了。在拜占庭帝国陷落之后前20年左右的时间里，奥斯曼帝国一直实施着这些优惠措施。

奥斯曼帝国还通过强迫希腊和安纳托利亚的人口到君士坦丁堡安居，从而促进了城中人口的增长。据史料记载，这样迁居到君士坦丁堡的人口数量在5000～8000户之间。等到1481年穆罕默德二世执政末期，君士坦丁堡已经成为奥斯曼帝国最大的一座城市（人口大约在6万～7万之间）。这一数量在1492年之后急剧增长，因为被从西班牙赶出来的犹太人来到了这里，由此新添了大约3.6万名居民。穆罕默德二世的主要目的是重建君士坦丁堡的城市环境，并向城中补充适当的人口。下面的这些建筑情况体现了他的这种思路：在1459年之后，他在城中心的狄奥多西公牛广场（现在是老后宫）新建了一座宫殿，并为自己建造了一座清真寺［法提赫清真寺（Fatih），在拆毁的皇家陵墓——圣徒教堂所在地］、一个室内市场［今天的"大巴扎"（Great Bazaar）中最古老的部分，

图9-1　从画廊处所见的索菲亚大教堂内景。图中可见6个奥斯曼圆形浮雕中的3个。

也叫作"贝德斯坦"（Bedestan）]，以及新修了许多道路、桥梁、浴室和引水渠。除此之外，他当然还要维修城市的围墙，并把金门地区改造加固成为一座星型的城堡，这在当时的整个欧洲都没有先例。此外，奥斯曼政府鼓励贵族们在君士坦丁堡投资修建，这样就逐渐把这座城市改造成了奥斯曼帝国的一座宫殿。不过在一开始，奥斯曼帝国主要是新修建筑并修复该城的基础设施。至于把城中的教堂和修道院——除了索菲亚大教堂之外——改造成清真寺的做法则发生在穆罕默德二世统治之后的时代。虽然君士坦丁堡城中人口混杂，但其中奥斯曼土耳其人还是占主导地位。

　　1453年对于奥斯曼帝国来说也是一个分水岭。穆罕默德二世占有了这座重要城市（因为君士坦丁堡举世闻名）之后，为了避免奥斯曼帝国重蹈覆辙，他开始反思自己应当从拜占庭帝国灭亡中所汲取的教训。这就标志着奥斯曼帝国开始采取重要措施，朝着中央集权的方向迈进，它把曾经帮助奥斯曼不断扩张的贵族的利益和权力逐渐边缘化，并置于皇帝一人的绝对控制之下。在埃于普（Eyüp）新修的清真寺就很清楚地说明了这一点。清真寺建于城外，它成为在君士坦丁堡地区新出现的第一座清真寺，这说明奥斯曼以前的贵族阶层不愿和这座城市扯上任何关系，因为他们认为君士坦丁堡是注定要被征服、抢劫并废弃的。但在奥斯曼帝国苏丹的眼中，君士坦丁堡既是实现他治国新方略的现实之地，同时也可以帮助奥斯曼臣民们理解他的这种崭新的治国思路。奥斯曼帝国贵族阶级可以重新形成，并且可以从苏丹手下的被征服者之中直接产生，这样他们拥有的一切都来源于苏丹的恩赐，自然也就会对他忠心耿耿。自此，奥斯曼帝国的新政权就在综合了不同传统的基础上建立起来了。

奥斯曼苏丹一边对君士坦丁堡进行人口补充与改造，一边着手巩固自己取得的领土。在1453年之后的20年时间之内，这个地区内无论是拜占庭还是拉丁人统治的剩余领土都落入了奥斯曼土耳其人之手，其中，雅典在1456年陷落，塞尔维亚在1459年陷落，米斯特拉斯在1460年陷落，特拉比松在1461年陷落，米蒂利尼（Mytilene）在1462年陷落，内格罗蓬特在1470年陷落，卡法（Caffa）在1475年陷落。

新的统治

由于奥斯曼人掌权，意大利各共和国先前在拜占庭时期享有的特权地位开始急剧下降，意大利人在君士坦丁堡的所有活动都转移到了河对岸的佩拉区。此外，尽管威尼斯和热那亚先前达成了一些初步协议（例如在君士坦丁堡被攻陷后不久与热那亚人签署了一项协议），但它们在这一地区的势力还是逐渐被削弱了。到了15世纪末，热那亚在黑海地区利润特别丰厚的贸易也已经萎缩了，而威尼斯的长远发展情况则要好得多，因为它虽然也经历了周期性的打击，但直到17世纪，威尼斯仍然是奥斯曼帝国的一个重要商业伙伴。从14世纪

50年代中期到16世纪左右，拜占庭帝国的政局一直处于分裂状态。现在动荡的情况终于得到了扭转，这一地区重新回到了一个强大力量的统治之下。这个事实对拜占庭帝国留下的一些重要机构和制度都产生了极大的影响。

那些从拜占庭帝国遗留下来的古老秩序设法在奥斯曼政权统治之下寻找活路，这种趋势很快就明显地体现在两个方面，分别是基督教会以及来自君士坦丁堡的希腊贵族。现在教会和希腊贵族之间的联系变得十分紧密。由于君士坦丁堡在陷落之前，就已经在奥斯曼帝国的包围中成为一座处于拜占庭统治之下的孤岛，所以，至少从14世纪最后几年开始，拜占庭的个人和机构就面临这样一个选择，即自己是否要归顺并适应这些土耳其统治者。归顺并适应意味着不但可以继续拥有先前享有的特权和财产（正如许多修道院和城市一样），甚至还可能在社会和经济方面获得晋升的机会。因此在君士坦丁堡刚刚陷落之际，城中就出现了一群有钱有势的人，其中一些来自名门望族，另外一些则是新面孔。这些人利用新建立的政权所提供的机会，通过投资商务企业而发家致富。他们肯定在君士坦丁堡陷落之前就已经有了资金，但那时政局动荡，加上有来自意大利商人的大肆竞争，使得他们不愿动用这些资金。但现在他们发现自己又有了用武之地，因为他们熟悉当地的社会结构以及商业模式，这些优势也让他们受到了来自奥斯曼帝国统治阶级的青睐。这方面的一位代表人物就是穆罕默德二世的大臣托马斯·卡塔博勒诺斯（Thomas Katabolenos）。当时奥斯曼帝国实行的包税制、国家垄断行为（例如对盐的垄断）和通行税，都为这些人提供了赚钱赢利以及建立人脉的机会。他们中的一些人和那些从拜占庭归顺奥斯曼帝国并在朝中手握大权的显赫人物［例如拜占庭末代皇帝的外甥梅希·阿里·帕夏（Mesih Ali Pasha）］有关联。因为在君士坦丁堡陷落之后的最初几十年中，奥斯曼朝廷里身居显位的重臣之中不乏来自坎塔库泽努斯或帕里奥洛格斯家族的人。在这期间，他们官运亨通，因为越来越多来自君士坦丁堡的富人向他们交纳赎金以换取人身自由。此外，很多贵族也从新近被征服的地区（例如摩里亚和特拉比松）来到君士坦丁堡，希望能够在这里设法融入权力机构。在这种新的政治形势下，他们中的一些人脱颖而出，进入了奥斯曼帝国的权力圈并向穆罕默德二世提议把君士坦丁堡恢复为牧首教区，从而可以强有力地吸引希腊人重新回到城中居住。于是在君士坦丁堡陷落6个月之后，一名叫作金纳迪乌斯·斯科拉里奥斯（Gennadios Scholarios）的修士被奥斯曼苏丹亲自释放（从而使他以后在某种程度上一直效忠于苏丹）。奥斯曼苏丹宣布委任他为新的牧首，而他只需获得主教会议认可即可上任。苏丹授予了牧首一些特权，但并不是把基督教会作为一种独立的组织机构，因为这根本不符合奥斯曼帝国的法律规定。金纳迪乌斯·斯科拉里奥斯有权管理正统教信徒并处理他们的法律事务，说明牧首这个位置最初至少还是享有一些特权的。在1453年之后的前几十年，牧首可以不用交税。牧首的职责包括管理现有的教会和修道院资产（即经过奥斯曼帝国大规模的收缴活动之后剩下的那部分财产），并且在正统教内部实施家庭法管理。1453年之后，牧首的更替情况就很清楚地揭示了这里面的微妙关系：在大约20年的时间里，前后出现了11任牧首，金纳迪乌斯·斯科拉里奥斯本人就担任了其中的3任，而他后来的继任者中一名叫作西米恩（Symeon）的也担任了两任牧首。

金纳迪乌斯·斯科拉里奥斯作为奥斯曼帝国统治之下的第一任正统教牧首，他的事迹在人们的传说中已经被蒙上一层神话般的光环。实际上，他在担任牧首（他曾经辞职3次，分别是在1456年、1463年和1465年）期间，既要遵从（经常更换的）苏丹的旨意，又要应付希腊贵族给他施加的压力，因为教会从希腊贵族（阿肯提斯）那里获得了越来越多的重要支持。也就是说他要探索出一条能够成功渡过这条危险水域的道路，而这样的任务显然太过艰巨，并且从一开始就注定会失败。于是金纳迪乌斯·斯科拉里奥斯对自己的教会人员采取了一种宽松纵容的态度——当然，如果要让正统教信徒们团结起来，这也是必须采取的基本步骤，但这就触怒了许多以前支持他的人们。金纳迪乌斯·斯科拉里奥斯在这一重要时刻显示出了他灵活应变的能力，例如他允许那些失去配偶（或以为配偶已经死亡）的人们可以续弦再娶。因为这位牧首已经逐渐意识到，教会不可能脱离奥斯曼帝国而独自存在。事实上，在某些时候，教会信徒们甚至觉得教会其实代表的就是奥斯曼政权，并且教会还承担起了团结民众的作用。然而，金纳迪乌斯·斯科拉里奥斯和许多同时代的人们一样，都认为当时所发生的一切已经预示着他们生活的时代已经走到了尽头。因为1492年标志着第7个千禧年的结束，而这意味着人们必将面临所谓的"末日审判"（在492年左右发生过类似的历史）。在这种情况下，保持正统教的"纯洁性"显得比以往任何时候都更重要。当然，奥斯曼政府是支持正统教宣扬这种思想的。当那些以前属于拜占庭而后来属于拉丁人的领土被征服之后，奥斯曼土耳其人就迅速在这些地方重建了正统教的教会结构。而牧首也颇具时宜地宣布断绝了和西方教会的一切联系。

在吸引人口搬迁到君士坦丁堡这个直接目的达到之后，尤其是当奥斯曼帝国在15世纪70年代发动的一些军事战争所消耗的资源与日俱增时，这些因素都造成牧首最初能够享受的一些特权待遇逐渐开始受限。此外，更重要的是，以前关于奥斯曼政府和基督教牧首之间的关系并没有任何明文规定，而是处于一种不断变化调整的状态当中——主要体现为牧首和苏丹之间的私人关系，但现在这些也发生了变化。他们之间的关系变得日益固化，奥斯曼政府强制性地规定牧首在获得特权之时，必须每年支付固定数额的税金。这笔税金最初只是偶尔在教众中收取，但后来渐渐演变成一种惯例，被强行摊派到正统教信徒身上，他们就是"卡诺尼康"（kanonikon），一个从拜占庭时代就存在的基督教徒群体。此外，奥斯曼帝国还要收取管理教会和修道院的费用、市场税，并且在特殊日子还要收礼（例如在举办了婚礼庆祝仪式之后）。但是，由于奥斯曼帝国征税的额度越来越高，牧首们也发现这些赋税越来越难收取。于是，体现阿肯提斯作用的关键时刻到了。阿肯提斯通过帮助教会人员贷款交税的方式，开始成功地插手教会的管理事务，他们很多时候甚至可以左右牧首的人选。由于阿肯提斯主要是希腊贵族，因此正统教也就仍然算是一个属于希腊人的组织机构。

显然，穆罕默德二世对奥斯曼帝国的早期历史起到了重要的影响作用。他从小就在权力圈中成长（在他13岁的时候，他的父亲就曾考虑让位于他），并且在21岁的时候就征服了君士坦丁堡。穆罕默德二世似乎非常尊重拜占庭的神圣物品和遗留文物，他把这些东西收集起来放入国库，并且根据一些不太可靠的传说，他还特别崇拜一张圣母图像。此外，他还在王宫中建立了一所希腊档案馆（但直到1520年才正式颁发了希腊文的官方特许状），收集了许多他雇人

图9-2 真蒂莱·贝里尼在1480年为穆罕默德二世临摹的画像。王冠象征着这位伟大苏丹所征服的领土范围（拜占庭帝国在亚洲的领土特拉比松）。

抄写的手稿，从而扩充王宫的藏书资料。值得注意的是在这一时期，有一位叫作克里托布罗斯（Kritoboulos）的宫廷历史学家，用希腊文写了一部相当于拜占庭皇家历史的作品，只是他把主角换成了当时的奥斯曼苏丹。许多希腊作家大肆赞美穆罕默德二世，极尽赞颂之能事，其中所用之词，就和他们以前为拜占庭皇帝们歌功颂德时使用的字眼完全一样。穆罕默德二世在执政的最后10年之中让一位威尼斯画师进入了他的宫廷。这次召见的结果就是产生了真蒂莱·贝里尼（Gentile Bellini）那幅著名的画作，现在珍藏于伦敦的国家美术馆，它标志着一个新兴的奥斯曼帝国的雄才大略与欧洲的文艺复兴世界交汇在了一起。穆罕默德二世的继承者巴耶济德二世（Bayezid Ⅱ，1481～1512年在位）不像自己的父亲那样欣赏拜占庭或威尼斯艺术，事实上，他还把自己父亲的这些艺术收藏品拿去卖了。不过，这并没有阻止他聘请重要的文艺复兴人物来帮助自己进行建设，例如列奥纳多·达·芬奇和米开朗基罗都被他请来设计伊斯坦布尔的桥梁，不过这些艺术构思最终没有付诸实现。

　　如果光凭这些历史小插曲就认为奥斯曼帝国和信奉基督教的欧洲世界能够和平融洽地相处下去，那就犯了以偏概全的错误了。拜占庭帝国的覆灭以及君士坦丁堡的陷落显然给整个基督教世界造成了不小的冲击。人文主义者哀叹珍稀手稿的大量流失，将其比喻为荷马和柏拉图的"再次离世"。其他一些人，特别是那些发现自己现在的居住地（例如意大利和匈牙利）正在面临奥斯曼帝国扩张威胁的人，只能是满怀惊恐地揣测这些土耳其人下一步的侵略矛头将指向何方。到了1480年，也就是奥斯曼土耳其人攻陷奥特兰托（Otranto）的时候，情况就显得更是如此。虽然这次危机只持续了很短的时间，因为奥特兰托在第二年就被那不勒斯重新夺取，但我们可以想象，在离罗马仅400英里（约640千米）之遥的地方竟然出现了一座奥斯曼土耳其人的基地，这个事实会让当时的人们陷入何等惊恐的境地！

拜占庭遗民在欧洲

在形成人们对奥斯曼帝国威胁的认知和试图利用奥斯曼威胁方面，君士坦丁堡陷落之后的难民和其他一些幸存者发挥了重要作用。当一些威尼斯水手砍断横在金角湾水面的铁链，并趁着奥斯曼士兵攻入该城时造成的混乱局面，成功地穿过封锁障碍时，大批君士坦丁堡的居民蜂拥而至，登上了威尼斯和热那亚派来的船只。他们就这样乘船到了希俄斯岛和克里特岛，然后很多人又从那里到了意大利，其中一些人出身于名门望族，包括帕里奥洛格斯、坎塔库泽努斯以及拉斯卡利斯等家族的后人。贝萨里翁以前是拜占庭帝国在尼西亚地区的大主教，后来他皈依了罗马教会。在他的努力和推动之下，人们很快就开始酝酿组织一场大规模的十字军运动来夺回君士坦丁堡。教皇庇护二世（Pius Ⅱ）是一位人文主义者，在他的积极组织和推动下，于1459年在曼图亚（Mantua）召开了一次冗长的宗教大会。来自全欧洲的各国代表们在一起讨论了8个月的时间，而贝萨里翁和教皇终于让他们相信：如果不制止奥斯曼帝国的进攻行为，意大利和匈牙利就会重蹈覆辙，很快也会被土耳其人征服。经过他们的努力，与会代表们原则上对于这次十字军行动的后勤保障和细节安排达成了共识，但事实上这些方案一直没有付诸实践。教皇和贝萨里翁坚持不懈地通过宣传鼓动来促成这次行动，而当时由于出现了印刷术，这使得他们可以用比以前更轻松的方式发出号召、宣传并组织十字军东征。在1461年，庇护二世甚至给穆罕默德二世写了一封长长的信件，在信中他既赞扬了这位苏丹的美德（甚至将其和君士坦丁大帝相提并论），同时又谴责他迫害信奉基督教的子民的行为，并敦促他赶紧皈依基督教，从而获得不朽的光荣。但这封信是否真的送出去了都让人值得怀疑。1464年，庇护二世在筹备一场小规模的十字军东征时在安科纳去世，而他所付出的这些努力也随他的离去而烟消云散。

贝萨里翁给拜占庭难民中一些最著名的人士提供了资助。例如，托马斯·帕里奥洛格斯（拜占庭末代皇帝的兄弟以及摩里亚地区的共帝，于1465年在罗马去世）的子女正是被贝萨里翁所收养。安德鲁、曼努埃尔和佐伊三人可以从教皇手中领取一份薪金，并且贝萨里翁在有生之年保证他们衣食无忧。他还安排佐伊［她改名为索菲娅，后来成为伊凡四世（Ivan Ⅳ，绰号"恐怖者"）的祖母］嫁给了莫斯科大公伊凡三世（Ivan Ⅲ）。但贝萨里翁不仅仅是一名教士，一位十字军东征的鼓吹者，还是一位杰出的知识分子。从15世纪50年代末期开始，他和另一名重要的流亡人士——来自特拉比松的乔治，就柏拉图是否比亚里士多德优秀而展开了针锋相对的论战。贝萨里翁为柏拉图写了一篇气势磅礴的辩护词，这在某种程度上也是为他挚爱的老师普莱桑的作品进行辩护，在这篇文章的帮助下，他成为这场论辩的胜利者。贝萨里翁虽然自己没有创作出具有开拓性的重要作品，但难能可贵的是，他资助并培养了一大批流浪在外的拜占庭学者，帮助他们在意大利立稳脚跟。自14世纪晚期以来，意大利十分需要能够教授希腊语并誊写珍贵手稿的希腊教师。于是在当时，拜占庭学者的谋生之道既可以选择作为教师，也可以选择作为抄写员，为那些富裕的人文学家抄写他们珍爱的手稿原本。此外，他们还可以把重要的希腊文本翻译成拉丁文，然后把这些资料的原文和译本一起交付印刷。在这方面，虽然最早的印刷作品不是出自威尼斯，但一些更出名的精美的早期印刷品肯定是在这里制作出来的，它们在拜占庭流亡人士的投资支持下，出自威尼斯的奥尔德斯·马努蒂尔乌斯（Aldus Manutius）印刷厂。这些印刷品中最让人惊叹不已的成就，就是在1495~1498年出版的希腊语版本的四卷本亚里士多德作品集。

威尼斯由于对希腊文本的重新关注，而被称为新雅典，贝萨里翁则把这座城市称为拜占庭，可能是因为他认为威尼斯已经成为大多数拜占庭难民选择聚居的地方。到了1479年，其希腊人口估计已经达到了4000人左右，其中绝大多数人居住在处于威尼斯控制之下的希腊领土上，例如克里特岛、摩里亚和内格罗蓬特。而且他们并不仅仅只是学者而已。一群主要由希腊轻骑兵组成的队伍，被称为"斯爪迪倭提"（stradioti），最初被威尼斯派去摩里亚以抵御奥斯曼土耳其人。从15世纪70年代末开始，他们越来越频繁地出现在威尼斯征服意大利的战场上，其中一些人出身于拜占庭的名门望族，包括来自帕里奥洛格斯家族的后人。到了15世纪末，威尼斯的希腊人已经被允许可以组织属于自己的一个团体，即圣尼科洛学校（Scuola of San Nicolo）。几年之后，他们还被准许在城中修建了一座希腊教堂，即希腊圣乔治教堂（San Giorgio dei Greci），并且保留至今。贝萨里翁在15世纪的两次捐赠改变了威尼斯的文化景观：一次是在1463年，他留下遗嘱把一个盛放着真十字架的重要圣物箱进行了捐赠；另一次是在1468年，他把自己收藏的大量手稿，包括482份珍贵的希腊语作品和264份拉丁语作品，全都捐给了威尼斯。至今为止，这些历史遗存都一直是马尔恰那图书馆的核心收藏物。

上面的这些行为都激发了人们寻找更多希腊手稿的热情。于是为了满足这种需求，人们就到以前的拜占庭领土去考察、搜寻。例如在15世纪90年代，贝萨里翁的一位门生詹努斯·拉斯卡利斯，就曾到君士坦丁堡购买希腊手稿来充实美第奇图书馆的资料。此外，人们感兴趣的不仅仅只是文稿。例如，拜占庭"圣像"——特别是微型马赛克图画——似乎特别受到人们的追捧。我们在15世纪的一些藏书清单中找到了这方面的资料，例如佛罗伦萨的美第奇图书馆的藏书目录，以及后来的教皇保罗二世的藏书单。克里特岛属于威尼斯管辖，其居民主要是正统教信徒，这儿的画师和作坊整天忙于创作艺术作品，不仅是为了满足本地市场，而且面对的客户遍及整个意大利地区。我们手里有一份来自1499年的合同，上面显示有人订购了700件艺术品用于出口远销。拜占庭艺术品虽然从未像古希腊或古罗马艺术品那样受人追捧，但仍然值得人们将其作为珍贵的艺术品加以收藏。

在16世纪初，那些在欧洲流亡的拜占庭人、他们的后裔以及学生们带有政治色彩的人文主义作品——例如通过希腊语和拉丁语写成的诉求和诗歌——

让与拜占庭帝国相关的问题在欧洲依旧活跃。但同时，越来越多的东方基督教国家落入了奥斯曼土耳其人之手，例如莫顿和科伦在1500年陷落，莫奈姆瓦夏在1540年陷落，希俄斯岛、纳克索斯岛和基克拉泽斯群岛（Cyclades）则在1566年陷落。虽然情况紧急，但此时的欧洲国家正在忙于相互征战，根本腾不出时间组织一场十字军运动来对付土耳其人的入侵。但是，当塞浦路斯也在1571年陷落之后，威尼斯感觉自己必须采取行动了。于是威尼斯与西班牙组成了神圣联盟，并且就在同一年，教皇的军队和常规舰队在勒班陀战役中击溃了奥斯曼土耳其军队。得胜的士兵之中就包括塞万提斯，他在自己的作品《堂吉诃德》中这样描述取胜之后的激动心情："以前世界上所有的国家都匍匐在地，以为土耳其人在海上战无不胜，这时他们才猛然醒悟到自己犯了一个多么严重的错误！"但这次胜利并没能改写当时的政治格局，到了1573年，威尼斯已经和奥斯曼苏丹签订了一项和平协议，但等到它在爱琴海上的最后一个重要领地克里特岛也落入敌人之手时，威尼斯才意识到大势已去。不过，此时的克里特岛却经历了一段伟大的艺术繁荣时期，这在历史上被称为"克里特岛的文艺复兴"。岛上出现了很多用希腊方言写成的文学作品。不过这一时期最出名的人物却出现在一个有些偏远的地区，此人就是画家多米尼克斯·希奥托科普罗斯（Domenikos Theotokopoulos），他有一个更为人熟知的名字是埃尔·格列柯（El Greco，1541～1614）。他最重要以及最成熟的艺术作品不是在克里特岛上产生的，而是创作于意大利以及更偏远的西班牙，因为他在1577年之后就定居于此。这段艺术上的繁荣时期却是在面临严重威胁的历史背景中发生的，这一点可以从后面的史实中得到验证：当时人们在克里特岛上维修或新建了巨大的军事防御工事，这些工事至今仍然存在于海拉克里恩（Herakleion）、哈尼亚（Chania）和罗希姆诺（Rethymno）等地。

研究"拜占庭"

虽然在勒班陀战役之后，对拜占庭问题的政治解决方案就再也没有流行起来，但学界对拜占庭以及东罗马的兴趣并没有减少，例如在很多欧洲城市都掀起了学习希腊语的热潮，人们抄写、复制或印刷了许多经典的手稿，此外，搜寻拜占庭手稿以补充皇家和王室图书馆的现象也与日俱增。除了对希腊文本中人文主义的传统研究兴趣，另外两个原因也促进了人们对希腊文化的兴趣。一方面，西方国家对最近几年奥斯曼土耳其人不断攻城略地而形成了一种名副其实的"土耳其人恐惧症"，因此他们尤其关注拜占庭基督徒们何去何从的问题。另一方面，德国正在开展的宗教改革运动中的一些首脑人物，把正统教会视为可以帮助自己对抗罗马天主教会的盟友，因此也对研究拜占庭的传统兴趣甚浓。例如马丁·路德本人就很同情正统教，他认为正统教的做法更接近于古代教会的传统习惯，而梅兰希通（Melanchthon）则努力和君士坦丁堡牧首取得联系。德国教会和正统教会互派了使节，但很快双方就发现尽管他们有着共同的敌人，但彼此之间仍存在着一些不可调和的差异。其中最棘手的问题之一就是"圣像崇拜"，这可是正统教在圣像破坏运动时期就一直倾尽全力加以维护的传统，而这种做法却被德国的新教徒们视为偶像崇拜。虽然直到未来很长一段时间，正统教和德国新教在许多信仰观念方面还是存在很大差异，不过总体而言，双方的相处还算和睦。

在这种背景下，赫罗尼姆斯·沃尔夫（Hieronymus Wolf）就成为一位关键人物。他是一位著述颇丰的学者，在1548年之后，他在为贵族家族——奥格斯堡的富格尔家族（Fugger）——服务的时候，就出版了第一部关于拜占庭历史学家们的作品。事实上，正是沃尔夫创造了"拜占庭的"这种说法，以此来概括东罗马帝国的文化特征，因为"希腊的"已经日益变成指代古希腊历史和文化的专有表达，而拜占庭人自称是"罗马人（的）"的说法在西方的文化背景中显然也不可能得到认可。沃尔夫主要通过雇用希腊人抄写手稿的方式，为他的雇主收集了大量关于拜占庭的资料，大部分这些资料今天都能在慕尼黑找到。虽然沃尔夫未能完成创建一个拜占庭帝国文本资料库的宏伟心愿，但他认为拜占庭历史具有独特研究价值这一想法，对于拜占庭研究在欧洲的产生与发展起到了重要的推动作用。

在某种程度上，经历了几代人的发展之后，沃尔夫先前所做的工作在法国被人重新拾起，并以一种无论在条理还是在效果上都更优秀的方式继续开展。在"太阳王"路易十四（Louis XIV）统治之下，由于朝廷一些最有权有势的人物——如红衣主教马萨林（Mazarin）和科尔贝（Colbert）——表示支持，法国进入了赞助艺术发展的繁荣时期。其中一个受到赞助的领域就是对拜占庭文本的编辑工作，这些作品由政府出资，并交付给位于卢浮宫的皇家印刷厂制作。从17世纪40年代到1711年，大约有34卷作品交付印刷（被称为"卢浮宫的拜占庭资料"），它们以前所未有的规模，覆盖了整个拜占庭历史时期的内容。此外，拜占庭艺术品也成为皇家收藏的对象。法国人收藏这些拜占庭物品的文化价值也自动凸显出来，因为这些收藏品让法国朝廷名声大振，一跃成为整个欧洲大陆的文化中心。法国人对拜占庭如此感兴趣的另一个原因（虽然我们不应当对它过度夸大）是法国国王和拜占庭王位之间具有某种微妙的联系，这要追溯到1204年之后建于君士坦丁堡的拉丁帝国以及更近一些的发展历史，例如帕里奥洛格斯王朝最后一位合法继承者曾把拜占庭的权力许诺转让给法国国王。查尔斯·迪弗伦（Charles du Fresne，1610～1688），对于法国发生的这场拜占庭研究热潮起到了重要作用。他探究拜占庭历史，尤其关心法国在第四次十字军东征之后在黎凡特地区的存在情况，虽然这个问题至今仍有争议，但他的成果促进了"拜占庭"这种说法的接受程度，同时也提升了拜占庭帝国在历史领域的研究地位。

大约在同一时期，威尼斯在爱琴海的最后一个据点也落入了奥斯曼土耳其人之手。1645年，奥斯曼针对克里特岛发动了大规模的入侵战争，在经过了几乎三年的围困之后，克里特岛的首府干地亚（Candia）[现在的伊拉克利翁（Herakleion）]于1669年选择投降，于是这场征服战争宣布结束。随之而来的是又一波难民潮，他们绝大多数逃往科孚岛和威尼斯，由于他们这次也带去了艺术品和手稿，从而让这些地方对逝去的拜占庭帝国重新焕发出了研究热情。

当欧洲进入启蒙时代之后，欧洲人对拜占庭的态度也发生了转变。拜占庭帝国内部基督教会和国家政权之间的紧密联系以及带着帝国特色的独裁统治，影响了欧洲人文主义者对拜占庭的积极评价，也让他们对自己的拜占庭老师不再心存感激。这一时期包括伏尔泰和孟德斯鸠等重要思想家喜欢把任何事物都贴上中世纪的标签，他们认为拜占庭只是一个荒谬而又落后的国家，它的千年历史丝毫不足以令人对其另眼相看。这一时期出现了一位真正难能可贵的人物——爱德华·吉本（Edward Gibbon），他改变了当时甚至包括现在的人们对拜占庭帝国的认识。他撰写了不朽的著作《罗马帝国衰亡史》（*Decline and Fall of the Roman Empire*，1776~1788），这部史书虽然风格优美、知识权威，但却完全摒弃了拜占庭文化，根据吉本自己的说法，此书阐述的是"野蛮行径和宗教信仰取得的胜利"。尽管吉本只是对6世纪之后的拜占庭历史进行了极度浓缩，但他的观点还是影响了以后几个世纪的人们对拜占庭历史的看法。虽然这位启蒙时代的重要人物创作的这部史书可能只是对他自己生活时代的大英帝国进行评论或影射，但在后来的拜占庭历史研究中，没有哪部作品——无论是以褒扬还是贬损的口吻——可以对吉本避而不谈。吉本对拜占庭历史研究造成的最糟糕的影响是他让后人几乎不可能再严肃对待这一话题。人们怎么可能严肃对待一种带有如下特征的文化呢？吉本这样描述道："（拜占庭人）在他们苍白的手中握着先辈们创造的大量财富，但他们并没有继承先辈们创造并改良这些神圣财富的那种精神风貌。他们也阅读、讴歌并编撰整理，但他们疲惫的灵魂似乎同样无法进行思维并采取行动。在10世纪的革命时代，他们没有做出任何一项可以维护人类尊严或促进人类幸福的发现。"

19世纪出现了新的发展形势。希腊独立战争（1821～1832）使欧洲人关注到了以前属于拜占庭帝国的疆域里所发生的领土变化情况，以及其中基督教徒所遭受的折磨和痛苦，但拜占庭帝国本身，根本就算不上这场被人们称为"希腊独立主义"所关心的内容。现代的希腊人直接就和远古时代的祖先们联系起来，中间完全不需要这样一个因被吉本贬损而令人尴尬的过渡阶段。然而，应当不是巧合的是：这一时期还出版了另一个人的作品，并且也越来越受人重视，那就是博恩（Bonn）的文集。这并非巧合，文集中囊括了50卷从1828～1897年出现的研究拜占庭的文献资料，奠定了对拜占庭文化进行学术研究的基础。1897年，卡尔·李卜克内西（Karl Krumbacher）在慕尼黑大学占据着拜占庭研究的头把交椅；此后不久，其他一些重要的研究中心争相仿效，相继出现在欧洲各地。1919年，在我工作的伦敦大学国王学院，阿诺德·汤因比（Arnold Toynbee）曾撰写了大量关于拜占庭的文章，并首次担任科拉伊斯讲座教授（koraes chair，研究拜占庭历史与近代希腊文化），这一职位以及拜占庭研究一直持续至今。这门年轻的学科在全世界都有专门的研究机构，并出版了大量的专业书籍、期刊和杂志，还为此经常举行国际研讨会议。例如2011年在索非亚召开的国际拜占庭学大会上，就有一千多位代表出席。

今日"拜占庭"

许多往往互相冲突的线索构成了当今人们对拜占庭的认知，也许关键的因素是拜占庭具有所谓的外来性，无法将其漫长的历史塞进西方历史的宏大发展进程。例如，拜占庭在5世纪并没有像西方世界那样进入衰落时期，而西方世界在拜占庭日薄西山的中世纪晚期，却正处于冉冉上升的发展阶段。这样一来，无论是在学术探索还是日常讨论之中，人们在涉及欧洲的历史问题时都很容易忽略拜占庭的存在。但研究拜占庭问题的专家以及那些来自正统教国家的知识分子们，经常对拜占庭所遭遇的这种冷遇地位打抱不平，只可惜他们的疾呼并不足以扭转这种发展趋势。不过，拜占庭历史的特殊性有时也能给它带来好处。最近一些关于拜占庭主题的大型展览活动（例如于1997年和2004年在纽约大都会博物馆，或于2008年和2009年在伦敦的英国皇家美术院举办的展览活动）都取得了巨大的成功。这些活动突出了拜占庭的东方特性，强调了它的穷奢极侈、异国情调以及神秘色彩，但观众们似乎很喜欢观看这样的展览。在某种程度上，人们对拜占庭所产生的这种印象，和拜占庭这种说法在英语表达中所引起的最常见的联想并没有多大差别。威廉·巴特勒·叶芝（W. B. Yeats）在1928年所创作的诗歌《驶向拜占庭》（*Sailing to Byzantium*）中，以这样的诗句开头："那不是一个适合老人居住的国度。"叶芝在诗歌中强调的是拜占庭帝国的精神世界，但同时也开创了一个研究拜占庭手工艺术的独特视角，因为他在后面创作的一篇作品中表述道："在拜占庭帝国的早期阶段，可能在人类的整部文字历史中也算得上空前绝后，人们的宗教、艺术和现实生活融为一体，其中建筑大师和手工艺人……既要照顾普罗大众的生活需要，又要考虑少数个体的审美需求。"

在小说创作中，那些和拜占庭主题相关的作品从未拥有过广泛的读者群。虽然安伯托·艾柯（Umberto Eco）创作的一部中世纪小说《玫瑰之名》（*The Name of the Rose*，1980）获得了极大的成功，但他后来创作的另一部小说《波多里诺》（*Baudolino*，2000）却未能再续传奇，后面这部作品中的主角是拜占庭历史学家尼克塔斯·蔡尼亚提斯。罗伯特·格雷夫斯（Robert Graves）的作品也遭遇了类似的命运：他先前一部描写人们熟悉的早期罗马帝国的作品《克劳狄乌斯自传》（*Claudius*，1934）取得了巨大成功，但他后来创作的关于查士丁尼时期的作品《贝利萨里乌斯伯爵》（*Count Belisarios*，1938）却反响平平。杰出的语言学家兼心理分析家朱利亚·克里斯蒂娃（Julia Kristeva）的作品《拜占庭的谋杀》（*Murder in Byzantium*，2004）创作时间更近，她的初衷是改变欧洲人对拜占庭的认识（"历史知识中的盲点"），因此在这部侦探小说中，她对安娜·科穆宁娜进行了多角度的描述。但这部作品似乎只受到了专业人士的关注。

人们对拜占庭视觉艺术的态度发生了一些非常有趣的转变。在文艺复兴时代，拜占庭的一幅绘画作品被这个时期最著名的艺术理论家乔尔乔·瓦萨里（Giorgio Vasari）贬低为落后、僵硬、粗糙，以及表现不够自然的作品。他虽然没有明确表达出来，但我们明白他是在指责这幅画作没有使用阴影和透视手法。但这些拜占庭艺术品身上确切的特征，在20世纪却广受赞誉：拜占庭人喜欢把空间进行平坦处理，在作品中偏爱抽象手法而非关注光线反射情况……这些被认为是现代主义运动的先驱表现，甚至拜占庭的圣像破坏运动都被认为是人们在表达自己对艺术作品中使用形象的普遍反对。因此在20世纪50年代，著名的艺术评论家克莱门特·格林伯格（Clement Greenberg）能够在拜占庭艺术和立体派或抽象表现主义之间找到密切的联系。这种富有成效的发现成为当今讨论的一个热门话题。然而我们还需注意的是，即使如今出现了对拜占庭的积极评价，但并不代表它们能使主流观点发生转变。

那么，拜占庭今天到底该被如何评价呢？我们很容易在所谓的正统教世界、巴尔干半岛和俄罗斯发现拜占庭的踪迹，不仅是因为这些地方保存着拜占庭帝国的遗迹，而且也是因为这些地方的学术圈和一般公众已经把拜占庭历史当成了自己民族发展史的一个组成部分，从而成为构建自己民族身份的一个组成内容。在学术界和艺术领域，"拜占庭"成为人们讨论的主题，并一直处于一种积极发展和变化的过程之中。有一个例子足以说明这个问题，俄罗斯导演安德烈·塔可夫斯基（Andrei Tarkovsky, 1932～1986）在1966年拍摄的电影《安德雷·卢布廖夫》（*Andrei Rublev*）就是以15世纪的宗教画师本人的名字命名的，详细介绍了安德雷·卢布廖夫创作的画像内容。或者以希腊画师斯泰利奥斯·费塔吉斯（Stelios Faitakis，生于1976年）为例，他在作品中使用拜占庭的视觉语言来构建复杂精细的当代寓言故事。

图9-3　斯泰利奥斯·费塔吉斯为皇后狄奥多拉创作的画像。这位画家在作品中结合了拜占庭的艺术因素和日本绘画手法，在拉韦纳那幅著名的狄奥多拉画作的基础上开拓出了一种新的表现风格。

我们在得出结论之前，需要再思索一下拜占庭帝国的特殊性。由于我们目前讨论的大多数话题集中在西方世界，因此关于拜占庭的话题必然无法得到应有的重视。这个东方帝国，虽然其地理位置和历史都位于西方基督教世界和伊斯兰教世界的中间地带，但它对二者都抱着一种敌视态度，并且其漫长的千年历史超过了其他任何一个国家，从而也让它不可能被任何一门民族史学视而不见，仍然保留一种深远且难以逾越的影响。对某些人来说，拜占庭是一个代表极权主义的神权国家，愚昧落后而又不思进取，它唯一的可取之处就是保存了希腊文化并将其向周围的国家传播。另一些人则几乎把拜占庭视为具有乌托邦意义的诺亚方舟，认为它保存了基督教会的古老习俗，拥有一套完整的帝国机构和社会组织。尽管拜占庭的文献资料向我们透露出这样的信息，但拜占庭本身却绝不只是一个静止不动的古老帝国：抛开它对古希腊、古罗马文化和制度的崇拜，我们发现拜占庭帝国其实处于不停的变化之中，并且总是试图适应周围的环境。但只注意到这一点还不够全面。由于植根于一个早已逝去的古老世界，拜占庭帝国就像它的防卫城墙一样，虽然在火炮出现之前一直显得坚不可摧，但它缓慢的前进步伐显然已经跟不上历史发展的节奏了。当意大利城市开始引进选举制度，而英格兰开始采用陪审团进行司法审判的时候，拜占庭帝国里的一切事务还只是处于一个人——无论是皇帝还是牧首——的绝对统治之下。因此，正如身为学者兼政治家的西奥多·梅托齐特斯在14世纪所预言的那样，所有帝国都有一个创建、繁荣、衰落和灭亡的过程。

东罗马周边的民族

草原游牧民族

来自欧亚草原的土耳其游牧民族（或半游牧民族）是对拜占庭帝国产生影响的西迁人群和南迁人群中的一部分。第一次人口迁徙发生在4世纪，先是其他民族在匈奴人的威胁下迁往西方，然后在5世纪时蔓延到东欧，并在阿提拉的领导下形成了一个庞大的帝国，但它在阿提拉去世后迅速崩溃。6世纪的时候，阿瓦尔人出现在黑海以北，他们虽然先与拜占庭帝国结盟，但是后来又与斯拉夫人结成联盟并反过来攻击拜占庭帝国，于是很快就对拜占庭构成了严重威胁。他们在7世纪末时被查理大帝击败。在希拉克略的带领下，拜占庭帝国与东方的游牧联邦可萨突厥人（Gökturks）结为盟友，共同对抗萨珊王朝。后来可萨突厥人归顺了中国的唐朝。6世纪的时候，保加利亚人最初迁移到黑海地区，并逐渐分为两个群体，一个迁移到保加利亚地区（连同另一个突厥部落，即库特里格斯人），在那里他们统治当地的斯拉夫人；另一个在伏尔加地区定居，后来皈依了伊斯兰教。居住在伏尔加地区的保加利亚人在10世纪的时候被基辅罗斯征服。从7世纪中叶开始，北高加索地区就处于可萨人的统治之下。他们最初是拜占庭的盟友，共同对付阿瓦尔人、波斯人和阿拉伯人，但是一旦他们在克里米亚立足之后，可萨人中的精英分子就皈依了犹太教，于是拜占庭帝国就将他们当成了敌人。他们在10世纪晚期至11世纪初被罗斯人消灭。佩切涅格人在9世纪后期搬到了伏尔加河流域，最初是帮着拜占庭帝国对付保加利亚人和罗斯人，但他们常常改变立场，反过来攻击拜占庭帝国，特别是在11世纪后半叶更是如此。他们先是被阿莱克修斯一世打败，后来又在1122年被约翰二世带兵击败。9世纪时，来自东方的马札尔人/匈牙利人迁到了顿河流域，后来在佩切涅格人的压力下搬到了喀尔巴阡盆地定居。尽管与拜占庭帝国有一些联姻关系，但匈牙利人还是经常侵袭它在南方和西南方的领土。在拜占庭帝国历史中的最后100年，匈牙利人却向它提供军事援助，帮其一起对抗奥斯曼帝国。11世纪中叶，库曼人——一支由欧亚的游牧和半游牧部落组成的联盟，取代了东欧大草原的佩切涅格人，但他们自己也在13世纪早期被蒙古人征服。在13世纪，他们经常成为拜占庭帝国手下的雇佣兵。从11世纪中叶开始，塞尔柱人逐渐从咸海向西部迁徙。他们征服了波斯，并在广阔的安纳托利亚地区建立了罗姆苏丹国（首都在爱奥尼亚/科尼亚）。1085年以后，丹麦人控制安纳托利亚中部地区长达约一个世纪。由于蒙古人的入侵，塞尔柱苏丹国到14世纪初就瓦解了。欧亚大陆经历的最后一次重大事件是蒙古人在成吉思汗（于1227年去世）及其继承人的带领下，创造了一个从波罗的海一直延伸到太平洋的庞大帝国。这个帝国又分为两大部分，即金帐汗国（伏尔加河周围）和位于波斯的伊利汗国。蒙古人于1240年击溃了罗斯人，并在1258年夺取了巴格达。奥斯曼帝国是一个土耳其王国，它最早是位于比提尼亚的一个酋长国，在创始人奥斯曼（1300年左右）的领导下开始扩张领土。奥斯曼人最初是拜占庭的雇佣军，但到了1453年，他们征服了拜占庭帝国和巴尔干半岛的大部分地区。

阿拉伯世界

拜占庭帝国继续罗马帝国后期的战略，即与位于罗马帝国和波斯萨珊王朝缓冲区域之间的阿拉伯部落联盟交好。加萨尼人在3世纪从也门迁徙过来，5世纪末，他们成为拜占庭在今天的叙利亚和巴勒斯坦地区最强大且最具影响力的盟友，他们的主要敌人是波斯的盟友莱赫米人，后者经常从位于今天伊拉克的定居点袭击拜占庭帝国的边界地区。几乎就在同一时间，侵入阿拉伯半岛北部和美索不达米亚的肯代特联盟也对莱赫米人构成了威胁。尽管希拉克略试图把拜占庭与加萨尼人的联盟恢复得像以前一样强大，但是拜占庭帝国在东部边界的防御力量太过薄弱，以至于无法抵挡634年以后穆斯林军队的猛烈攻击。

270年左右，更南端的希米亚提人（Himyarites）在今天的也门建立了自己的霸权。后来其部分精英皈依了一种犹太教，于是他们成功地组织了对阿克苏姆—埃塞俄比亚的军事远征，从而在阿拉伯半岛南部恢复了基督教的地位。

穆罕默德去世10年之后，穆斯林军队征服了拜占庭近东一带的大部分地区。但是他留下来的王位，却引发了一系列内乱。当穆罕默德的第三位接班人倭马亚家族的奥斯曼在656年被谋杀时，只有部分人支持当选的继任者阿里。倭马亚家族的追随者们认为穆阿维叶反对哈里发，他们和阿里的支持者们之间的冲突摩擦形成了第一次伊斯兰内战，并最终导致在政治和宗教上的派别分裂。为了摆脱倭马亚哈里发的影响，穆罕默德的叔父阿拔斯的一群后人开始招兵买马、积攒力量，他们尤其在霍拉桑（波斯）跟随者甚多，并在747年公开反叛倭马亚王朝。750年春季大马士革沦陷，整个倭马亚家族的精英成员惨遭杀害，只有阿卜杜勒·拉赫曼一世（Abd al-Rahman Ⅰ）幸免于难，他逃到西班牙并建立了科尔多瓦倭马亚酋长国。阿拔斯哈里发王朝最初是从巴格达统治伊斯兰世界；到了863年之后，则是从萨马拉（Samarra）实现对伊斯兰的统治。但阿拔斯王朝的统治面临着各种起义，并开始逐渐分裂。到10世纪中叶，阿拔斯王朝已经名存实亡，它的领土被几个地方王朝蚕食鲸吞并独立统治。

800年，最负盛名的阿拔斯哈里发哈伦·拉希德（Harun al-Rashid），任命易卜拉欣·伊本·阿赫拉布（Ibrahim ibn al-Aghlab）为北非埃米尔。易卜拉欣的继承人是阿格拉布家族（Aghlabids），他们实际上独立统治了一个世纪，但在名义上继续承认阿拔斯哈里发的权威。他们于827年开始征服拜占庭帝国的西西里岛。阿拔斯王朝在9世纪的最后25年开始衰落，它在卡拉布里亚的领地被拜占庭帝国夺取，统治大权最终也被埃及的法蒂玛王室后裔推翻。

在890～1003年期间，哈姆达尼布族统治了叙利亚北部和伊拉克的部分地区，但他们最初只是朝廷任命到这些地方的行政长官。早在10世纪中期，哈姆达尼布族就受到白益王朝（Buyid）的控制。他们从945年起，就对阿拔斯哈里发王朝实行有效统治，直到11世纪，他们被塞尔柱人和库尔德人驱逐出去为止。汉达尼德公国（Handanid）的统治者赛义夫·阿尔·道拉（Sayf al-Dawla）接受了什叶派伊斯兰教，并得到埃及法蒂玛王朝的帮助，但后者最终在1003年结束了它在阿勒颇的统治。法蒂玛王室最初起源于9世纪，在北非的柏柏尔人中颇受欢迎，他们促成了法蒂玛王室对阿格拉布王朝的政变。在978年以前，法蒂玛王朝统治了叙利亚和巴勒斯坦的大部分地区，并控制了伊斯兰教的圣地麦加和麦地那。然而，从12世纪初起，法蒂玛王朝开始面临严重的财政和行政问题。他们在塞尔柱人和十字军的进攻下，先后丧失了对叙利亚和巴勒斯坦的统治。萨拉丁终结了法蒂玛哈里发的统治，并在埃及和叙利亚建立了阿尤布王朝。自9世纪以来，阿拔斯哈里发极为倚重由皇室奴仆（马穆鲁克）组成的精英卫队。萨拉丁同样在对埃及的统治中借鉴了阿拔斯王朝的这套做法。1249年，阿尤布王朝苏丹萨利赫去世，马穆鲁克将军艾伯克（Aybak）娶了他的遗孀并建立了马穆鲁克苏丹国（Mamluk Sultanate），开始统治埃及和叙利亚，直到1517年被奥斯曼土耳其人征服。然而，马穆鲁克苏丹国是唯一曾经成功抵御住蒙古人猛烈进攻的国家。

日耳曼民族

由于受到来自匈奴人的威胁，日耳曼民族在4世纪后半叶开始大规模迁徙。4世纪80年代，哥特人从他们在黑海的定居地出发，横渡多瑙河，开始和拜占庭帝国全面接触。其中一支西哥特人，在阿德里安堡击败了罗马军队，后来在色雷斯定居。在阿拉里克的带领下，他们继续掠夺巴尔干半岛，接着进军意大利，攻陷罗马（于410年），然后通过高卢到了西班牙。与西哥特人不同的是，东哥特人在提奥德里克的带领下，经过两代人的休养生息，形成了一个自己的群体。他们和拜占庭帝国结盟，最终在意大利建立一个王国。经过20年的战争，东哥特人最终在6世纪50年代被拜占庭帝国击败。汪达尔人在5世纪初跨过莱茵河进入了拜占庭帝国。他们继续穿过西班牙，并在429年进入非洲。到439年的时候，他们已经占领了非洲的大部分地区，但在534年被击败。格皮德人（Gepids）属于东日耳曼民族，他们定居在达契亚（Dacia）北部，接受匈奴人的统治。在阿提拉去世后，他们占领了多瑙河左岸的地区，与拜占庭帝国结盟，共同对抗东哥特人。但他们最终在567~568年被伦巴第人击败。到了6世纪，上述所有民族都已从历史舞台消失。伦巴第人是6世纪早期占领潘诺尼亚的西日耳曼人，他们成为拜占庭帝国对付东哥特人的盟友，但在6世纪晚期的时候被阿瓦尔人逼迫而西迁，进入意大利。到7世纪末，他们征服了意大利北方并建立了一个自己的王国。而在南方，贝内文托公国占领了拜占庭帝国在阿普利亚和卡拉布里亚的绝大部分领土。751年，他们攻占了拜占庭统治意大利的中心拉韦纳，但他们自己的国家在774年被查理曼帝国瓦解。南部的伦巴第公国处于分裂状态，在与拜占庭组成的抵抗加洛林王朝与奥托王朝的联盟中反复无常，有时选择联盟，有时又选择背弃。从9世纪后期开始，拜占庭再次崛起，成为在意大利的重要力量。但最终拜占庭帝国和伦巴第地区都在11世纪后期被诺曼人战胜。这些维京人主要来自斯堪的纳维亚半岛，在10世纪的时候定居在法国北部。但他们很快被当地的法兰克人同化，并在当地组建了一个强大的诺曼人公国。手握雄兵的诺曼人首领在11世纪就开始瓜分意大利领土，到了11世纪末，他们已经征服了意大利南部地区，并且从阿格拉布王朝手里夺取了西西里岛。到了12世纪初，诺曼人在这两个地区都建立了自己的王国。另一支对拜占庭帝国造成重要威胁的北方民族是罗斯人，他们原本是来自于瑞典的维京人，曾经不断侵扰欧洲东北部。在9世纪时，他们就从水路骚扰拜占庭帝国，但同时又和拜占庭帝国保持贸易往来。到了10世纪早期，罗斯人征服了基辅地区，开始对当地人口占绝大多数的斯拉夫民族进行统治。但经过几代人的发展之后，这些维京人就被当地人同化了。罗斯人绝大多数时候是同拜占庭帝国一起对付可萨人的战略盟友。罗斯人的首领是弗拉基米尔，他娶了巴西尔二世的妹妹，在他的统治下，罗斯人于10世纪末皈依了基督教。

印欧民族

在罗马帝国后期，阿兰人只是一支居住在黑海和里海之间的游牧民族。但是到了4世纪晚期，在匈奴人的威胁下，大批阿兰人被迫西迁。一些阿兰人积极地成为雇佣兵，并在4~5世纪时建立了卓越的军功。阿兰人在高加索北部建立了自己的政权，他们和拜占庭帝国保持着密切的联系，并经常与之结盟。到了6世纪末，居住在多瑙河左岸的斯拉夫人开始引起拜占庭帝国的注意。虽然这些斯拉夫人有时也会侵扰拜占庭帝国，但他们通常都会成为查士丁尼手下的雇佣兵。不过，他们的这种骚扰活动在整个6世纪时期一直存在，于是拜占庭帝国在莫里斯的带领下经常打击这些斯拉夫人。带领斯拉夫人作战的通常是勇猛善战的突厥人，其中包括阿瓦尔人，后来则是保加利亚人。到了7世纪早期，大量的斯拉夫人迁徙并定居于多瑙河南部地区。

致　谢

　　我把过去三年的时间（如果有误差，也只是增减一两个星期而已）全都用来撰写这本书。这个写作过程很漫长，也并非一帆风顺，其中欠了很多人情债，我现在很乐意借此机会向他们一并表示感谢。

　　I.B.Tauris出版社的亚历克斯·赖特（Alex Wright）把本书的写作大任托付于我，并在写作过程中一直对我鞭策鼓舞——可以说，如果没有他，这本书就不可能完成。我和文字编辑斯蒂芬·卡什莫尔（Stephen Cashmore）、制作团队成员莉萨·古德勒姆（Lisa Goodrum）以及里基·布卢（Rickey Blue）的合作也非常愉快。在写作的最初阶段，戴安娜·纽沃尔（Diana Newall）和芭芭拉·罗森文（Barbara Rosenwein）就本书在组织框架方面的问题向我提供了宝贵的反馈意见。而卢德米拉·约尔丹诺娃（Ludmilla Jordanova）则在喝茶聊天的时候，用短短几句话就帮我解决了在写作结构上遇到的难题。

　　我也知道由于受写作进展情况的影响，自己当时的情绪阴晴不定，令人无从揣摩，说起话来时而兴奋时而沮丧，并且总是喜欢把话题扯到写作上来，这样一来周围的人差点被我逼疯。因此我非常感激我的家人、朋友以及伦敦大学国王学院的师生们，感谢你们对我总是生拉硬拽、不分场合地谈论拜占庭话题这一行径的谅解。

扬尼斯·斯道瑞提思（Jannis Stouraitis）、克斯提斯·斯米尔丽丝（Kostis Smyrlis）、艾丽西亚·辛普森（Alicia Simpson）、蒂埃里·冈舒（Thierry Ganchou）、亚历山德拉·布科西（Alessandra Bucossi）、安吉利基·林博尔波露（Angeliki Lymberopoulou）以及沙伦·格斯特尔（Sharon Gerstel）都会记得我们曾经进行的那些讨论，它们对我在书中阐述的一些重要观点产生了深刻的影响。弗拉达·斯坦科维奇（Vlada Stankovic）、德赫瓦尼·帕特尔（Dhwani Patel）和亚历山德拉·布科西（Alessandra Bucossi）阅读了初稿内容，并提出了许多有益的反馈意见。埃夫丽尔·卡梅伦（Averil Cameron）、约安娜·拉普蒂（Ioanna Rapti）、安杰利娜·卡茨阿萨拉色欧（Angelina Chatziathanasiou）、朱迪思·赫林（Judith Herrin）、瓦索·赛瑞尼窦（Vaso Seirinidou）以及索伦·乔莉娅拉斯（Solon Chouliaras）都阅读过整部初稿，并提出了宝贵的评论意见和修改建议。他们不但让我在写作中避免出现许多疏漏和错误，更重要的是给了我继续写作的信心和勇气。

此外我还要感谢所有给本书提供图像资料的朋友和同事。其中，我要感谢凯·恩林（Kay Ehling，来自慕尼黑）、纳迪娅·格瑞茹妮（Nadia Gerazouni，来自雅典的博瑞德尔美术馆）以及安吉利基·斯特拉蒂（Angeliki Strati，来自卡斯托里亚）允许我在本书中使用他们收集的作品。玛丽亚·克里斯蒂娜·卡丽（Maria Cristina Carile）也同意我使用来自拉韦纳的照片，而彼得罗斯·布拉斯瓦里纳托斯（Petros Bouras-Vallianatos）则帮助我获得了许可，从而可以在书中使用来自阿陀斯山上的瓦托佩蒂修道院（Vatopedi）的精美图片。此外，我还要感谢约安娜·拉普蒂帮我选择并处理本书中的这些图像资料。

但如果没有康斯坦丁·克莱因（Konstantin Klein）的支持和关爱，这本书也不可能写成。他用宽广的胸怀，容忍着我经常性的情绪发作。在我写作的过程中，他是最热情的粉丝，也是最先阅读本书初稿的一位很有鉴赏力的读者。因此，我很乐意将自己的写作成品奉献给他。

延伸阅读

本书中罗列的参考书目选择的都是容易找到的英文版本，但并不代表作者在写作中参考的全部书目，特此说明。

导言

目前关于拜占庭帝国的完整历史，我们找不到广为认可的权威著作。这方面的经典作品是George Ostrogorsky的 *History of the Byzantine State*（Oxford：Blackwell，1969）。它是一个基于20世纪30年代的原著修订而成的英文版本，因此内容有些老旧过时。但是最近有两本关于拜占庭的权威作品问世，其写作方式新颖别致、引人入胜，它们分别是：Averil Cameron的 *The Byzantines*（Oxford：Wiley，2007）以及Judith Herrin的 *Byzantium：The Surprising Life of a Medieval Empire*（London：Allan Lane，2007）。此外还出现了许多编著作品，它们虽然不像独著作品那样专注于某个特定主题，但对拜占庭帝国的每个时期和关键问题都提供了更多不同的研究视角。其中最权威的专辑出自剑桥大学出版社。不过，按照历史发展顺序，读者应当先阅读*The Cambridge Ancient History*的最后两卷，即第13卷*The Late Empire*，AD 337~425，由A. Cameron和P. Garnsey（1998）编辑，以及第14卷*Late Antiquity：Empire and Successors*，AD 425~600，由A. Cameron、B. Ward-Perkins和M. Whitby（2001）编辑。然后，读者可以继续阅读*The Cambridge History of the Byzantine Empire c.500~1492*，由J. Shepard（2009）编辑。除此之外，读者再参看下面*The New Cambridge Medieval History*的1~7卷会获益匪浅，其中覆盖了500~1500年期间的历史，由不同的编者撰写，从1998~2005年陆续出版。此外，同样重要的还有*The Cambridge History of Christianity*的第1卷：*Origins to Constantine*，由M. M. Mitchell和F. M. Young（2006）编写；第2卷：*Constantine to c.600*，由A. Casiday 和 F. W. Norris（2007）编写；第3卷：*Early Medieval Christianities，c.600~c.1100*，由Th. F. X. Noble 和 J. M. H. Smith（2008）编写；以及第5卷：*Eastern Christianity*，由M. Angold（2006）编写。要全面了解基督教会的知识，可以参看Diarmaid MacCulloch编撰的*Christianity：The First Three Thousand Years*（New York：Viking，2010），其中对拜占庭帝国的宗教情况进行了大量的讨论。

不过关于拜占庭的所有情况，读者都可以首先参阅A. P. Kazhdan编撰的3卷本的*The Oxford Dictionary of Byzantium*（Oxford：OUP，1991），其中的阐述简洁而又深刻。E. Jeffreys、J. F. Haldon和R. Cormack 三人编辑的*The Oxford Handbook of Byzantine Studies*（Oxford：OUP，2008）包括了研究拜占庭帝国各种重要历史情况的简短章节，不过普通读者可能对此不感兴趣。最近有两本专辑，分别是L. James编辑的*A Companion to Byzantium*（Chichester：Wiley-Blackwell，2010），以及P. Stephenson编辑的*The Byzantine World*（London：Routledge，2010），尽管他们选择的主题非常奇特，但其中提供了许多深刻的见解，可以帮助读者了解拜占庭帝国鲜为人知的一面。A. E. Laiou编辑的3卷本的*The Economic History of Byzantium*（Washington DC：Dumbarton Oaks

Research Library and Collection，2002）研究的是拜占庭帝国的经济史，读者可以登录下面的网站阅读，http：//www.doaks.org/ resources/publications/doaks-onlinepublications/economic-history-of-byzantium。此书对拜占庭帝国经济的总体情况进行的分析，比其他任何综述文献都更详细。如果只想简单了解一下拜占庭的经济情况，可以参看A. E. Laiou和C. Morrisson编写的*The Byzantine Economy*（Cambridge：CUP，2007），以及Michael F. Hendy编写的*Studies in the Byzantine Monetary Economy*（Cambridge：CUP，1985）。但是关于拜占庭的社会问题还没有得到应有的重视，如果要着手开始进行这方面的研究，J. Haldon编写的*A social history of Byzantium*（Chichester：Wiley-Blackwell，2009）是一个不错的选择。战争问题显然是研究拜占庭历史的一个重要方面。下面这两部综述作品可以给读者提供丰富的战争知识，分别是John F. Haldon编著的*Warfare，State and Society in the Byzantine World，565~1204*（London：Routledge，1999）以及Telemachos C. Lounghis编著的*Byzantium in the Eastern Mediterranean：Safeguarding East Roman Identity，407~1204*（Nicosia：Cyprus Research Centre，2010）。关于拜占庭的艺术成就可以参看John Lowden编写的*Early Christian and Byzantine Art*（London：Phaidon，1997）。要查看拜占庭帝国不同时期的详细地图，最好阅读John F. Haldon编写的*The Palgrave Atlas of Byzantine history*（Houndmills，Basingstoke，Hampshire，New York：Palgrave Macmillan 2005）。

我很感激Peter Brown，因为我对拜占庭这一阶段历史的研究很大程度上借鉴了他写的那部奠基性的历史大作：*The world of Late Antiquity*（London：Thames and Hudson，1971）。要更详细了解君士坦丁一世之前的历史，可以参阅Simon Corcoran所著的*The Empire of the Tetrarchs：Imperial Pronouncements and Government，AD 284~324*（Oxford：OUP，2000）。N. Lenski 编辑的*The Cambridge Companion to the Age of Constantine*（Cambridge：CUP，2006）里面

有许多内容，讲述了君士坦丁一世及其统治，包括他的前任帝王和继承君主。Timothy Barnes创作了众多作品，最新的一部是*Constantine. Dynasty*，*Religion and Power in the Later Roman Empire*（Chichester：Wiley-Blackwell，2011），虽然其中部分内容尚有争议，但体现了他数十年研究君士坦丁堡的成就。Garth Fowden的*Empire to Commonwealth. The consequences of monotheism in Late Antiquity*（Princeton：Princeton University Press，1993）对这一时期的宗教变化情况进行了综述性研究。

第1章 帝国建立（公元330～491年）

事件 Peter Heather的*Empires and Barbarians：Migration，Development and the Birth of Europe*（London：Macmillan，2009）极好地梳理了拜占庭和周边的蛮族敌人、盟友以及征服者之间的关系。Stephen Williams和Gerard Friell合写的*Theodosius.The Empire at Bay*（London and New Haven：Yale University Press，1994）是研究狄奥多西一世的重要资料。*Chalcedon in Context：Church Councils 400～700*（Liverpool：Liverpool University Press, 2009）是R. Price 和 M. Whitby共同编辑的作品，其中探讨了历次宗教会议及其历史影响。

社会结构 这方面的重要作品无疑应属Chris Wickham的*Framing the early Middle Ages：Europe and the Mediterranean，400～800*（Oxford：OUP，2005）。关于金币的重要性可以参看Jairus Banaji的作品*Agrarian change in Late Antiquity：Gold，labour and aristocratic dominance*（Oxford：OUP，2001）。关于财产及其作用请参考Peter Sarris的论文 "The Early Byzantine Economy in Context：Aristocratic Property and Economic Growth Reconsidered"，*Early Medieval Europe* 19.3（2011），255～284。这篇文章虽然出版的日期较新，但人们对其观点尚存争议。

环境　了解君士坦丁堡的早期历史请参看Sarah Basset所著的*The Urban Image of Late Antique Constantinople*（Cambridge：CUP，2004）；Cyril Mango撰写的文章"Constantine's Mausoleum and the Translation of Relics,"*Byzantinische Zeitschrift* 83（1990），51~62，尤其能帮助读者了解君士坦丁一世修建的圣徒教堂的情况。Gilbert Dagron的*Emperor and Priest：The Imperial Office in Byzantium*（Cambridge：CUP，2003）是研究拜占庭帝国皇室官职设置情况的权威著作；此外，它也有助于读者研究拜占庭帝国的整个历史。读者还可以参考Alan Cameron撰写的*The Last Pagans of Rome*（Oxford and New York：OUP，2011）。Peter Brown的作品*The body and society：Men，women，and sexual renunciation in early Christianity*（New York：Columbia University Press，1988）能帮助我们了解拜占庭的情况，他最近的作品是研究慈善问题，*Through the eye of a needle：Wealth，the fall of Rome，and the making of Christianity in the West，350~550 AD*（Princeton and Oxford：Princeton University Press，2012）。

第2章　地中海之主（公元491~602年）

事件　读者要研究查士丁尼时代发生的历史事件可以首先阅读Fiona K. Haarer的*Anastasius I：Politics and Empire in the Late Roman World*（Cambridge：Francis Cairns，2006），也可以阅读M. Maas编辑的*The Cambridge Companion to the Age of Justinian*，edited by M. Maas（Cambridge：CUP，2005）。

社会结构　除了*Economic History of Byzantium*（前文已述）中的相关章节以外，Michael Decker的*Tilling the Hateful Earth：Agricultural Production and the Late Antique East*（Oxford：OUP，2009）对古代晚期出现经济繁荣的历史背景进行了研究。对于考古研究帮助我们了解古晚时期社会变化的重要价值，请参看J. H. W. G. Liebeschuetz撰写的*Decline and Fall of the Roman City*（Oxford：

OUP，2001）以及Luke Lavan编辑的系列文献 *Late Antique Archaeology*，其中好几卷已经出版，可参考http：//www.brill.com/ publications/late-antique-archaeology。Dionysios Ch. Stathakopoulos撰写的*Famine and Pestilence in the Late Roman and Early Byzantine Empire*（Aldershot：Ashgate，2004）以及L. K. Little编辑的*Plague and the End of Antiquity：the Pandemic of 541~750*（Cambridge：CUP，2007）都致力于研究瘟疫及其对拜占庭社会产生的影响。

环境 Anthony Kaldellis的作品致力于研究查士丁尼一世统治下的社会矛盾，特别是他的两篇文章 "Identifying Dissident Circles in Sixth-Century Byzantium：The Friendship of Prokopios and Ioannes Lydos"，*Florilegium* 21（2004），1~17，以及 "Classicism，Barbarism，and Warfare：Prokopios and the Conservative Reaction to Later Roman Military Policy,"*American Journal of Ancient History*，new series 3~4［2004~2005（2007）］，189~218，更是如此。关于"末世论"虽然重要但是经常被人忽视的是Paul Magdalino所写的文章 "The history of the future and its uses：prophecy，policy and propaganda"，in *The Making of Byzantine History. Studies Dedicated to Donald M. Nicol on his Seventieth Birthday*，由 R. Beaton 和 C. Roueché编辑（Aldershot：Ashgate，1993），3~34。

第3章 危机四伏（公元602～717年）

事件 研究这一时期历史的标准读本仍然是John F. Haldon撰写的*Byzantium in the seventh century：the transformation of a culture*（Cambridge：CUP，second edition，1997）。在研究伊斯兰的崛起方面，权威的作品包括Fred M. Donner的*The Early Islamic Conquests*（Princeton：Princeton University Press，1981）以及Hugh Kennedy的*The Great Arab Conquests.How the Spread of Islam Changed the World We Live In*（London：Weidenfeld & Nicolson，2007）；同时还要结合

阅读Walter E. Kaegi的*Byzantium and the early Islamic Conquests*（Cambridge：CUP，1992）与James Howard Johnston最近的作品 *Witnesses to a World Crisis：Historians and Histories of the Middle East in the Seventh Century*（Oxford：OUP，2010），以及E. Grypeou、M. Swanson 和 D. Thomas共同编辑的*The Encounter of Eastern Christianity with Early Islam*（Leiden：Brill，2006）。Helen C. Evans编辑的*Byzantium and Islam：Age of Transition*（New York：Metropolitan Museum of Art，2012）对拜占庭帝国宣传推广货币等问题展开了研究。关于这一时期拜占庭面临的敌人，可以参看Florin Curta的作品*The Making of the Slavs：History and Archaeology of the Lower Danube Region*，*c.500～700*，（Cambridge：CUP，2001）。Judith Herrin的文章 "The Quinisext Council（692）as a Continuation of Chalcedon"，in *Chalcedon in Context*（as above），148～168，对7世纪的宗教会议进行了探讨。

　　社会结构　人们对拜占庭帝国被阿拉伯人征服之后在行政管理方面发生的变化展开了激烈的争论。在这方面，Constantin Zuckerman的文章 "Learning from the Enemy and More：Studies in 'Dark Centuries' Byzantium," *Millenium* 2（2005），79～135，给出了最明确的解释；而Leslie Brubaker和John F. Haldon 的著作*Byzantium in the Iconoclast era c. 680～850：a History*（Cambridge：CUP，2011）则对此阐释得更为详细。阅读本书的后续章节时也可以继续参考这两本作品。对于城市的转变，可以参看Clive Foss所写的文章 "Syria in transition，AD 550～750：An archaeological approach"，*Dumbarton Oaks Papers*，51（1997），189～269，以及Archibald Dunn的作品 "The transition from polis to kastron in the Balkans（Ⅲ～Ⅶ cc.）：general and regional perspectives"，*Byzantine and Modern Greek Studies* 18（1994），60～81。对这一时期社会发展的重要情况，可以参看Telemachos Lounghis的文章 "Some Gaps in a Social Evolution Theory as Research Directions"，in *The Dark Centuries of Byzantium*（*7th～9th c.*），由E. Kountoura-

Galake编辑（Athens：National Hellenic Research Foundation，2001），411～420。

环境　关于末世论对当时发生的灾难的解读，请参看Gerrit J. Reinink的文章 "Pseudo-Methodius：A Concept of History in Response to the Rise of Islam"，in *The Byzantine and Early Islamic Near East*，由A. Cameron 和 L. Conrad 编辑（Princeton：Princeton University Press，1992），149～187，以及 "Alexander the Great in Seventh-Century Syriac 'Apocalyptic' Texts"，*Byzantinorossica* 2（2003），150～178。关于大卫银盘的解读，请参看*Byzantium and Islam：Age of Transition*（出处同上）。关于拜占庭与伊斯兰的相互影响，可以参看Nancy A. Khalek的*Damascus after the Muslim Conquest*（Oxford：OUP，2011），以及John Meyendorff 那篇稍显过时的文章 "Byzantine Views of Islam"，*Dumbarton Oaks Papers 18*（1964），113～132。关于阿纳斯塔修斯在西奈的信息，参看Joseph A. Munitiz翻译的*Anastasios of Sinai：Questions and Answers*（Turnhout：Brepols，2011），也可以参考后面这个网页的内容，网址是http：//www.anastasiosofsinai. org/qas.html，还可以参考 Yannis Papadogiannakis所写的文章 "Christian Identity in the Seventh-Century Byzantium：The Case of Anastasius of Sinai"，in *Religion，Politics，and Society from Constantine to Charlemagne：Collected Essays in Honor of Peter Brown*，由Jamie Kreiner和Helmut Reimitz编写（Turnhout：Brepols，2014）。

第4章　复兴之路（公元717～867年）

事件　这方面的重要作品是Judith Herrin的*The Formation of Christendom*（Princeton：Princeton University Press，1987）；最好结合Brubaker和Haldon的*Byzantium in the Iconoclast Era*（出处同上）。关于圣像破坏运动的信息，Thomas F. X. Noble在*Images，iconoclasm and the Carolingians*（Philadelphia：University of Pennsylvania Press，2009）中从西方人的角度进行了研究；如果要了解东方人的态度，可以参考Geoffrey R. D. King的文章"Islam，iconoclasm，and the declaration of doctrine"，*Bulletin of the School of Oriental and African Studies* 48（1985），267～277。对于罗马和君士坦丁堡之间关系的逐渐疏远，可以阅读Maria Leontsini 和Vassiliki Vlysidou在*Byzantine Diplomacy*：*A Seminar*［由T. C. Lounghis 等人编辑（Athens：Ministry of Foreign Affairs，2007）］83～163页中阐述的相应内容。关于五大牧首联合管理的阐述，可以参阅Judith Herrin的文章"The Pentarchy：Theory and Reality in the Ninth Century"，in *Margins and Metropolis*：*Authority across the Byzantine Empire*（Princeton：Princeton University Press，2013），239～266。

社会结构　如前所述，Brubaker和Haldon的著作以及Dunn和Foss的文章对于研究这一时期的历史非常关键。对于君士坦丁堡的历史可以参看Paul Magdalino的著作*Studies on the History and Topography of Byzantine Constantinople*（Aldershot：Variorum，Ashgate，2007）以及他写的文章"The merchant of Constantinople"，forthcoming in the Acts of the Third Sevgi Gönul International Symposium。

环境　关于拜占庭的使命问题，可以参看Jonathan Shepard的文章"Spreading the Word：Byzantine Missions"，in *The Oxford History of Byzantium*，由C. Mango编辑（Oxford：OUP，2002），230～247。关于拜占庭和伊斯兰之间的文化交流，参看Dimitri Gutas的*Greek Thought*，*Arabic Culture*：*The Graeco-Arabic Translation Movement in Baghdad and Early 'Abbasid Society*（London：Routledge，1998）以及Maria Mavroudi的*A Byzantine Book on Dream Interpretation.The Oneirocriticon of Achmet and Its Arabic Sources*（Leiden：Brill，2002），以及Christos Simelidis的文章："The Byzantine Understanding of the Qur'anic Term al-Samad and the Greek Translation of the Qur'an"，*Speculum* 86

（2011），887～913。要想对拜占庭帝国在9世纪的重要历史有一个更概括的了解，请参看L. Brubaker编辑的 *Byzantium in the Ninth Century：Dead or Alive? in Papers from the Thirtieth Spring Symposium of Byzantine Studies*，*Birmingham*，*March 1996*（Aldershot：Ashgate，1998）。

第5章　马其顿王朝（公元867～1056年）

事件　这一时期的历史概貌见Mark Whittow的*The making of Orthodox Byzantium*，*600～1025*（London：Macmillan，1996）；对于某些方面的具体历史，可以参看Catherine Holmes编著的*Basil Ⅱ and the Governance of Empire*（*976～1025*），（Oxford：OUP，2005）。关于扩张战争，请参看Catherine Holmes的文章 "How the East was won in the reign of Basil Ⅱ" in *Eastern Approaches to Byzantium*，由 Anthony Eastmond编辑（Aldershort：Ashgate，2001），41～56与Paul Stephenson的*Byzantium's Balkan Frontier*（Cambridge：CUP，2000），以及Vlysidou 的作品（如前所述）。

社会结构　*Economic History of Byzantium*中的相应章节（如前所述）应当和Alan Harvey的著作*Economic Expansion in the Byzantine Empire*，*900～1200*（Cambridge：CUP，1989）配合使用。对于拜占庭立法限制地方政权过度发展的信息，参看Eric McGeer的著作*The Land Legislation of the Macedonian Emperors*（Toronto：Pontifical Institute of Mediaeval Studies，2000）；对于这场权力斗争所产生的社会影响可以参看Rosemary Morris的文章 "The powerful and the poor in tenth century Byzantium"，*Past and Present* 73（1976），3～27。

环境　关于佛提乌斯以及他在这一时期产生的历史影响，参看Vlada Stanković的文章 "Living Icon of Christ：Photios'Characterization of the Patriarch in the Introduction of the Eisagoge and its Significance"，in ΣYMMEIKTA，由 I.

Stevović 编辑（Belgrade，2012），39～43。关于罗马与君士坦丁堡之间的分裂情况，参考Henry Chadwick的*East and West：The Making of a Rift in the Church. From Apostolic Times until the Council of Florence*（Oxford：OUP，2005），他的阐述对帮助理解本书后面的内容非常有用。要想获得这部分内容更详细的介绍，还可以阅读Tia M. Kolbaba的*Inventing Latin Heretics：Byzantines and the Filioque in the Ninth century*（Kalamazoo：Medieval Institute Publications，2008）。关于这一时期的艺术和建筑情况，请参看H. C. Evans和W. D. Wixom共同编辑的*The Glory of Byzantium：art and culture of the Middle Byzantine era，A.D. 843～1261*（New Haven and London：Yale University Press，1997）；关于这一时期拜占庭在文学文化方面的发展趋势，可以参考Anthony Kaldellis的作品*Hellenism in Byzantium：the transformations of Greek identity and the reception of the Classical tradition*（Cambridge：CUP，2007）。至于东西方之间关系的恶化情况，请参看P. Squatriti翻译的*The Complete Works of Liudprand of Cremona*（Washington，DC：Catholic University of America Press，2007），以及Henry Mayr-Harting所写的文章"Liudprand of Cremona's Account of his Legation to Constantinople（968）and Ottonian Imperial Strategy"，*English Historical Review* 116（2001），539～556。关于拜占庭法院的工作方式和迷人魅力，请参看H. Maguire编辑的*Byzantine Court Culturefrom 829 to 1204*（Washington，DC：Dumbarton Oaks Research Library and Collection，1997）。

第6章　短暂的繁盛（公元1056～1204年）

事件　对于拜占庭帝国在曼齐刻尔特战役大败所产生的影响，请参看Carole Hillenbrand的著作*Turkish Myth and Muslim Symbol：The Battle of Manzikert*（Edinburgh：Edinburgh University Press，2007）。但关于这一时期的

经典读本仍然是Michael Angold的*The Byzantine Empire 1025～1204：a Political History*（London：Longman，second edition 1997）。不过，要想获得每位皇帝的详细信息，可以参看M. Mullett和D. Smythe编辑的*Alexios I Komnenos*（Belfast：Queen's University of Belfast Press，1996）的第1卷，以及Paul Magdalino的作品*The Empire of Manuel I Komnenos，1143～1180*（Cambridge：CUP，1993）。关于十字军东征的资料非常丰富，这方面最近的作品是Peter Frankopan撰写的*The First Crusade：the Call from the East*（Cambridge，MA：Belknap Press of Harvard University Press，2012），其中更详细的信息可以参看A. E. Laiou和R. P. Mottahedeh编辑的*The Crusades from the Perspective of Byzantium and the Muslim World*（Washington DC：Dumbarton Oaks Research Library and Collection，2001），在线阅读请登录http：//www.doaks.org/resources/publications/doaks-online-publications/crusades-from-the-perspective-of-byzantium-and-the-muslim-world。此外，读者还可以参考Ralph-Johannes Lilie撰写的著作*Byzantium and the Crusader States，1096～1204*，由J. C. Morris和J. E. Ridings翻译（Oxford：OUP，1993）。在这方面，Jonathan Shepard所写的文章"Cross-purposes：Alexius Comnenus and the First Crusade"，in *The First Crusade Origins and Impact*［由J. Phillips 编辑（Manchester：Manchester University Press，1997）]107～129，尤其有用；但同样重要的作品还有Michael Angold的文章"The road to 1204：the Byzantine background to the Fourth Crusade"，*Journal of Medieval History* 25（1999），257～278。

社会结构　Harvey的著作（如前所述）介绍了这一时期经济的总体情况。Costas Kaplanis在自己的论文"The Debasement of the'Dollar of the Middle Ages'"，*The Journal of Economic History* 63（2003），768～801中讨论了重要的货币贬值问题。Donald M. Nicol的著作*Byzantium and Venice：a study in diplomatic and cultural relations*（Cambridge：CUP，1988）和Steven A. Epstein

的著作*Genoa and the Genoese，958~1528*（Chapel Hill：University of North Carolina Press，1996）都介绍了意大利城邦国家的兴起以及它们与拜占庭帝国之间的关系。关于普罗尼亚的信息，现在可以参考Mark C. Bartusis的著作*Land and privilege in Byzantium：the institution of pronoia*（Cambridge：CUP，2013）；其反面信息可以参考Kostis Smyrlis所写的文章"Private property and state finances. The emperor's right to donate his subjects' land in the Comnenian period"，*Byzantine and Modern Greek Studies* 33（2009），115~132。Magdalino的著作*Alexios I Komnenos*（如前所述）里面有一章的标题是"Innovations in government"，对于我们理解科穆宁朝代的改革措施特别有用。

环境　Michael Angold的著作*Church and Society in Byzantium under the Comneni，1081~1261*（Cambridge：CUP，1995）极好地概括了这方面的情况。我在介绍这一时期人们的文化与精神生活时，参考了Robert Browning所写的文章"Enlightenment and Repression in Byzantium in the Eleventh and Twelfth Centuries"，*Past & Present* 69（1975），3~23；以及Kaldellis与Hellenism的作品（如前所述）中的第5章，还参考了Dion Smythe的文章"Alexios I and the heretics：the account of Anna Komnene's Alexiad"，in *Alexios I Komnenos*，232~259。关于保罗教派和波各米勒教派，可参看J. Hamilton 和B. Hamilton 合写的著作*Christian Dualist Heresies in the Byzantine World c. 650~1405*，由J. Hamilton 和 B. Hamilton编写（Manchester：Manchester University Press，1998）。要了解这一时期的特有作家，可以参看Stratis Papaioannou的作品*Michael Psellos：Rhetoric and authorship in Byzantium*（Cambridge：CUP，2013），以及Thalia Gouma-Peterso的著作*Anna Komnene and Her Times*（New York and London：Garland，2000）；还可以参考 Alicia Simpson的著作*Niketas Choniates：a historiographical study*（Oxford：OUP，2013）。要了解这一时期新出现的文学体裁，请参看Roderick Beaton的著作*The Medieval Greek Romance*

（London and New York：Routledge，second edition，1996）。

第7章　分裂、陷落与复建（公元 1204～1341 年）

事件　要了解第四次十字军东征之后的政治形势，可以参考两部综述性作品，即 Angeliki E. Laiou 编辑的 *Urbs capta：The Fourth Crusade and its Consequences*（Paris：Lethielleux，2005）以及 J. Herrin 和 G. Guillain 共同编辑的 *Identities and allegiances in the eastern Mediterranean after 1204*（Aldershot：Ashgate，2011）。对这一时期每个国家的具体情况展开研究的文献资料非常丰富，其中包括 Michael Angold 撰写的作品 *A Byzantine government in exile：government and society under the Laskarids of Nicaea，1204～1261*（London：OUP，1975）；以及 Donald M. Nicol 的著作 *The Despotate of Epiros，1267～1479：A Contribution to the History of Greece in the Middle Ages*（Cambridge：Cambridge University Press，2010）。还有 Antony Eastmond 的 *Art and Identity in Thirteenth-Century Byzantium. Hagia Sophia and the Empire of Trebizond*（Aldershot：Ashgate，2004）和 Peter Lock 的 *The Franks in the Aegean，1204～1500*（London：Longman，1995）。

Donald M. Nicol 的 *The last centuries of Byzantium，1261～1453*（Cambridge：CUP，1993）是这方面研究得很细致的一部著作，可惜内容有点过时了。关于巴尔干半岛的政治形势可以参考 John V. A. Fine 的作品 *The Late Medieval Balkans：A Critical Survey from the Late Twelfth Century to the Ottoman Conquest*（Ann Arbor：University of Michigan Press，1987）；关于安纳托利亚的资料，可以参考 Gary Leiser 所写的文章 "The Turks in Anatolia before the Ottomans"，in *The New Cambridge History of Islam* 第二卷，由 Maribel Fierro 编辑（Cambridge：CUP，2010），301～312。这些方面更全面的介绍可以阅读 *The Cambridge*

*History of Turkey*的第一卷：*Byzantium to Turkey，1071～1453*，由Kate Fleet编辑（Cambridge：CUP，2009）。

社会结构　要了解这一时期的经济发展情况，可以参考Klaus-Peter Matschke在*Economic History of Byzantium*（如前所述）中撰写的相关章节。至于更详细的阐述，则请参看Kostis Smyrlis所写的文章 "Taxation Reform and the Pronoia System in Thirteenth-Century Byzantium"，in *Change in the Byzantine World in the Twelfth and Thirteenth Centuries. First International Sevgi Gönül Byzantine Studies Symposium：Proceedings*，由 A. Ödekan、E. Akyürek与N. Necipoğlu编写（Istanbul：Vehbi Koç Vafki，2010），211～217；以及他写的另一篇文章 "The State，the Land and Private Property. Confiscating Church and Monastic Properties in the Palaiologan Period"，in *Church and Society in Late Byzantium*，由D. Angelov编辑（Kalamazoo：Medieval Institute Publications，2009），58～87。对拜占庭帝国城市命运的讨论，可以参考Demetrios Kyritses 所写的文章 "The 'common chrysobulls' of cities and the notion of property in late Byzantium"，*Symmeikta* 13（1999），229～245。关于军队和雇佣兵的用途，请参看Marc C. Bartusis的著作*The late Byzantine army：arms and society，1204～1453*（Philadelphia：University of Pennsylvania Press，1992）。

环境　拜占庭帝国在这一时期的意识形态体现在Dimiter Angelov在其作品*Imperial ideology and political thought in Byzantium，1204～1330*（Cambridge：CUP，2006）中讨论的话题上。关于帕里奥洛格斯王朝早期的教育问题，请参考Costas N. Constantinides的著作*Higher education in Byzantium in the thirteenth and early fourteenth centuries（1204～约1310）*（Nicosia：Cyprus Research Centre，1982）。可以结合Edmund B. Fryde撰写的作品*The Early Palaeologan Renaissance 1261～1360*（Leiden：Brill，2000）进一步了解这一时期在文学和艺术方面的成就。Nigel G. Wilson的著作*Scholars of Byzantium*（Baltimore：Johns Hopkins

University Press，1983）则针对这一时期的文本资料进行了深入研究；而Helen C. Evans编辑的大都会艺术博物馆重要展览品目录*Byzantium*：*faith and power*（1261~1557）（New Haven and London：Yale University Press，2004）为艺术做出了贡献。对拜占庭晚期知识分子的研究见于Niels Gaul所写的文章"The Twitching Shroud：collective construction of paideia in the circle of Thomas Magistros"，*Segno e testo 5*（2007），263~340。

第8章 末日来临（公元1341~1453年）

事件 要了解这一时期的历史概貌，最好参考Jonathan Harris的著作*The end of Byzantium*（New Haven：Yale University Press，2010）。要详细了解1453年君士坦丁堡陷落的情况，请参考Marios Philippides和Walter K. Hanak合著的作品*Siege and Fall of Constantinople in 1453*：*Historiography*，*Topography*，*and Military Studies*（Farnham：Ashgate，2011），它的内容显得非常专业；而Roger Crowley的著作*Constantinople*：*the last great siege*，*1453*（London：Faber and Faber，2005）则更加通俗易懂。Ole J. Benedictow的著作*The Black Death*，*1346~1353*：*The Complete History*（Woodbridge：Boydell Press，2004）是当今的一部权威作品，以拜占庭帝国历史上最后一个世纪中出现的黑死病为研究对象。Dimitri Obolensky在作品*The Byzantine Commonwealth*：*Eastern Europe 500~1453*（London：Weidenfeld and Nicolson，1971）中构想出一种虚拟社区，可以把拜占庭帝国和周围的正统教国家联系起来。

社会结构 关于这一时期的社会发展情况，请参看Tonia Kiousopoulou的著作*Emperor or Manager*：*Power and Political Ideology in Byzantium before 1453*（Geneva：La Pomme d'or，2011）。要了解这一时期经济情况的发展概貌，仍然首先推荐阅读Matchke在*Economic History of Byzantium*中撰写的相关

章节（如前所述）。此外，Elizabeth Zachariadou撰写的专著*Trade and Crusade*：*Venetian Crete and the Emirates of Menteshe and Aydin*（*1300~1415*）（Venice：Hellenic Institute of Byzantine and Post-Byzantine studies，1983）也是首选书目。要进一步了解发生在君士坦丁堡的详细情况，请参看Nevra Necipoğlu的著作*Byzantium between the Ottomans and the Latins*：*politics and society in the late empire*（Cambridge：CUP，2009）。

环境　关于阿陀斯山的重要性，请参看A. M. Bryer和M. Cunningham编辑的*Mount Athos and Byzantine Monasticism*（Aldershot：Ashgate，1996）。关于拜占庭晚期激进思想家普莱桑的资料，现在可以参考Niketas Siniossoglou的著作*Radical Platonism in Byzantium*：*illumination and utopia in Gemistos Plethon*（Cambridge：CUP，2011）。

第9章　余波未了

早期奥斯曼帝国与拜占庭流亡者

关于奥斯曼帝国早期的总体历史，请参看Elizabeth Zachariadou所写的文章"The Ottoman World"，in *The New Cambridge Medieval History*第七卷，c. 1415~c. 1500，由 C. Allmand编辑（Cambridge：CUP，1998），812~830。要更详细地了解君士坦丁堡/伊斯坦布尔的发展历史，请参看Halil Inalcick的文章"Istanbul"，in *Encyclopedia of Islam*第四卷，（Leiden and New York：Brill，1971）224~248，以及Çiğdem Kafescioğlu的著作*Constantinopolis/Istanbul*：*Cultural Encounter*，*Imperial Vision*，*and the Construction of the Ottoman Capital*（University Park，Pa：Pennsylvania State University Press，2009）。要了解拜占庭人在1453年之后的生活和事迹，可以参考James Hankins的文章"Renaissance crusaders：humanist crusade literature in the age of Mehmed Ⅱ"，*Dumbarton Oaks*

Papers 49（1995），111～146。此外，还可以参考Jonathan Harris的著作*Greek Émigrés in the West，1400～1520*（Camberley：Porphyrogenitus，1995）；John Monfasani的著作*Byzantine Scholars in Renaissance Italy：Cardinal Bessarion and Other Emigres*（Aldershot：Ashgate，1995）以及 Nigel G. Wilson的著作*From Byzantium to Italy：Greek Studies in the Italian Renaissance*（London：Duckworth，1992）。要了解拜占庭被奥斯曼帝国征服之后教会的命运，请参看Elizabeth Zachariadou所写的文章 "The Great Church in captivity"，in *The Cambridge History of Christianity*第五卷（如前所述），169～187。关于希腊书籍的印制情况，请参看Martin Davies的著作*Aldus Manutius：printer and publisher of renaissance Venice*（Tempe：Arizona Center for Medieval and Renaissance Studies，1999）。关于威尼斯的克里特岛的情况，可以参看Maria Georgopoulou的著作*Venice's Mediterranean Colonies：architecture and urbanism*（Cambridge：Cambridge University Press，2001），以及Angeliki Lymberopoulou和Rembrandt Duits合编的 *Byzantine Art and Renaissance Europe*（Farnham：Ashgate，2013），其中有的内容甚至涉及拜占庭艺术在西方的传播情况。Anthony Cutler的文章 "From Loot to Scholarship：changing modes in the Italian response to Byzantine artifacts，约1200～1750"，*Dumbarton Oaks Papers* 49（1995），237～267，对这些问题也进行了讨论。

拜占庭研究与拜占庭艺术

R. McKitterick和R. Quinault合编了*Edward Gibbon and Empire*（Cambridge：CUP，1996），其中162～189页的内容是专门献给吉本这位发现拜占庭帝国已经衰落的重要作家的。A. A. Vasiliev在著作*History of the Byzantine Empire，324～1453*第一卷（Madison：The University of Wisconsin Press，1952）的3～41页对兴起拜占庭研究的总体情况进行了梳理。下面的这些作品研究的是拜占庭帝国存在（或缺失）的艺术和文学成就，其中包括Anthony T. Aftonomos的著作*The* *stream of time irresistible*：*Byzantine civilization in the modern popular imagination*（Montreal：Concordia University，2005），网址是http：//spectrum.library.concordia.ca/8229/。

Clement Greenberg的文章"Byzantine Parallels"（1958），in *Art and Culture*：*Critical Essays*（Boston：Beacon Press，1961），167～170；Robert Nelson的文章"'Starlit Dome'：The Byzantine Poems of W. B. Yeats"，in his *Hagia Sofia 1850～1950*：*Holy Wisdom Modern Monument*（Chicago：The University of Chicago Press，2004）；以及 Stelios Faitakis与Katerina Gregos的著作*Hell on Earth*（Berlin：Die Gestalten Verlag，2011）。

最后，我们可以在Averil Cameron的文章"Thinking with Byzantium"，*Transactions of the Royal Historical Society*，21（2011）第39～57页中找到一些发人深省的文章，有助于理解拜占庭帝国在更广泛的全球背景下的历史地位。